RESEARCH ON RELATIONSHIP CONSTRUCTION
OF WECHAT COMMUNICATION

微信交往中的关系建构研究

王　杨◎著

ZHEJIANG UNIVERSITY PRESS
浙江大学出版社

前　　言

移动互联与网络化生存改变了现代人的交往方式与人际关系的建立，随着以微信为代表的移动社交媒介的出现与发展，这种影响与改变表现得日益明显。在此前提下，本书聚焦于微信中的社交关系网络，考察其中的关系建构的特点、表现、变化、过程及其对现实交往的影响。本书主要运用人际传播学、社会学、社会心理学中的相关理论，包括身份传播理论、拟剧理论、社会交换理论、社会资本理论等作为本研究的主要理论支撑。依托问卷调查、深度访谈等研究方法，在重点考察和分析微信朋友圈和微信群的基础上，针对微信社交网络中人际交往发生的变化、人际关系中自我信息的披露与个体身份的建构、人际交往中关系的投资与回报、社交媒介中人际关系的异化与逃离等问题进行了深度观照与剖析。通过微信社交与现实交往的比较，探讨移动社交媒介中的人际关系对现实交往中人际关系的影响与重构。

具体看，除第一章绪论内容外，本书的主要研究内容包括六个部分。

第一部分：对研究对象做基本概况介绍和基本概念阐释，以构建研究问题的研究基础。在本部分点明微信的社交属性和交往功能设置，描绘微信中存在的关系种类，通过对微信朋友圈和微信群的社交价值与关系传播的分析，勾勒出微信的社交关系网络样貌。

第二部分：探究传统现实交往中的表现特点与微信社交的变化倾向，比较分析微信社交与现实交往中人际关系的差异，构建后续问题研究的立论基础。

第三部分：传播主体在微信社交关系网络中通过人际互动和扮演不同的社会角色来获取和构建身份，从而推动关系的建立和发展。本部分通过身份传播理论和拟剧理论来剖析微信社交网络中的个体身份构建，即对“主观性自我”和“认定自我”的认知与构建。从个体心理角度看，微信用户主要通过自我表露完成对“主观性自我”的认知和身份建构；从符号互动角度看，微信用户主要通过自我呈现完成对“认定自我”的形象展示和印象管理。

第四部分：根据社会交换理论，人们会因为自我利益的驱动和理性原则而进行人际传播中的关系资源交换和社会资本获取，同时，通过考虑和衡量资源交换中的投资—收益状况，来针对关系的建立与发展做出行动决定。本部分以社会交换理论与社会资本理论为理论基础，从人际互动的社会层面考察微信社交网络中关系的建立与发展路径。内容涵盖了关系资源交换中的关系投资行为，社会关系中的社会资本获取及其回报，以及在心理和情感上获得社会认同和社会归属，呈现了从行为互动到心理报偿的逻辑架构。

第五部分：本部分从问题分析的视角关注微信社交中出现的异常变化和使用倦怠的现象，通过寻求线上人际关系异化及使用倦怠的原因，反思线上交往并建立对微信社交的正确态度。

第六部分：本部分承接前面内容对微信社交网络中人际关系的认识与剖析，从意义呈现的角度思考微信社交中所建构关系的价值体现。一方面，微信社交中的关系网络通过激活个体、整合关系资源，重塑了既有的社会关系；另一方面，微信社交中的关系异化也引发我们对交往主体和交往伦理的人文反思。同时，在现有技术发展背景下，微信社交与现实交往日益不可分割，成为现实交往的有益补充。

目　　录

图表目录

1 绪 论

随着网络技术的发展，互联网日益成为架构人们日常生活的基础设施。今天的互联网在连接一切的过程中，构建起了内容网络、物联网络以及人际网络，实现了新技术条件下的网络化生存。如维纳所说："传播是使社会得以粘结在一起的粘合剂。"网络传播中无处不在的连接有利于构建和维护社会关系，进一步加固社会关系的"粘结性"，通过赋权和整合关系资源而发挥互联网对人际传播的影响。网络传播与人际传播的逐渐重合以及人们在网络中对交往动机的原始回归，都激发了今天对网络人际传播中关系建立的关注。因此，在当下的网络化生存中，对人的把握成为需要考虑的首要问题，而对人与人之间的关系的连接、关系的建构、关系资源的获取与利用又成为具有现实意义的研究议题。尤其是在移动社交网络出现之后，这一研究议题愈加焕发彰显时代研究价值的夺目光彩。

1.1 选题背景、研究问题及选题意义

1.1.1 选题背景

新世纪以来，进入 Web 2.0 时代的网络技术表现出以下特征：一是传播符号多媒体化。纯文字的沟通被语音、图片、表情包、视频等复合式的传播符号所取代。二是传播模式多样化。在社交媒体中，当用户发表一条信息状态时，是一对多的大众传播模式，当其好友在这条状态下发表评论后，可以被其他关注用户看到，形成多对多的传播模式。三是传播内容多用户合作生成。在维基百科、知乎等网站，一个词条或一个问题的解释，不再是由某个用户单独提供，而是多用户合作共建的结果。基于这一网络技术而发展起来的社交

媒体，也在很大程度上改变了组织、社群与个体之间的沟通方式。随着智能手机和移动通信的普遍应用，传播日益演变为一种无时无处不在的“互动的对话”，用户在社交媒体上的UGC生产，使传者和受者摆脱了单一传播和被动接收的状态，传播模式的“多对多”转变模糊了大众传播与人际传播的界限。伴随着全球化进程的加快，技术的推动和“全球化”交往的背景，改变了现代社会的社会结构及身处其中的人际传播。正如吉登斯所言：“现代性的来临，通过对‘缺场’的各种其他要素的孕育，日益把空间从地点分离了出来，从位置上看，远离了任何给定的面对面的互动情势。”①

现代意义上的人际传播不仅仅是两个人之间的信息传递，更是人们“通过人与人的传播来商定意义、身份和关系的方式”②。因此，建立关系成为人际传播的主要功能和核心内容。而移动社交媒介的出现，极大程度上改变了当代人际交往的场域、结构、方式、功能、内容等不同方面，模糊了网络社交与现实交往的界限。在网络中建立起来的关系可以在现实中延续，而很多现实中早已存在的人际关系也可以通过网络进行维护和强化。在当代的人际交往中，存在于网络中的线上关系与现实中的线下关系不断转换，并相互融合、相互影响。这不由得使我们将目光转向当下人际交往中的关系问题，即随着人际交往场域与方式的改变，当代社会中的“关系”发生了哪些变化？人际交往场域与方式的改变对关系的建立与发展又产生了哪些影响？

这里，我们将目光聚焦于微信中的社交网络，考察其中的人际传播与关系建立。微信作为中国本土开发的移动社交产品，短短几年间，已拥有庞大的用户群体。据腾讯公布的2019年第一季度业绩报告显示，微信和WeChat合并月活跃用户数达11.12亿。不同于此前出现的网络社交媒体，微信将现实中业已存在的社交关系复制到网络中，在维系熟人群体中强关系的同时，也致力于拓展熟人群体之外的弱关系。因为微信的圈层传播和半封闭式结构，其中的人际传播和人际关系形成自己独有的一些特征，又因为微信的强社交属性和其在中国用户中的强大影响力，微信社交网络中的关系建立和关系拓展极具代表性。因此，以微信中的社交网络为研究样本，关注其中个体交往与人际关系所发生的变化，日益成为一个极具研究价值的时代议题。

---

① 安东尼·吉登斯.现代性的后果[M].田禾，译.南京：译林出版社，2000：18.

② 殷晓蓉，刘蒙之，赵高辉，等.社会转型中的演变——当代人际传播理论研究[M].上海：复旦大学出版社，2014：51.

1.1.2 研究问题

截至2019年第一季度，微信在海内外拥有11亿多的庞大用户群，发展风头强劲。更难得的是，在微信中，同时存在着人际传播、群体传播和大众传播三种传播模式，并各自发挥着不同的传播功能和作用。但如果我们细究微信的功能设置的话，会发现微信是以熟人社交工具为出发点而设计的一款社交产品。文字语音聊天、朋友圈、群聊天是主打强关系维护的功能设置，而摇一摇、搜索附近的人则是拓展弱关系的社交服务，和微信公众号的大众传播模式相比，微信中的人际传播是更值得关注的传播模式。因此，本文以微信中的人际传播模式为问题研究导向，去寻找其中具有研究价值的具体问题。

作为移动社交媒体的代表，微信中的人际交往不同于现实中个体间的点对点交流，依靠微信平台超时空的自由选择，个人通过微信可以建立起远超现实交往范围的社交网络。而这一社交网络，很大程度上就是个人的人际关系网络，即“与他有各种交往、互动关系的其他个体与他自身构成的集合”[①]。在传统的现实交往中，个人的关系网络基于交流方式的限制，表现得不很清晰，而微信在人际传播方式上的改变，使个体的社交网络变得清晰而显性化。因此，在这一社交网络中关系的形成及建立便格外值得关注。作为关系形成的前提条件，微信社交网络中的个体是如何进行自我身份建构的？已形成关系连接的个体，又是如何通过社会交换来获取社会资本和寻求社会认同的？微信中的这种人际交往方式，对现代人是否具有持久的吸引力？微信社交网络中的关系建立方式是否重构了现实中的人际交往？二者的关系和相互影响又是如何表现的？这些均成为本书要重点研究的主要问题。

1.1.3 选题意义

1.1.3.1 理论意义

新技术对人际传播方式的影响与改变，使人际传播这门学科重回学术研究视野。从人际传播发展的历史来看，人际传播是人类社会诞生之初即已有之的传播方式，“人的社会生命起源于与他人的交流”[②]。但是将人际传播作为专门性的学科性研究则起步较晚，西方国家是20世纪70年代初才开始对人际传播的学科化研究，90年代以来逐渐走向成熟。而中国引入传播学的历

---

① 彭兰.社会化媒体:理论与实践解析[M].北京:中国人民大学出版社,2015:110.

② 查尔斯·霍顿·库利.人类本性与社会秩序[M].包凡一,王湲,译.北京:华夏出版社,1999:6.

史不过才短短20多年,遑论人际传播的理论关注。此外,从传播学的发展历史来看,20世纪40年代至50年代被称为西方传播学的开创时期,彼时正是大众传媒在西方兴起并日益产生巨大影响的历史时期,因此,传播学研究几乎等同于大众传播研究也就不足为奇了。这使得人际传播的研究在近几十年来虽有了长足发展,却并没有在传播学研究当中得到应有的重视和关注,其结果是,人际传播的研究多散见于各个学科,而未得到充分系统的研究。当下人际传播变化的多样性与复杂性急切呼唤相关议题研究对该学科理论的拓展和深入开掘,期望本书可以在一定程度上为拓展国内人际传播领域的学科研究做出努力。

1.1.3.2 现实意义

一方面,当下中国正处于一个新的社会转型时期,面临着一系列新的现实问题的处理和社会关系的协调。随着都市化进程的加快和新媒体技术的迅猛发展,传统的以血缘、地缘为基础的差序格局的人际交往模式被打破,在新的交往结构下,当代中国社会的人际交往模式与人际关系也发生了变化。了解和研究当下这种人际传播与关系建构所发生的变化,在践行社会主义核心价值观、构建和谐社会关系的中国语境下,也是题中应有之义。

另一方面,微信的出现,影响和改变了当下人们的交往模式和关系建构方式,而微信庞大的用户群体又使得我们对这种改变无法视而不见。将连接一切作为发展目标的微信,日益成为人们无法离开的一种生活方式,在可以想见的未来,电子化生存必然会成为未来社会中重要的生存选择。当下我们对微信中人际交往和人际关系的研究,可以为我们思考未来社会中人际关系的发展和变化提供一个线索和方向,也可以为我们进一步探究未来社会关系资源的建构提供一种路径选择。

1.2 国内外相关研究现状及研究综述

1.2.1 国内文献综述

迄今为止,人际传播研究在我国尚未得到应有重视,研究专著有限。20世纪80年代国内出版过一两本以“人际传播学”为题的书,注重对人际交往技巧上的介绍。1991年,熊源伟、余明阳编著的《人际传播学》是国内较早研究人际传播相关问题的著作。2003年,王怡红的《人与人的相遇:人际传播论》

采用思辨的方法,对人际传播的本体意义做了较深层次的探讨。2014 年殷晓蓉等人的《社会转型中的演变——当代人际传播理论研究》从不同角度全面介绍分析了当代转型社会中的人际传播理论研究。至于社交媒体的研究,专著更为稀少,比较有代表性的是 2015 年彭兰所著的《社会化媒体:理论与实践解析》一书,构建了社会化媒体理论与实践研究的完整体系。

关于对网络交往、微信及微信人际传播研究的期刊文献综述,具体如下所述。

1.2.1.1 网络交往研究

(1)关于网络交往的主体要素研究

在网络交往的主体要素研究方面,大学生群体成为研究者关注的热点研究群体。如卜荣华从大学生网络交往的心理角度,认为大学生网络交往的动机表现为获得社会支持、获得信息、获得权利,同时大学生的网络交往也出现网络成瘾、角色混乱、丧失责任感、孤独抑郁等消极影响。[①] 黄利会认为大学生作为网上重要的活动力量,他们的网络行为受现实社会的影响,具有真实性的一面,主要表现在:网络行为主体生活在现实生活中,受现实环境的影响,其网上的行为是真实的人际行为[②];大学生在网上的社会交往圈子与现实生活交往圈子重合率高;其网上人际交往仍有较高的人际信任。蔡竺言、朱丽丽认为大学生的平台迁移与社交媒体产业发展的大背景相合,同时受制于用户现实社交圈的流动,高年级与低年级用户的迁移意向存在差异;实名制印象管理压力、混杂社交情境中角色定位困扰构成其迁移行为的推力因素,而半匿名化社交和隔离性平台、排他性聚集地则是吸引用户迁移的两种拉力。[③] 冯锐、李亚娇则通过实证研究分析了当代大学生网络社交方式的使用现状,归纳了当代大学生的社交行为特征。[④]

(2)关于网络交往的特征、影响研究

王依玲通过分析沿海发达城市网民的调查数据,探讨了网络人际交往的

---

① 卜荣华.大学生网络交往的心理解析[J].安徽工业大学学报(社会科学版),2010(4):137-140.

② 黄利会.论大学生网络人际交往的现实性[J].新闻传播,2011(10):112-114.

③ 蔡竺言,朱丽丽.大学生在网络社交平台的虚拟迁移[J].南京邮电大学学报(社会科学版),2014(3):17-23.

④ 冯锐,李亚娇.大学生网络社交方式及社交行为特征分析[J].扬州大学学报(高教研究版),2014(6):75-82.

特点、人们在网上的社会网络规模以及网络社区归属感的问题。① 赵艳、尹江华指出了中国SNS网站民主化、多元化、互动化的传播特征及其对人们的媒介行为、交往方式以及商业模式的影响。② 宋姜等研究网络社交偏好的影响因素，通过问卷调查研究发现：和擅长面对面交流的人相比，不擅长面对面交流的人更偏好于网络社交；周围人群网络社交普及程度越高，人们越偏好于网络社交；和网络社交涉入深度低的人相比，网络社交涉入深度高的人更偏好于网络社交；和对线下交流满意程度高的人相比，对线下社交满意度低的人更偏好于网络社交。③ 谢英香、冯锐研究在线社交网络中人际信任的影响因素，认为社会个体中的施信者与被信者、社会情境中的现实情境与网络情境、传播媒介中的交流方式与媒介定位等因素影响网络人际信任建构的机制。④

(3)关于网络交往中的异化及规范研究

匡瑾璘等针对网络交往中的异化现象包括资源使用的异化、人性异化、能力异化和角色异化，提出网络人文生态系统的建设，寻求网络、网络人以及社会的生态化。⑤刘韵清等则基于哈贝马斯的交往行为理论，分析出网络交往行为失范现象产生的原因，进而从交往行为的客观世界、社会世界以及主观世界三个方面，论述了网络交往行为规范建设的途径。⑥

(4)关于虚拟社交与现实交往之间的关系研究

胡冀青通过对北京、上海、广州、南京和武汉五城市的抽样电话访谈和个案访谈发现，人际交往与网络交往有着某种本质的不同：尽管社会阶层较高的社会群体上网的比例更高，但他们更为关注人际交往，而对于网络交往的态度却并不积极，原因是他们认为网络交往无法带来更多社会资本。⑦ 田丽、安静通过问卷调查法研究网络社交对现实人际交往的影响。⑧ 陈昌润针对网络与现实社交焦虑水平的比较及其机制进行研究，借鉴社交焦虑认知模型，考察了

---

① 王依玲. 网络人际交往与网络社区归属感——对沿海发达城市网民的实证研究[J]. 新闻大学，2011(1)：82-92.

② 赵艳，尹江华. SNS网站的传播特征及影响[J]. 传媒，2011(9)：57-58.

③ 宋姜，甘利人，吴鹏. 网络社交偏好影响因素研究[J]. 情报杂志，2014(1)：140-145.

④ 谢英香，冯锐. 在线社交网络中人际信任的影响因素研究[J]. 中国电化教育，2014(5)：11-19.

⑤ 匡瑾璘，王丽丽，张舒. 网络交往中的异化现象分析[J]. 大庆社会科学，2008(1)：93-95.

⑥ 刘韵清，苏美玲，黄秋生. 交往行为理论视角下的网络交往行为失范探析[J]. 思想政治教育研究，2015(6)：109-112.

⑦ 胡冀青. 网络交往行为：一项基于不同阶层的比较研究[J]. 广播电视大学学报(哲学社会科学版)，2006(1)：25-28.

⑧ 田丽，安静. 网络社交现状及对现实人际交往的影响研究[J]. 图书情报工作，2013(8)：13-19.

自我表征、评价恐惧、社交焦虑三者在不同社交方式下的相互关系。①

(5)关于网络交往与虚拟社交的多维视角研究

金萍华、芮必峰从身体现象学的角度研究网络交往，针对既有网络交往研究中技术逻辑话语之“无身体、无主体”观，提出网络交往“身体在场”的研究视角，坚持“有身体、有主体”观。② 而李亚妤通过分析沿海发达城市网民的调查数据，从政治参与的角度，描绘了沿海发达城市网民的网络政治参与与网络社会交往的情况。③ 此外，从网络空间研究的角度，丁卓菁认为在网络空间呈现场所的虚拟性，在这种重组的时空中，网络交往行为表现出新特征：首先，网络拓宽了现实的社会交往领域；其次，网络开辟了虚拟的交往领域；再次，网络创设了人际交往的一系列新特点。④ 吴文汐以莱文森的媒介进化理论为基础，借助建筑学有关空间与交往的理论，对电子邮件、即时通信工具、SNS 网站、论坛、博客、微博六类网络常见的交往空间的空间意象以及形成的交往模式进行分析，得出对话类交往空间优于演讲类交往空间、关系嵌套式空间优于节点游离式空间的结论，最后结合受众关系逻辑、商业逻辑和媒介演进逻辑，提出了未来网络交往空间形态发展可能呈现的三大趋势。⑤

1.2.1.2 微信研究

随着微信用户数量的不断增加和影响力的不断扩大，自 2013 年以来，微信研究呈现爆发态势。截至 2017 年 1 月，在中国知网输入“微信”主题词，搜索到相关文献 47198 条，其中，新闻传播学科相关文献 9819 条。目前来看，国内关于微信的研究主要集中在微信传播、微信功能、微信使用状况、微信营销、微信教育、微信服务等几个大的研究领域。而在新闻与传媒学科领域中的研究，则集中在微信的传播模式与治理、微信新闻生产与公众号对路建设、微信的功能和使用、微信营销、微信对人际传播的影响、微信思想政治教育等方面。

在微信的传播模式与治理方面，党昊祺基于传播学的“5W 模式”，从控制分析、内容分析、媒介分析、受众分析四个方面探讨了微信的信息传播模式。⑥

---

① 陈昌润. 网络与现实社交焦虑水平的比较及其机制研究[D]. 武汉：华中师范大学，2014.

② 金萍华，芮必峰. “身体在场”：网络交往研究的新视角[J]. 新闻与传播研究，2011(10)：12-16.

③ 李亚妤. 互联网使用、网络社会交往与网络政治参与——以沿海发达城市网民为例[J]. 新闻大学，2011(1)：69-81.

④ 丁卓菁. 网络空间对于人际交往方式的拓展[J]. 理论导报，2010(1)：41-42.

⑤ 吴文汐. 网络交往空间形态的演变逻辑及趋势展望[J]. 现代传播（中国传媒大学学报），2012(5)：115-119.

⑥ 党昊祺. 从传播学角度解构微信的信息传播模式[J]. 东南传播，2012(7)：71-72.

赵振祥、王洁从微信与微博比较的视角提出微信在新闻发布和人际传播方面的特点。① 方兴东等认为微信融"即时化、社交化"为一体，呈现出跨网络、跨终端的特点，提升了社会沟通的效率，但是微信也遭遇到被恶意使用的问题，应使其自律，对其进行监管。②

在微信新闻生产与公众平台建设方面，蔡雯、翁之颢认为微信公众平台将在新闻内容的生产、推送、接收和反馈的各个环节带来变革。③ 张文婷通过分析八家都市报微信公众平台，探索都市报在微信公众平台方面的运营与发展。④ 李阳认为微信公众平台打破了微信私人账号在公众传播中的诸多壁垒，挖掘自身用户的潜在能量，构建了别具特色的信息交流生态环境。⑤ 谢文亮针对学术期刊微信公众号提出功能建设、编辑加工、信息服务和出版、读者互动服务、移动宣传、网络编辑人才的培养等一系列创新模式。⑥

在微信的功能和使用方面，针对传统媒体如何借助微信扩大影响，谭震对微信的媒介功能进行了深入分析。⑦ 涂海丽、唐晓波运用 KANO 模型的基本理论分析了微信功能需求，发现大部分微信用户只对聊天、朋友圈、公众号等少数功能有需求，并表现出期望质量特征，最后作者提出微信需更注重用户体验，把握用户隐性需求，精简功能，提供差异化服务的优化改进建议。⑧ 张志安、徐晓蕾在分析了政务微信"正""负"社会功能的基础上，提出了相应的发展对策和建议。⑨

在微信营销方面，周蕾结合微信的传播方式和传播优势，对微信广告的发展价值和潜力进行了深入分析。⑩ 吴荆棘、王朝阳基于微信创新营销功能，分

---

① 赵振祥，王洁. 微博与微信：基于媒介融合的比较研究[J]. 编辑之友，2013(12)：50-52.

② 方兴东，等. 微信传播机制与治理问题研究[J]. 现代传播(中国传媒大学学报)，2013(6)：122-127.

③ 蔡雯，翁之颢. 微信公众平台：新闻传播变革的又一个机遇——以"央视新闻"微信公众号为例[J]. 新闻记者，2013(7)：40-44.

④ 张文婷. 都市报微信公众平台的运营与发展探索——基于八家都市报微信平台的研究[J]. 中国记者，2013(5)：99-100.

⑤ 李阳. 微信公众平台的角色定位与功能调适[J]. 社会科学辑刊，2014(2)：57-61.

⑥ 谢文亮. 移动互联网时代学术期刊的微信公众号服务模式创新[J]. 中国科技期刊研究，2015(1)：65-72.

⑦ 谭震. 传统媒体如何借助微信扩大影响——微信的媒介功能及影响分析[J]. 中国记者，2013(5)：101-102.

⑧ 涂海丽，唐晓波. 微信功能需求的 KANO 模型分析[J]. 情报杂志，2015(5)：174-179.

⑨ 张志安，徐晓蕾. 政务微信的社会功能及提升对策[J]. 新闻与写作，2015(9)：55-57.

⑩ 周蕾. 微信广告传播力研究[J]. 东南传播，2012(1)：21-23.

析微信核心竞争力和优势，通过案例实证分析目前出版业微信营销的现状特点及问题，并对出版业微信营销的可行性和发展战略提出建议。[①] 郑晓华在梳理微信特征及营销优势的基础上，以“4V”营销组合理论分析了传统媒体利用微信平台聚合受众的方式。[②]

1.2.1.3 微信人际传播研究

(1)人际交往视角下对微信功能、特征、传播模式的研究

王欢、祝阳从人际交往的角度，剖析了微信的“对讲机”功能、“摇一摇”功能、“附近的人”功能所建立起的人际关系实质，重点探讨了人际关系建立与发展的过程，以此反思“朋友圈”建立的过程。[③] 靖鸣等对微信的传播方式及特征进行研究，认为微信首创语音消息传送的服务，交互方式更加多样；朋友圈打造以熟人关系为主的虚拟社区；公众平台发布使得大众传播的信息更加私人化与个性化。[④] 同时对微信传播中的违法信息传播力强、监管难度大、言语狂欢化、用户隐私权不易保障等问题也进行了反思。张学标、欧健从关系传播理论的视角对微信的人际传播模式进行解读。[⑤] 胡春阳、周劲采取问卷调查、深度访谈与文献分析相结合的研究方法，分析了微信中的传播者及其人际关系类型及发展模式。[⑥]

(2)微信对人际传播的影响研究

詹恂、严星结合问卷调查探讨了微信的使用对人际传播的影响。[⑦] 李阳认为中国传统的乡村社会整合模式渐趋消散，都市化的社会整合模式逐渐确立；带有强关系连接的微信改变了传统的人际交往模式，使民众寻找到新的集体归属。[⑧] 熊忠辉、程刚认为与以往大众传播的单向性为主的传播模式相比，微信传播更加具有颠覆性的影响，这种影响表现在内容类型、传播途径、接收方式等环节及其对舆论生态的改变，微信正成为一只影响当下中国舆论生态

---

① 吴荆棘，王朝阳. 出版业微信营销研究[J]. 中国出版，2013(8)：15-19.

② 郑晓华. 微信营销：传统媒体受众聚合新路径[J]. 出版发行研究，2014(1)：59-62.

③ 王欢，祝阳. 人际交往视角下微信功能的探讨[J]. 现代情报，2014(2)：82-85.

④ 靖鸣，周燕，马丹晨. 微信传播方式、特征及其反思[J]. 新闻与写作，2014(7)：41-45.

⑤ 张学标，欧健. 从关系空间构建解读微信的人际传播[J]. 新闻与写作，2014(8)：35-37.

⑥ 胡春阳，周劲. 经由微信的人际传播研究(一)[J]. 新闻大学，2015(6)：50-60.

⑦ 詹恂，严星. 微信使用对人际传播的影响研究[J]. 现代传播(中国传媒大学学报)，2013(12)：112-117.

⑧ 李阳. 微信传播机制背后的人际交往模式变革解析[J]. 江汉论坛，2014(5)：141-144.

的“看不见的手”。[①] 张莉、毛颖辉认为微信再建构了人际传播并引发了多种可能性理解，微信中虚拟的想象互动演变成为一种“真实的想象互动”，微信功能的设计丰富着拟态环境中传播主体的面子体验，扩展了人际传播的范围，并让我们重新思考人际传播中的社会交换。[②] 刘碧珍认为在微信叙事中，被现代文明割裂的现代人不自觉地“再部落化”，人们的思维与心灵随之发生微妙变化；微信叙事革新了人际交往及世界互动的方式，为未来社会塑造无限可能，表征着网络时代文化发展的趋势。[③]

(3)微信社交中的问题研究

蒋建国认为微信中的过度虚拟社交导致生活紊乱和精神空虚，陷入“越微信、越焦虑、越冷漠”的怪圈，也进一步疏远了现实生活中的人际交往，容易产生人格分裂、社交幻化和自我迷失。[④]

(4)微信社交中的使用行为研究

童慧从个体自我呈现角度研究发现，微信的自我呈现基本发生在熟人社区，因而其名字、头像、个性签名、微信号、相册封面、地区显示等“个人信息”更能呈现其真实身份；微信朋友圈留言具有性别和年龄差异，并且日志类留言多于非日志类留言，强制“求转”的情况并不多见。[⑤] 荣荣、柯慧玲基于使用与满足理论，对微信用户的“点赞”行为动机进行研究发现，用户“点赞”行为动机的强度不同，大致可以归纳为内容依赖、娱乐消遣、个人展现、表达多种感情和社交需求等五项，其中“对发表内容的肯定和认同态度”和“给他人情感上的关心和支持”为主要使用动机。[⑥] 周懿瑾、魏佳纯从社交媒体使用行为对个人社会资本影响的角度，对微信朋友圈的使用行为进行研究发现，单独的点赞行为对这两类社会资本的增加都没有积极影响；只有配合评论行为，点赞对社会资本的促进作用才能够产生。[⑦]

---

① 熊忠辉，程刚．微信的传播模式及其对舆论生态的影响[J]．新闻战线，2015(3)：48-50.

② 张莉，毛颖辉．微信：人际传播的再建构与可能性[J]．新闻与写作，2016(2)：97-99.

③ 刘碧珍．“再部落化”与微信叙事[J]．当代传播，2016(1)：74-77.

④ 蒋建国．微信成瘾：社交幻化与自我迷失[J]．南京社会科学，2014(11)：96-102.

⑤ 童慧．微信的自我呈现与人际传播[J]．重庆社会科学，2014(1)：102-110.

⑥ 荣荣，柯慧玲．基于使用与满足理论的微信用户“点赞”行为动机研究[J]．新闻界，2015(12)：51-55.

⑦ 周懿瑾，魏佳纯．“点赞”还是“评论”？社交媒体使用行为对个人社会资本的影响——基于微信朋友圈使用行为的探索性研究[J]．新闻大学，2016(1)：68-75.

(5)微信社交的使用效果研究

赵曙光从社会资本的视角出发对社交媒体的使用效果进行实证研究。① 研究显示,社交媒体的使用频率与个人生活满意度、社会信任的相关性不显著,与公民参与社会意愿具有显著的相关性。微博对生活满意度、社会信任的影响最为明显,微信则对公民参与社会意愿的影响最为明显。微信对连结社会资本和粘合社会资本的影响最为明显,微博则对维持社会资本的影响最为明显。

1.2.2 国外文献综述

1.2.2.1 人际传播研究

西方国家对人际传播领域的研究起步较早。20 世纪 20 年代,芝加哥学派继承了“社会学之父”乔治·齐美尔(Georg Simmel)在人际传播方面的学术遗产,开始关注并研究人际传播。以 R. E. 帕克、C. H. 库利和 J. H. 米德等人为代表的芝加哥学派将人际传播看作一切社会实体产生的原创力,开创了西方国家对人际传播领域的研究。进入 20 世纪 40 年代,人类学家格雷戈里·贝特森(Gregory Bateson)提出了“关系传播”的重要概念,为后来关系传播理论的出现奠定了基础。1956 年,社会学家欧文·戈夫曼(Erving Goffman)在其代表性著作《日常生活中的自我呈现》一书中提出的“拟剧理论”对人际传播学影响颇深。进入 60 年代,人际传播研究迅猛发展,开始成为社会科学研究领域中的显学。70 年代初,美国西北大学传播学教授迈克尔·罗洛夫(Michael E Roloff)通过连续出版的著作——《说服劝导:理论及新的研究方向》《社会认知与传播学》《人际传播——社会交换论》,对人际传播理论进行系统化的理论整合,使人际传播在传播学研究中取得较为专门的分支学科的地位。这一期间,不确定性减少理论(Berger & Calabrese,1975)、意义协调管理理论(Barnett Pesrce & Vernon Cronen,1980)等人际传播学的相关理论相继诞生。进入 20 世纪 80 年代,西方的人际传播研究渐入佳境,包括人际传播建构主义理论(Delia,1982)、期望违背理论(Burgoon,1983)等新的学术理论层出不穷,形成快速发展的态势。

20 世纪 90 年代以来,随着全球化趋势的加快,人际交往更为频繁,人际冲突更为激烈,人际传播研究也面临新的挑战。人际传播研究一方面加强了对各种人际关系的全面研究;另一方面,西方人际传播研究的重点转向以互联

① 赵曙光.社交媒体的使用效果:社会资本的视角[J].国际新闻界,2014(7):146-159.

网为中介的关系的研究(Walther,1992),约翰·汤普逊区分了新技术环境下人际传播的三种互动类型:一是传统的面对面互动;二是中介式互动,如电话与互联网;三是准中介性互动——大众传媒孕育的一种社会关系。[①] 此外,在人际传播研究中也出现了研究方法与研究理论的多样化发展,如量化研究与质化研究的综合运用,宏观研究与微观研究的齐头并进。新的人际传播理论也不断涌现,包括非语言行为理论(Burgoon,Stern,Dillman,1995)、辩证法理论(Baxter & Montgomery,1996)、认知理论(Berger,1997)、隐私管理理论(Petronio,2000)、计划理论(Berger,2007)、目标行动计划理论(Dillard,2008)等。

在这一过程中,对人际传播学研究的理论视角也出现过多种不同类型的划分。比如,1978 年,美国学者杰拉德·米勒将人际传播理论研究的视角划分为情境视角、发展视角、规律视角、规则视角四种类型。1999 年,格伦·思登教授则在内容分析的基础上,用草根理论的方法将人际传播理论的研究路径划分为十七大类,包括认识、非语言传播、信息类型、人格等。2008 年,美国学者莱斯莉·巴克斯特和唐·布雷思韦特在梳理和考察了 1990—2005 年的美国人际传播研究成果之后,将人际传播理论划分为"以个体为中心、以话语/互动为中心、以关系为中心"三大类。总的来看,这些分类有的概括简略,有的细化具体,各有其存在的合理性。

1.2.2.2 CMC 研究

CMC 是英文 computer-mediated communication 的缩写,直译为"以计算机为中介的传播"。20 世纪 70 年代中期,随着计算机和网络技术的兴起,CMC 研究逐渐成为传播学界重要的一个研究新领域。

最早的 CMC 研究可追溯到 20 世纪 70 年代中期,因为当时只有大型公司、科研和教育机构使用电脑,因此,当时的主要理论如"社会存在理论"(Short et al.,1976)认为,网络媒介仅适用于工作,而不适用于人与人之间的交流。此后十多年,这种观念一直统治着 CMC 的相关研究。1987 年,"传播渠道缺失"学说(Culnan & Markus)即针对当时广泛应用的网络媒体(电子邮件、匿名聊天室等),指出当时网络传播的渠道以文字为主,非常有限,因而缺乏面对面人际交流中的非文字渠道,如表情、手势、语气、声音等,而这些非文字渠道在人际传播中扮演着重要角色。应该说,这一时期的 CMC 研究有浓

---

① Thompson,J. B. The media and modernity: A social theory of the media[M]. Stanford, CA: Stanford University Press,1995.

厚的技术决定论的色彩，一味强调网络媒体的技术特征，而忽视了心理、社会、文化等因素对人际传播行为的影响。

进入 90 年代，这一研究特征开始发生转变，学界将心理、社会、文化等因素与技术一起作为影响网络传播行为的重要因素，并出现了三大经典理论：社会信息处理理论（Walther，1992）、去个体化效果的社会身份模型（Reicher，Spesrs & Postmes，1995）、超人际关系模型（Walther，1996）。社会信息处理理论在 CMC 研究中具有重要意义，因为它是第一个关注传播而非技术的理论，标志学界关注的重点从技术转移到了传播行为本身。去个体化效果的社会身份模型承认了网络技术对传播行为的限制，认为网络传播中会出现无序化行为，是对传播渠道缺失学说的发展。超人际关系模型在 CMC 理论中被引用最多，争议也最多。其研究结论更适用于人际交流之初，而长期的超人际效果并没有得到实证研究的支持。从 90 年代后期开始，网络技术出现多媒体、多用户的发展趋势，这使得传统的 CMC 理论体系受到严峻挑战。

进入 21 世纪以后，伴随基于 Web 2.0 技术基础的社交媒体的出现，网络媒介与日常生活的融合不断深入，CMC 研究也表现出研究对象多样化、研究议题多样化、研究方法多元化的特征，开始回归人际传播学、大众传播学、心理学、社会学等传统理论领域，试图用多学科融合的研究视角，来解释新技术背景下的传播现象。

1.2.2.3 网络交往研究

在 20 世纪 70 年代互联网刚兴起时，人们对网络使用行为的研究仅限于工作层面，直到 80 年代末，才开始逐渐重视心理、社会、文化等因素对网络使用行为（包括网络交往）的影响。

（1）网络交往的概念界定研究

Stasser 使用 CMC 的概念，从社会情境的角度界定网络交往。[①] 他将网络交往定义为一个过程，在这个过程中，处于特定环境的一群社会行动者在与他们所创造的各种各样的情境意义进行谈判。Riva 和 Galimbert 对网络交往的界定比 Stasser 更深入一步，从社会—认知的角度界定网络交往。他们认为，网络交往是一种虚拟会话。[②] December 从媒介角度界定网络交往，对网

---

① Stasser，G. Pooling of unshared information during group discussion. In：Worchell，S.，Wood，W. & Simpson，J. A.（Eds.）Group processes and productivity[M]. Newbury Park：Sage，1992：48-67.

② Riva，G. & Galimberti，C. The psychology of cyberspace：a socio-cognitive framework to computer-mediated communication[J]. New Ideas in Psychology，1997，15(2)：141-158.

络交往的定义是"Internet Communication",强调网络交往的互联网基础特性。①

(2)网络交往的动机研究

对于网络交往动机的定义,Brian 认为网络交往动机是在特定的网络交往情景下自我的逃避态度、意识以及价值选择间的相互协调。② 此外,Mckenna 和 Bargh 研究发现,人们进行网络交往主要满足归属的需要、减少不确定性及自尊需要。③ 随后,Weiser 通过互联网使用态度调查发现,人们进行网络交往动机是社会—情感调节和物质—信息获得。④

(3)网络交往中的人际关系性质研究

一方面,有学者认为互联网上不可能建立真诚的、亲密的和稳定的人际关系。Sproull 等认为,人们使用互联网主要是为了人际交往,但这并不意味着网上社会交往和人际关系与传统的社会交往和人际关系一样。⑤ Stoll 认为,网络人际关系是浅薄的(shallow)、虚幻的(illusory)、剥削的(exploitative)和敌对的(hostile)。⑥ Kraut 等虽然肯定在互联网上也可以建立新的人际关系,但他们同时指出在互联网上发展起来的人际关系大多数是脆弱的。⑦ Kiesler 和 Kraut 认为,人们对互联网上交往的同伴的典型感觉是不如网下建立的人际关系的同伴亲密。⑧

另一方面,有学者认为网络交往扩大了人际交往的范围,允许人们加入团体,并在共同兴趣的基础上建立人际关系。这种人际关系不仅是真实的、亲切的,而且是牢固的、有效的。Wallace 认为互联网上虚拟的朋友和现实的面对

---

① December,J. Units of analysis for internet communication[J]. Journal of Computer-Mediated Communication, 1996 (46): 14-38.

② Brain, H. Spitzberg. Preliminary development of a model and measure of CMC competence [J]. Journal of Computer-Mediated Communication,2006,11(2):88-90.

③ Mckenna,K. Y. A. ,Bargh,J. A plan from cyberspace: The implication of the Internet for personality and Socialpsy-chology[J]. Personality and Socialpsychology Review,2004(4):57-75.

④ Weiser, E. B. The functions of Internet use and their social and psychological consequences [J]. Cyber Psychology & Behavior,2001,4(6):723-743.

⑤ Sproull, L. ,Kiesler, S. Connections: New ways of working in the net worked organization [M]. Cambridge, M A: MTT Press. 1991:87.

⑥ Stoll,C. Silicon snake oil[M]. New York: Double Day,1995:85.

⑦ Kraut, R. , et al. Internet paradox: A social technology that reduces social involvement and Psychological well-being? [J]. American Psychologist,1998(9):1017-1031.

⑧ Kiesler,S. ,Kraut,R. Internet use and ties that bind[J]. American Psychologist,1999(54): 783-784.

面的朋友一样的亲切、熟悉。[①] Peris 等研究发现，网络人际关系是网下面对面人际关系的有益补充。[②] McCown 等调查研究结果表明，那些经常使用互联网同别人交流的人在交往中一般是真诚的。[③]

(4)网络交往中的心理研究

针对网络交往的个体心理特征，Hassel 和 Glaser 的研究指出，对于那些在建立社会关系方面有障碍的个体来说，网络为他们提供了建立社会联系的便捷方式，使他们获得了归属感。[④] Kraut 等认为外向的、善于交际的个体更可能使用网络来保持与家人和朋友的关系，或者使用网络结识新朋友，从而扩大自己的网络或现实的人际交往范围；而内向、神经质的人在真实的社会情境中较难形成亲密的社会关系，对网络交往的依赖感会更强一些。当这种通过网络建立起来的弱连接取代了现实生活中的强连接之后，就会对现实的人际交往和心理健康产生不利影响。[⑤]

对于影响网络交往人际关系形成和发展的因素，Vikanda Pornsakulvanich 的研究发现，网络亲密关系的形成与自我暴露的程度和网络交往使用的频度密切相关。[⑥] Janis 等的研究发现，与父母交流较少或经常发生冲突的青少年会有更多的抑郁和抱怨情绪，因此他们更倾向于利用网络进行人际交流，形成亲密的在线关系。[⑦]

对于“特殊人群”的网络交往研究，Robin-Marie 和 Robert 研究发现，社交焦虑个体更喜欢在网络的匿名环境中进行人际交往，因为在面对面的交往中，他们更担心别人对自己的负面评价。[⑧] Brigette 等认为网络交往能隐藏一些生理特征及面对面交流时所表现出来的典型行为特征，因此网络对社交焦虑

---

① Wallace, P. The psychology of the Internet[M]. Cambridge: Cambridge University Press, 1999: 87.

② Peris, R., et al. Online chatrooms: Virtual space of interaction for socially oriented people [J]. Cyber Psychology & Behavior, 2002(5):43-51.

③ McCown, J. A., Fischer, D., Page, R., Homant, M. Internet relationships: People who meet people[J]. Cyber Psychology & Behavior, 2001, 4(5):593-596.

④ Hassel, B. T. G & Glaser, C. H. W. Use of computer technology to help students with special needs[J]. The Future of Children: Children and Computer Technology, 2000, 10(2): 56-67.

⑤ Kraut, R., et al. Internet paradox revisited[J]. Journal of Social Issues, 2002(58): 49-74.

⑥ 亓胜辉，余林. 网络交往的心理研究述评[J]. 克拉玛依学刊，2011(5):36-40.

⑦ Janis, W., Kimberly, J. M., David, F. Escaping or connecting! Characteristics of youth who form close online relationships[J]. Journal of Adolescence, 2003(26): 14-28.

⑧ Robin-Marie, S., Robert, J. E. Reasons for internet use and social anxiety[J]. Personality and Individual Differences, 2005(39): 18-32.

个体来说是一种理想的交流工具。[①]

(5)网络交往与现实交往的关系研究

至于网络交往与现实交往的关系,积极的观点认为,网络作为新的交往工具,突破了时空限制,扩大了人们的社会交际范围,加深了与他人关系的亲密程度;消极的观点认为,网络交往使人们的社会卷入度降低,社交范围缩小,不利于现实人际关系的发展。[②] Kraut 等对 73 个家庭的 169 名被试者最初两年的网络使用情况做了追踪研究,结果发现,过多的网络使用会使家庭成员之间的交流减少,使现实生活中的交际圈缩小,还会导致孤独感的增加。[③] 美国著名学者 Kiesler 和 Kraut 认为,网络交往同现实交往是有区别的,互联网的发展虽然拓宽了人们的交际面,丰富了人们的交往对象,但是人们在互联网上构建的人际关系相对于现实生活中依靠情感建立的人际关系要脆弱一些。[④]

综观国内外对于微信人际关系的相关研究,其不足表现为:(1)现有研究成果多为针对微信社交中的某一具体问题进行微观研究,如对微信社交中的特点、模式、存在问题、使用行为、使用效果等方面进行针对性研究,缺少对微信社交中的人际关系进行深入、完整的系统性研究。(2)现有研究成果在研究微信社交时,依托理论多为传播学理论,研究方法也较为单一,缺少社会学、社会心理学等其他社科领域的理论观照,从而使相关研究缺少相应的思考广度和理论深度。(3)现有研究成果在探讨微信社交时,较少关注其与现实人际交往的关系及其对现实人际交往的重构与影响,从而使相关研究缺乏一定程度的现实观照。

---

① Brigette, A. E. et al. The Internet: Home to a severe population of individuals with social anxiety disorder[J]. Anxiety Disorders,2004(18): 27-41.

② 亓胜辉,余林.网络交往的心理研究述评[J].克拉玛依学刊,2011(5):36-40.

③ Kraut, R., et al. Internet paradox: A socialtechnology that reduces social and involvement and psychological well-being[J]. American Psychologist,1998(9): 18-29.

④ Kiesler,S.,Kraut,R. Internet use and ties that bind[J]. American Psychologist,1999(54): 33-42.

1.3 关键概念阐释

1.3.1 人际传播与人际关系

人际传播(Interpersonal Communication)可以说是人类交往最初始、最基本也是最重要的形式。在人际传播中,每个人都是信息的发出者,同时又是信息的接收者,在影响别人的同时,也受到他人的影响。而因为研究视角的不同,对人际传播概念的理解和界定也有所不同。有的学者将人际传播视为"一种以个体为中心的认识活动",注重精神再现和想象性互动,如杰拉尔德·米勒等人所说的"当人们就其他互动者做出预测时,人际传播就发生了"①。还有的学者从对话或互动的角度认识人际传播,将人际传播理解为"一种信息,或是一种发生在人与人之间的、与行为有关的联合行动"②。最后有代表性的就是以关系为重点来理解人际传播,"重视理解传播在发展、维持、终止社会和人际关系方面的作用"③。而本书因为主要研究人际传播中的关系建构,因此更倾向于从关系角度来理解人际传播。当然,无论采取何种视角来认识人际传播,其共通的要素是存在的,即普遍意义上的人际传播是人与人之间借助语言符号和非语言符号交流信息、创造意义的过程。

与大众传播相比,人际传播具有感官参与度高、信息反馈量大、反馈速度快以及传播符号系统多等优势。基于人际传播媒介形式的差异,人际传播还可以被划分为直接传播和间接传播两种形式。前者指的是现实交往中最原始状态的两个人面对面地进行信息交流的过程。后者则是指以书信、电话、交互电视、计算机网络等媒介作为中介所进行的传播。毫无疑问,本书所研究的微信中的人际传播比较于现实交往中的面对面交流,即是一种间接的人际传播。

人际传播既然是用符号来创造意义的过程,就不应该只是单纯的传递信息的过程,更应该成为传播双方通过信息传递来建构身份和关系的一个过程。容纳德·阿德勒将人际传播定义为"发生在两个人之间的以建立一种关系为

---

①②③ 殷晓蓉,刘蒙之,赵高辉,等.社会转型中的演变——当代人际传播理论研究[M].上海:复旦大学出版社,2014:52.

目标的有意义互动的过程"[①]。由此可见,人际传播与人际关系密切相关。格雷戈里·贝特森认为,信息同时具有两层意义:内容意义和关系意义。前者揭示传播内容,后者揭示传播者之间的关系,关系信息比内容信息更能影响传播效果。所以说,关系是人际传播的核心,而传播是关系系统得以形成的过程,人际传播的功能就是利用关系信息来建立有意义的关系。传播与关系之间的交织性也反映了关系对传播的影响。关系传播理论认为,"关系是通过关系成员间的传播过程而产生和确立的,同时反过来又认为,如此产生出来的关系的本质就是对成员间正在进行的传播行为施以影响"[②]。因此社会成员之间各种关系的建立、维系和发展,有赖于传播的帮助;而人际传播也在很大程度上反映了这些关系的亲疏、远近、矛盾或一致的状况。

1.3.2 CMC 与 CM 人际传播

如前所述,CMC 是以计算机为中介的传播,是 20 世纪 70 年代以来,伴随计算机和网络技术的兴起而出现的一个新兴的传播学科研究领域。随着近 40 多年的发展,CMC 研究已成为传播学界的一个重要研究领域。随着新媒体技术的不断发展,对 CMC 的概念界定逐渐拓展为"使用任何网络媒体进行沟通的传播行为"[③]。20 世纪七八十年代的 CMC 研究,因为研究对象是当时仅支持文字交流的网络媒体,因此出现了一批对应于当时的网络技术的 CMC 理论,包括社会存在理论(1976)、传播渠道缺失理论(1987)等。CMC 也仅被看作获得信息的工具,适于工作之用。而进入 90 年代以后,当技术不再成为影响传播效果的决定性因素,CMC 研究也开始探讨心理、社会、文化等因素对网络传播行为和效果的影响。这一时期,社会信息处理理论、超人际关系模型等理论的出现,一反以往认为网络传播不利于人际交流的观点,均认为在网络传播中可以建立起不亚于面对面交流的人际关系。"CMC 就是一种联系另一个人的方式"[④],成为人际互动实践的完整工具。进入 21 世纪后,CMC 研究也开始呈现出研究对象、研究议题、研究方法多样化的表现特点。在中西方,

① Ronald, B. Interplay: The process of interpersonal communication (9th Edition) [M]. Oxford: Oxford University Press, 2004: 14.

② 莱斯莉·A.巴克斯特,唐·O.布雷思韦特. 人际传播:多元视角之下[M]. 殷晓蓉,等译. 上海:上海译文出版社,2010: 440.

③ 洪浚浩. 传播学新趋势[M]. 北京:清华大学出版社,2014: 664.

④ Rheingold, Howard. The virtual community: Finding connection in a computerized world [M]. London: Secker and Warburg, 1994: 147.

近十年出现的一批针对社交媒体中的传播研究即可看作 CMC 在当代的一个新的研究趋势。

与之相应的,CM(computer-mediated)人际传播是指借助计算机网络进行的非面对面的信息交流活动。随着网络技术的发展和 CMC 理论对借助网络媒介进行人际传播的认可,CM 人际传播的研究也日益成为当代传播领域的一个研究显题。当下,对微信中的人际传播的研究即属于 CM 人际传播中的一个代表性研究。

1.3.3 微信与社交网络

微信是腾讯公司于 2011 年推出的一款基于手机移动端使用的社交软件,它可以发送包括文字、语音、图片、视频等多种传播符号的实时信息。在微信使用频率排名前六位的功能设置中,文字聊天、语音聊天是一对一传播,朋友圈和微信群是一对多以及多对多传播,其功能主要以维护熟人群体中的强关系为主;而摇一摇和搜索附近的人虽然也是一对一传播,但从关系类型上看,其功能主要是拓展陌生人中的弱关系。虽然同属社交媒体,但和微博相比,微信在属性表现及结构模式上与微博仍有较大差异。首先,微博的结构系统相对开放,用户在微博所发信息所有人均可看见;而微信的结构则相对封闭,微信用户所发内容只有好友可见。其次,微博偏重媒体属性,兼具社交功能;而微信则是偏重社交属性,兼具媒体功能。再次,微博以弱关系为主,微信以强关系为主。最后,微博中更多地突显用户的个性与差异;而微信则更多地寻求关系的稳定与和谐。因此,在微信中尽管集聚了人际传播、群体传播、大众传播三种传播方式,但其最核心的功能仍是随时随地与他人取得即时联系,即强社交功能。

社交即社会交往,辞海解释社交一词为"社会中人与人的交际应酬"。在社交媒介中,社交很大程度上强调的是个体与个体的交往以及个体层面的社会关系拓展。六度分割理论认为,每个人和任何一个陌生人之间的间隔不会超过六个人,也就是说,最多通过六个人,你就能够认识任何一个陌生人。按照六度分割理论,每个个体都有自己的社交网络,这些个体的社交网络被不断放大并相互交织,就会构成一个更为庞大的社会关系网络。每个个体都是社交网络中的一个节点,信息沿着社交网络的路径进行传播,并受到人际关系的强度、节点的性质等因素的影响。在微信中,微信用户利用文字语音的点对点传播、朋友圈中的圈层传播、微信群中的关系传播以及摇一摇、搜索附近的人等微信功能,建立起包括强关系与弱关系、线上关系融合线下关系的庞大的社交网络。

1.4 理论框架

本书主要运用人际传播学、社会学、社会心理学中的相关理论，包括拟剧理论、社会交换理论、社会资本理论等作为本研究的主要理论依托和理论支撑。

1.4.1 拟剧理论

拟剧理论又叫“自我呈现理论”，是欧文·戈夫曼在其代表性著作《日常生活中的自我呈现》(1956)一书中所提出的。戈夫曼在此书中将人际交往间的互动隐喻为“戏剧”，每一次人际互动就像是戏剧中的演出，参与互动者就是演员，人们通过各种符号(语言、文字、肢体动作、表情等)的预先设计在“舞台”上进行表演，通过有选择地展示自我形象，赢得观众认可。戈夫曼在拟剧理论中，主要提出了两部分内容框架：表演框架和印象管理框架。

戈夫曼的“表演”就是个体在日常生活中的自我呈现(self-presentation)。在表演框架中，戈夫曼认为“表演”就是个体在特定时间内面对一批特定观察者时所表现出的行为，且行为对观察者产生某种影响。人际传播的过程就是人们表演“自我”的过程，但这个“自我”并非真实的自我，而是经过符号乔装打扮了的“自我”。同时，戈夫曼针对表演中的区域和区域行为，还提出了“前台”和“后台”两个重要概念。“前台”是指特定表演的场所，人们在“前台”要戴上角色面具，呈现符合社会规范的形象和行为举止。而“后台”是与给定表演相关，但与前台表演不一致的区域。在“后台”，表演者可以放松、休息，卸下角色面具做真正的自己。表演者在“前台”和“后台”之间不断地变换角色面具。“前台/后台”理论强调了对互动情境的定义及人们互动行为的复杂性、随机变动性，加深了对互动现象的认识。

在印象管理框架中，戈夫曼提出表演者在表达时要小心谨慎，以避免表现出“不恰当的印象”。当表演者出现无意举动、失礼、当众吵闹以及有局外人“不合时宜的闯入”情况时，会出现表演崩溃，破坏观众预期表演者要呈现的印象和表演。为防止此类事情发生，戈夫曼认为参与表演互动的人要具备某些品质和措施。包括：(1)防卫性的品质和措施。体现为戏剧表演的忠诚、戏剧表演的纪律和戏剧表演的谨慎。(2)保护性措施。(3)有关乖巧的乖巧。

1.4.2 社会交换理论

社会交换理论于20世纪60年代初被提出，从经济交换理论衍生而来。同利润驱动下的经济交换一样，社会交换理论将社会交往行为归结为以“成本与回报”为导向的交换活动，即个体会从成本—收益的角度来考虑具体社交活动的价值。这里的成本与收益不仅指金钱这样的物质财富，还包括时间、情感以及社会地位、他人认可等无形的非物质财富。基于研究视角和理论基础的不同，社会交换理论中的代表性理论包括：霍曼斯(George Casper Homans)的行为交换理论、布劳的结构交换理论、蒂博特和凯利的相互依赖理论、E. 福阿和U. 福阿的资源理论、E. 沃尔斯特等人的公平理论以及R. 埃默森的交换网络理论。而各种社会交换理论都会遵循下列假设：(1)社会行为是一系列的交换；(2)个体力图最大化他们的回报，并最小化他们的成本；(3)当个体从他人那里得到报酬时，他们会觉得有义务要回报。社会交换理论认为，人作为理性动物，在某种程度上会进行成本—收益分析，即权衡人际交往和人际关系中的利弊得失。①

迈克尔·罗洛夫认为，社会交换就是“某物或某项活动从甲方自愿地转移到乙方，以换取它物或它项活动”②。人们在进行特定社会行为时，基于“自我利益”的驱动，会考虑资源交换中的回报和成本因素做出行动决定。在此过程中，人们会相互依赖，并避免利益冲突中的竞争，实现交换参与者的共赢。在社会交换理论中，霍曼斯的行为交换理论、E. 沃尔斯特等人的公平理论以及R. 埃默森的交换网络理论对于社交媒体的行为解释和关系解释具有更多指导性。

1.4.3 社会资本理论

“资本”原是经济学研究中的基本概念，20世纪80年代，一些社会学家将社会互动与社会关系也纳入资本的研究范畴，关注“非经济的社会关系对社会成员获取有价值的效益”的影响和帮助，提出了社会资本的概念。关于社会资本的理论研究，布迪厄(Pierre Bourdieu)从社会网络的视角研究社会资本，认

---

① 莱斯莉·A.巴克斯特，唐·O.布雷思韦特. 人际传播：多元视角之下[M]. 殷晓蓉，等译. 上海：上海译文出版社，2010：493.

② 迈克尔·E.罗洛夫. 人际传播——社会交换论[M]. 王江龙，译. 上海：上海译文出版社，1991：15.

为社会资本是指"实际和潜在资源的集合,这些资源与相互默认或承认的关系所组成的持久网络关系有关",是群体成员所共享的集体财产。并认为社会交换产生社会资本,"不间断的社交努力"对产生社会资本具有核心作用。之后,美国社会学家科尔曼(James Coleman)从功能论的视角系统阐述"社会资本"概念,而帕特南(Robert Putnam)则将社会资本的概念进一步扩展到对民主治理的研究。此外,美籍华裔学者林南(Nan Lin)认为社会资本根植于社会网络和社会关注之中,因此林南从社会网络和社会资源的角度考量社会资本,将社会资本定义为"行动者在行动中获取和使用的嵌入在社会网络中的资源"①。而美国社会学家罗纳德·博特(Ronald Burt)则针对社会网络中的结构现象提出了"结构洞"理论,认为在社会网络结构中,占据网络"结构洞"位置的个体具有信息优势和控制优势。

综合认识以上学者对"社会资本"的概念界定,可以看到社会资本这一概念强调了以下几方面:社会网络,社会信任,社会参与,社会规范。也就是说,社会资本强调在社会网络和社会关系中具有一定信任基础的网络成员,遵守共同利益,通过互惠互利的行动来进行人际互动和共同合作,以获取嵌入在网络关系中的资源。

从类型看,社会资本可划分为两种不同类型:结合型社会资本(bonding social capital)和桥接型社会资本(bridging social capital)。结合型社会资本是指同质群体内部的联系与信任程度,在情感、资金等方面可以投入较多支持,群体内部联系较紧密,对外部具有较强排他性,通常表现为强连接关系网络中的资源。桥接型社会资本则多指异质群体之间的联系,可为个人提供平时难以接触到的信息资源,群体内部同质性较低,对外部群体的包容性较好,有助于强化群体间的联系,增加社会凝聚力,通常表现为弱连接关系网络中的资源。

1.5 研究思路与研究方法

1.5.1 研究思路

本书从社会学的研究视角,关注基于社交媒介——微信为中介的关系建构的研究。运用人际传播学、社会学、社会心理学等相关理论,在重点考察和

① 林南.社会资本——关于社会结构与行动的理论[M].张磊,译.上海:上海人民出版社,2005:24.

分析微信朋友圈和微信群的基础上，采用“概念阐释—比较研究—理论剖析—问题分析—意义呈现”的逻辑思路，针对微信社交网络中的关系特点及变化趋势、关系的建构及其引发的思考进行有针对性的系统研究。

除第一章绪论内容外，本书研究的主体部分共包括六章内容。第二章“微信中的社交关系网络”和第三章“微信社交与现实交往的比较分析”通过交代基本概念和比较分析线上与线下人际关系的差异，构建研究问题的立论基础。第四章“微信社交关系中的角色与身份构建”和第五章“微信社交网络中的关系资源交换”是本书的研究重点，依托相关理论剖析微信社交网络中的关系建构状况。第四章依托身份传播理论和拟剧理论，从个体层面研究微信社交主体的身份建立状况，发现微信用户主要通过自我披露和自我呈现的方式建立个体的社会角色和社会身份，从而推动关系的构建与发展。第五章则依托社会交换理论和社会资本理论，从社会层面观照微信用户在微信社交网络中的关系资源交换，通过人际互动来获取社会资本的回报，并寻求心理上的认同与归属，遵循了从行为互动到心理报偿的逻辑架构。第六章“微信社交关系中的异常变化与逃离”从问题分析的视角去关注微信社交中的异常变化并寻找原因。最后，第七章“微信社交中关系建构的价值思考”回归本书的意义呈现，一方面，肯定了微信中的关系网络对社会关系的重建意义；另一方面，也对微信社交中的关系异化进行了人文主义反思，对微信社交与现实交往的互补关系提出自己的理解。

1.5.2 研究方法

1.5.2.1 文献分析法

文献分析法通过对文献资料的搜集与整理，形成对研究对象的理论把握和科学分析。本书搜集、鉴别、整理有关人际传播、人际关系、微信研究的文献资料，掌握包括拟剧理论、社会交换理论、社会资本理论等相关理论资料，通过系统分析和科学判断，建立微信中的人际关系研究的理论基础。利用已掌握的相关文献资料，为研究问题构建立论基础，为研究工作的进一步展开提供论证工具。

1.5.2.2 问卷调查法

问卷调查法是通过运用统一设计的问卷向被调查对象了解情况或征询意见的研究方法，标准化程度较高，易量化，易分析。考虑到本书调查对象的总体基数过于庞大(根据已有公开数据，截至 2019 年第一季度，微信用户数已达 11.12 亿)，受研究条件所限，本书无法利用概率抽样方法进行调查研究，而是采用非概率方法进行调查研究。因此，本书所调查研究的样本无法完全代表总体并推断总体，只是在一定程度上辅助本书针对研究对象和研究问题进行探索式研究。

根据研究设想与研究条件，本书采用非概率等额配比的抽样方法。本书综合 CNNIC 及企鹅智酷发布的“中国微信用户构成状况”的相关数据，获得了中国微信用户总体的基本人口统计数据，根据可能影响研究变量的各种因素（性别、年龄、职业）来对总体分层，并找出具有不同特征的成员在总体中所占的比例（见表 2.1）。然后根据这种划分以及各类成员的比例去选择调查对象，从而得出一个样本成员各因素构成比例尽量接近调查总体的“模拟物”样本（见表 1.1）。

表 1.1 被调查微信用户的基本构成情况

构成		比例/%
性别	男性	65.89
	女性	34.11
年龄	19 岁及以下	12.40
	20～29 岁	40.70
	30～39 岁	25.97
	40～49 岁	17.44
	50 岁及以上	3.49
职业	企业员工	37.60
	自由职业及个体户	18.99
	学生	18.22
	事业单位职工	15.89
	无业人员	2.71
	党政机关、军队人员	2.71
	农民	3.88

来源：本研究调查采集数据（2016 年 12 月）

在具体实施过程中，本研究结合微信用户的基本情况和论题研究范围，设计了“微信用户使用情况”的调查问卷。问卷结构包括被调查对象个人基本信息和问卷内容两大部分，问卷内容包括：微信使用情况、微信自我呈现与印象管理、微信社交与资本获取、微信影响及线上线下关系等四方面内容。笔者在问卷星网站制作了问卷，并通过微信平台发放问卷，确保了填答问卷的人都是微信用户。问卷的发放时间为2016年11月1日至12月31日，共发放问卷280份，回收280份，剔除无效问卷22份，剩余有效问卷258份（$N=258$）。调查完成后，使用SPSS 19软件对调查数据进行录入、整理和分析。（调查问卷见附录1）

1.5.2.3 深度访谈法

深度访谈法通过深入的探寻和对话，有利于了解受访者对采访问题的深层次态度、想法、动机和感情。为深入了解微信用户使用微信的心理、行为、态度及其对人际关系的现实影响，本研究采用深度访谈的研究方法。鉴于本书所访谈对象分布在不同城市，访谈形式主要以电话访谈结合在线即时语音聊天系统为主。笔者采用“半开放型”的访谈结构，依据访谈问题，通过互动交流，鼓励受访者在采访提纲和框架内提出自己的想法与问题，同时在访谈进程中对访谈内容和方向进行一定掌控。访谈的实施时间为2016年12月1日至12月31日，访谈对象共16位，其中男性7位，女性9位。每位受访者接受访谈的时间约为30～40分钟。访谈的问题均围绕研究问题展开。（访谈者名单及访谈提纲见附录2和附录3）

2 微信中的社交关系网络

自2011年1月腾讯公司推出微信产品以来，短短几年间，微信已成为中国社交应用用户手机中不可或缺的一项社交产品。作为熟人社交工具，微信通过语音文字聊天、发送朋友圈、群聊等即时通信功能，展现了它的强社交属性。在将线下人际交往转化为线上社交"强关系"的基础上，微信中的社交关系网络的边界不断扩大，并日益复杂化。在以"己"为中心不断推进建立的社交关系网络中，原有的"差序格局"被打破，强弱关系的界限日益模糊。

2.1 微信中的交往功能分析

从微信的核心功能设计来看，微信自诞生之初就以熟人社交工具为出发点。据CNNIC发布的《2015年中国社交应用用户行为研究报告》显示，中国用户在微信上使用最多的功能是文字聊天、语音聊天、朋友圈和群聊，前三者的使用比例均在80%以上，群聊的使用比例为64.5%(见图2.1)，微信平台表现出强劲的社交功能。

随着技术的不断发展，媒介的裂变进化促使其越发表现为人体感觉和感官功能的发展与延伸，正如保罗·莱文森所言："媒介进化的趋势并非具有越来越多的人化痕迹，而是越来越满足人的自然感知和自然需求。"在"微信主要使用目的"的调查中可以看到，"和朋友互动，增进和朋友之间的感情"成为人们使用微信的主要目的(见图2.2)。马斯洛的人类需求五层次理论曾提到，人类在满足基本的生理需要和安全需要的基础上，还要满足社交需求，即人具有社会性，需要获得友谊和群体的归属感。以新的信息传播技术为手段的微信，通过点对点的文字、语音等即时聊天功能彻底打破了时空限制，通过多媒

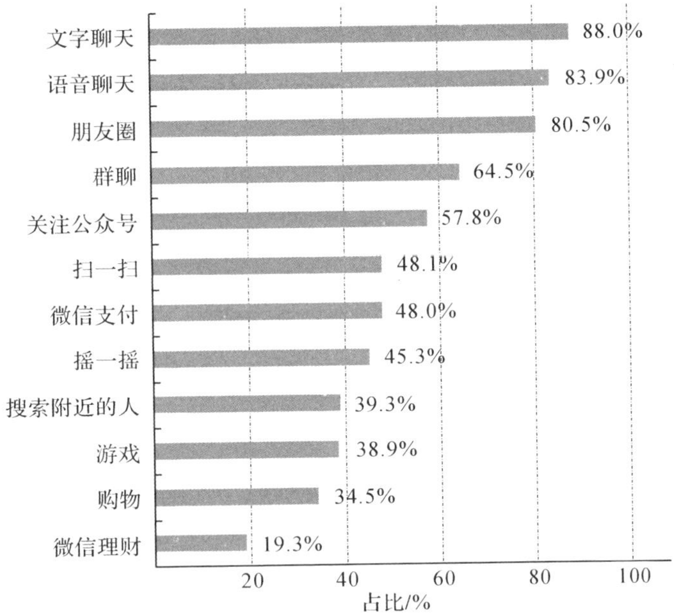

图 2.1 微信主要使用功能

来源：CNNIC 社交应用用户调研（2015 年 11 月）

体参与的丰富的信息传递，实现了“电子对话”①式的新型人际互动方式，在一定程度上满足了现代人对现实的面对面互动的期待。

依托于移动媒介的微信，推进了人际交往方式的变革。正如微信创始人张小龙所说，微信的本质是连接，连接一切。因此，在微信中，群聊、朋友圈等功能设置克服了流动的现代人的时空距离感，通过“先分享再集中”的方式，将具有类似身份特征的人再次连接聚集在一起，这种聚集超越了时空限制，螺旋式上升地回归到麦克卢汉所说的“重新部落化”。这种新的“去中心”的部落圈子，伴随着更为全面和丰富的信息传播，形成新的“想象共同体”，传递“自己人”的圈子文化，在此基础上，表现出多元层次的群体认同和身份认同。

在移动互联传播中，场景的意义被大大强化。基于移动互联传播技术的社交媒体，也出现了很多基于场景进行社交互动的功能设计。在微信中，“摇

① 1988 年，美国学者桑德拉·鲍尔-洛基奇等人提出电子对话概念（telelog），认为大众传播是独白式的传播形态，人际传播是对话式的传播形态，而以信息传播新技术为手段的传播，则是电子对话式的传播形态。

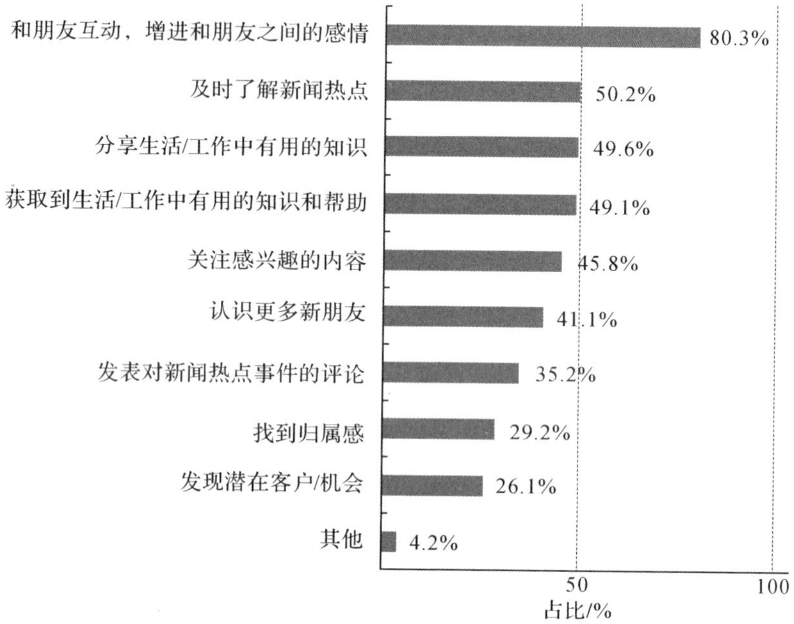

图 2.2 微信主要使用目的

来源：CNNIC 社交应用用户调研（2015 年 11 月）

一摇”功能可以将具有相同社交需求的陌生人连接在一起，“搜索附近的人”可以搭建起基于地理位置而形成的弱关系。场景思维的运用，可以聚合起不同时空环境下人们的社交行为与社交关系，有些关系，可能只是临时搭建的弱关系，但“六度分割”理论也告诉我们，弱关系和强关系有时也只是一线之隔。

2.2 微信中的用户关系

2019 年 5 月，腾讯公布的本年度第一季度业绩报告显示，微信和 WeChat 合并月活跃用户数达 11.12 亿。微信庞大的用户群体背后，是一个个以用户为节点所形成的无数相对封闭、边缘又可以无限延伸的“小世界”。以最初的手机通信录为基础，微信将现实中的熟人关系迁入移动互联网络，实现了强关系之间的在线交往与互动。但随着微信中朋友圈子的不断扩大，微信中的用户关系也在日益发生着变化。

2.2.1 微信用户的基本状况

据 CNNIC 发布的《2015 年中国社交应用用户行为研究报告》及企鹅智酷发布的 2016 年《微信影响力数据报告》显示：微信用户中，男性占比近七成，男女用户比例约为 2∶1；在年龄方面，微信用户年龄主要集中在 20～29 岁，94.1%的用户在 50 岁以下，83.8%的用户在 20～49 岁之间；从微信用户职业分布看，企业职员占比最高，达四成；从微信用户月收入水平看，月收入为 2001～5000 元的用户群体人数最多，占比达 46.1%（见表 2.1）。综合数据可见，中国的年轻男性用户对微信的使用热情更高，且微信用户中近一半人收入中等，有一定的消费潜力。

表 2.1 中国微信用户的构成状况

构成		占比/%
性别	男性	67.5
	女性	32.5
年龄	19 岁及以下	10.3
	20～29 岁	40.7
	30～39 岁	28.9
	40～49 岁	14.2
	50 岁及以上	5.9
职业	企业员工	40.4
	自由职业及个体户	25.3
	学生	14.4
	事业单位职工	10.8
	无业人员	4.8
	党政机关、军队人员	2.6
	农民	1.8
月收入	无收入	6.0
	2000 元以下	33.5
	2001～5000 元	46.1
	5001 元及以上	14.4

来源：据 CNNIC 及企鹅智酷发布数据制作

此外，在微信的用户使用行为方面，六成以上用户每天打开微信超过10次，每天超过30次的重度用户占36%；55%的用户每天使用微信超过1小时，32%的用户每天使用微信时长超过2小时。无论从用户使用频率还是使用时长来看，微信均表现出强大的用户黏性。

2.2.2 微信用户的关系呈现

在微信中，以每一个用户个体为中心节点，都可以组成一个"小世界"的社会网络。"社会网络（social network）指的是社会行动者（social actor）及其关系的集合。也可以说，一个社会网络是多个节点（社会行动者）和各节点之间的连线（行动者之间的关系）组成的集合。"[①]因此，微信中用户个体形成的社会网络，也可以说是与他有交往互动关系的其他个体与其自身构成的一个关系的集合，即每个用户的人际关系网络。而从不同的角度看，微信中的关系也表现出不同的类型。

2.2.2.1 人—人关系与人—信息关系

在社交媒体中，人是社交网络中的基本构成要素。微信的社交网络中，以人为节点，构成了每个人的社交关系网络。而信息传播则是沿着人际关系网络的路径进行传递扩散，人作为关系网络的节点，扮演着把关人的角色，控制着信息的传递，并影响着关系的建立。

据企鹅智酷发布的2016年《微信影响力数据报告》显示，半数以上的微信用户已拥有超过100位好友。和往年相比，拥有200位以上好友的用户占比翻了一番，与此相应的，拥有50位以下好友的用户比例降低了16个百分点（见图2.3）。这表明移动社交媒体对人性的理解和人的需求的把握，即技术的发展要为人与人的连接、沟通而服务。微信用户在好友数量方面的不断增长，从一个方面印证了微信在连接人—人关系上的成功。

另一方面，人—人关系的建构离不开人对信息的传递与处理。英国人类学家格雷戈里·贝特森认为，"信息同时具有两层意义：内容意义和关系意义。内容层面的意义提供关于信息本身是什么的信息，而关系层面的意义则提供信息如何得到解读的信息"[②]。比如，A对B说，"你晚了10分钟"，内容意义表明的是时间，但关系意义则表现为一种指责。如果对方回答"你不要总是这

---

① 刘军.社会网络分析讲义[M].北京：社会科学文献出版社，2004：4.

② 莱斯莉·A.巴克斯特，唐·O.布雷思韦特.人际传播：多元视角之下[M].殷晓蓉，等译.上海：上海译文出版社，2010：444.

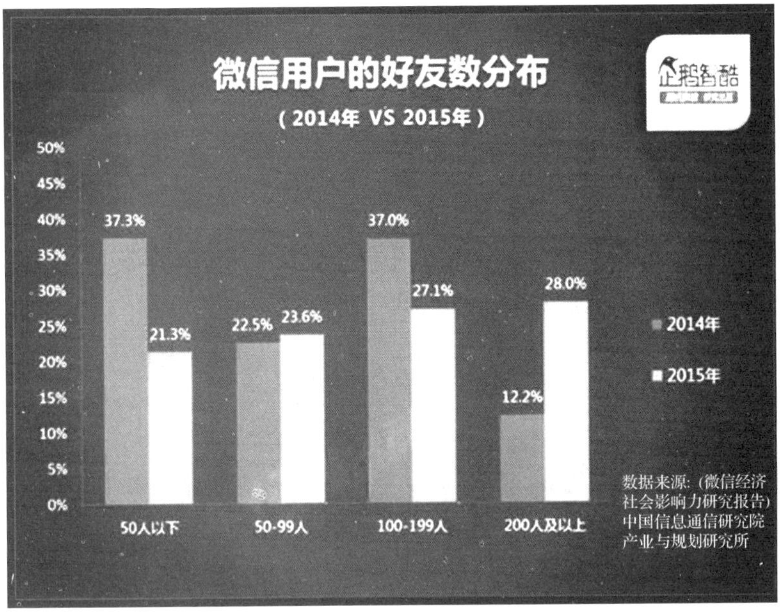

图 2.3 微信用户的好友数分布

么着急"，则双方会形成一个互相指责的关系；而如果对方回答"我真的很抱歉"，那么双方的关系则会趋于缓和。"内容意义通常由更高的、元层次的关系意义构成。内容发挥着一定作用，但是互动双方很大程度上是在关系层面表明他们是如何看待这种关系的。"[①]因此，在人—信息关系中，人们通常是在信息中的关系意义的不断交换中逐渐建立起人—人关系的。

据 2016 年《微信影响力数据报告》显示，在微信朋友圈信息流中，61.4%的用户更关心好友发布的生活状态；35.3%的用户较关注自己发布内容后好友的反馈；而"转发内容"的关注度相对较低，占比为 29.8%（见图 2.4）。这表明人们更为关注易建立起关系意义的信息，这是因为人—信息的关系会在极大程度上影响人—人的关系。当然，在社交网络中，不论信息流通的速度与方式如何变化，人与人之间沟通的本质永远不会改变。

2.2.2.2 强关系与弱关系

在微信用户建立的人际关系网络中，除核心用户本身是这一关系网络中

① 莱斯莉·A.巴克斯特，唐·O.布雷思韦特.人际传播：多元视角之下[M].殷晓蓉，等译.上海：上海译文出版社，2010：444.

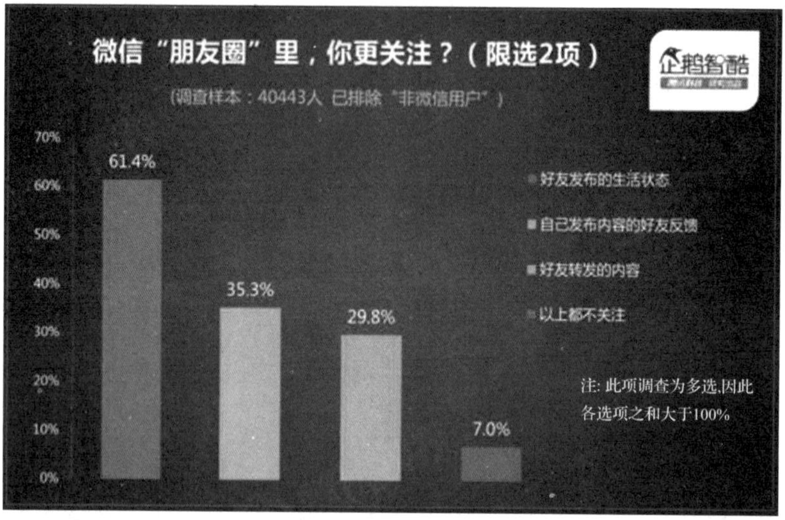

图 2.4　微信朋友圈的关注内容

的核心节点外，和核心用户相连接的其他用户个体也都是一个个小的节点。由"小世界"理论可知，任何节点之间都有可能由某种路径连接起来，而路径连接的距离则决定了关系的强弱。路径连接较短的，往往是互动较为频繁的直接关系，即强关系，如现实生活中认识的同学、朋友、同事、同行等。路径连接较长的，则属于互动不很频繁的间接关系，即弱关系，如现实生活中刚认识的人，通过网络添加的未谋面的陌生人等。美国社会学家格兰诺维特指出，"强关系往往是同质群体内部的纽带，而弱关系则是不同群体之间的纽带"[①]。互动频率、感情力量、亲密程度以及互惠交换等四个维度可以测量出关系的强弱。通常来说，"强连接引发行为，弱连接传递信息"[②]。强关系会较多地受到人际关系因素的影响，对人们的情绪、亲密关系、健康等方面产生影响。弱关系更多的时候会转发信息，只是基于对信息本身的价值判断，而较少受到人际关系因素的影响。

在 CNNIC 发布的《2015 年中国社交应用用户行为研究报告》中，会看到微信中主要关注的人大多是现实生活中的熟人，包括同学、朋友、亲戚、同事

① 彭兰．社会化媒体：理论与实践解析[M]．北京：中国人民大学出版社，2015：17．

② 尼古拉斯·克里斯塔基斯，詹姆斯·富勒．大连接：社会网络是如何形成的以及对人类现实行为的影响[M]．简学，译．北京：中国人民大学出版社，2013：153．

等，占比均达80%以上（见图2.5）。这也解释了微信用户黏性强的原因，即微信是基于熟人关系链建立的在线社交，微信中的好友关系更多的是现实社交中的强关系。但是另一方面，我们也会发现，随着微信通信录中好友数量的不断增加，由微信中的弱关系所构成的"外部圈层"的范围越来越大，而强关系所组成的"内部圈层"与"外部圈层"之间的界限也日益模糊。当然，从中国文化的角度看，中国人对人际关系中的内、外群体的划分本就不很分明。中国学者边燕杰就认为，强关系在中国就是人情关系，不论它是直接的还是间接的，都是强关系。因此，"中国人的内群体概念只是从某一个体层层推出去的可大可小的伸缩自如的群体概念，其关系强弱并不分明"[①]。在微信中，一方面因为弱关系"好友"的不断增加，另一方面因为中国人际关系的特点，微信中强弱关系的界限变得日益模糊。

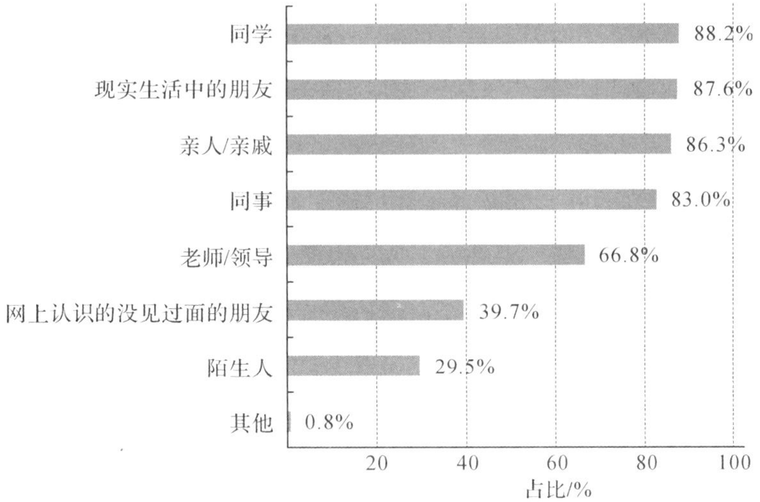

图2.5　微信主要关注的人

来源：CNNIC社交应用用户调研（2015年11月）

当然，强弱关系的属性并非一成不变，因为关系的持续需要维护。比如处于强关系的两个人，如果长期缺乏交流和互动，强关系可能也会弱化；反之，弱关系可以把不同的社交圈子连接起来，从圈外提供有用信息，如果在目标驱动下进行刻意维护，弱关系也会强化。

① 翟学伟.人情、面子与权力的再生产[M].北京：北京大学出版社，2005：113.

2.2.2.3 线上关系与线下关系

微信最初诞生时是作为熟人社交工具出现的，它把现实生活中的好友关系移植到线上，形成了在线社交的朋友圈。所以，微信创建初期，其线上关系与线下关系基本是高度重合的。又因为早期的微信好友多是生活中的同学、挚友，很多人乐于并享受在一个真正私密的小圈子里分享自己的心情与思想，线上的熟人关系得到了强化与维护。但随着微信好友队伍的不断壮大，微信好友成员的身份也开始日益庞杂，同事、领导、亲戚甚至谋面一二次的陌生人也都加入进来，微信中的弱关系比例开始不断增长，微信中的线上关系与线下关系的重合度在逐渐降低。虽然这在一定程度上拓展了线上线下的好友关系，但线上社交圈的扩大和接收信息的繁杂，也降低了微信用户的社交效率和信息接收效能。分享对象的泛化使人们对线上关系链的维护渐生疲惫感，从而出现了社交过载现象。部分人甚至开始逃离体积庞大的微信朋友圈，转向更为私密、更为个人化的大大小小的社交圈子，比如微信群。在这里，线上社交维系线下强关系的本质并没有改变，只是人们以一种更舒适的社交姿态来维护线上的人际关系。

当然，微信中的熟人社交增强了网络交往的现实感和真实性，线上关系和线下关系形成互补和互融。微信通过将个人的社交关系网络化，聚合了网络情境与现实生活情境，在一定程度上促进了线上交往与现实交往的相互融合。甚至，始建于网络上的人际关系可以走入线下，将线上关系转变为线下关系，线上关系的拓展也一定程度上扩张了线下人际关系。“网络自我不再是人们逃避现实的方式，而是现实自我的延伸。”[①]从这个意义上看，网络与现实社会的交融变得更加深入。

2.3 微信朋友圈的圈层社交

在微信的功能设置中，对人与人之间的社交关系建构影响最大的还属朋友圈和微信群，其中形成的社交网络与关系传播状况也更值得关注。因此，在本章后两节，重点分析微信朋友圈中的圈层社交与微信群的关系传播。

---

① 彭兰.社会化媒体：理论与实践解析[M].北京：中国人民大学出版社，2015：187.

2.3.1 微信朋友圈的用户行为

CNNIC 的调查显示，朋友圈是微信功能使用中仅次于文字聊天和语音聊天、使用率最高的微信功能之一（见图 2.1）。而在企鹅智酷发布的 2016 年《微信影响力数据报告》中，超过八成用户是微信朋友圈的高黏性使用者，有 61.4%的用户几乎每次打开微信都会同步刷朋友圈，有 22.6%的用户会经常看朋友圈，而从来不看朋友圈的微信用户，占比仅为 1.3%（见图 2.6）。可见，刷微信朋友圈已成为网民的强社交需求。

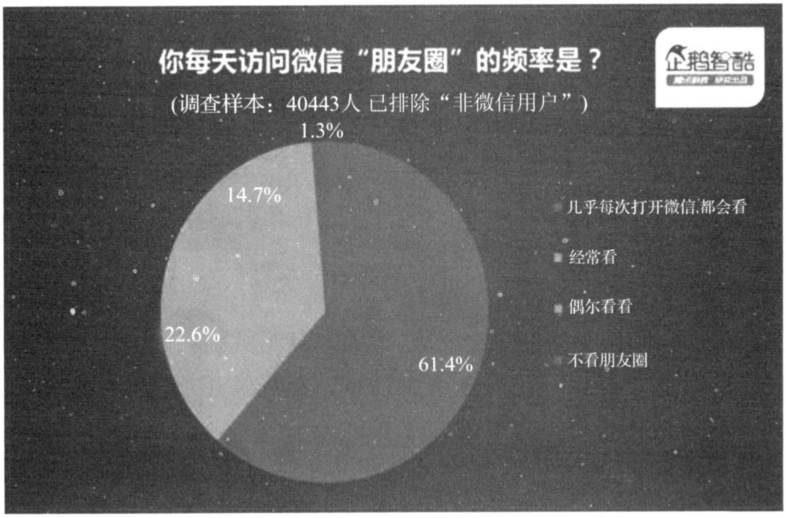

图 2.6 微信朋友圈的访问频率

来源：2016 企鹅智酷

据调查，微信用户在朋友圈进行交往互动时，通常会利用点赞、评论、发布信息等形式与他人互动。这其中，点赞成为朋友圈的最热互动，占比达 57.6%。而 38.5%的微信用户会评论好友朋友圈，比例超过自己发布信息。至于只看不互动的用户，占比仅为一成。可见绝大多数刷朋友圈的用户都会有与他人互动的需求和行动，当然，不同的互动形式也表现了用户不同的行为心理和行为特点。

2.3.1.1 点赞

点赞功能在社交媒体中的运用始于 2009 年的 Facebook，之后，这种一键式的便捷社交，因其维护关系的低成本性而风靡社交网络。在微信朋友圈中，点赞功能更是因为满足了人们在碎片化时间内与他人简单交流互动的普遍需求，而成为朋友圈中使用频率最高的互动行为。

从点赞这一行为背后的心理动因来看，点赞行为的出现可能基于以下几方面原因：一是对他人所发表内容的认同性表达。点赞的本意是认同与欣赏，一个用户对好友发布内容进行点赞，是因为认可对方，更多的时候反映了本人的一种态度。反过来，也表现了自我的一种内在性格和意愿。据来自剑桥大学和斯坦福大学的研究人员发现，电脑对一个人Facebook上300个点“赞”的数据分析，就可以比他(她)的配偶更准确地预测出其性格。[①] 因此，点赞这一行为在一定程度上是自我的一种映射和外化。二是满足社交上的需求，获取社会资本。很多时候，点赞行为不是根据内容进行点赞，而是选择人进行点赞。对于某人表达礼仪性的互动或是有意取悦某人，通过频繁互动增进感情，维护已有关系，或构建新的良好的人际关系，其背后的潜在动机是为了能获取有效社会资本。三是条件反射式的跟风行为。朋友圈中也存在着大批点赞党，很多人点赞既不看对象也不看内容，只是下意识的习惯性行为，甚至是一种跟风行为，使点赞失去了意义和价值。

2.3.1.2 评论

在微信朋友圈中，评论是仅次于点赞的互动形式，甚至有很多微信用户自己不常发朋友圈，却经常评论好友所发信息。和点赞相比，评论所付出的社交成本虽然较高，但评论可以更好地强化人际关系，获取社会资本。因为很多时候，只点赞不评论，很难让对方完整地了解你的真实想法，获取社会资本效果有限。如果点赞配合评论，就可以更准确地表达自己的态度和观点，有效地增加人们在沟通中的满足感，减少交往中的孤独感。同时，评论比点赞更深入人心，能够更好地引起对方注意，引发评论对象的人际互动，建立良好的人际联结。

在微信朋友圈中，因为技术上的设置，在一条信息下的评论，只有这一用户的共同好友，才能互相看到对方评论，这一方面可以有效保障微信圈子的私密性，保护用户的隐私，另一方面也可以看到和评论对象共同拥有的好友圈，从而体现了微信的“先分享再集中”原则。

2.3.1.3 发布信息

如果说点赞、评论是通过与他人互动而维护人际关系获取社会资本的话，

---

① 澎湃新闻网.点赞需谨慎！研究显示300个赞就出卖了你的人格[EB/OL]. http://news.163.com/15/0113/10/AFR4RK5D00014SEH.html,2015-01-13.

发布信息则是微信用户通过有限度地披露自我信息，展示自我形象，从而构建与他人交往互动的前提基础。2016 年《微信影响力数据报告》显示，在微信朋友圈信息流中，六成多的用户更关心好友发布的生活状态(见图 2.4)，从朋友圈发布的信息形式上看，有一半的用户更喜欢浏览图片、文字类内容，对于文章链接类内容，大部分人却并不热衷(见图 2.7)。这也符合微信最初确立的熟人社交的工具属性，它是小圈子的私密社交，在一个相对封闭的信息系统内，信息的流向是相对单一的。

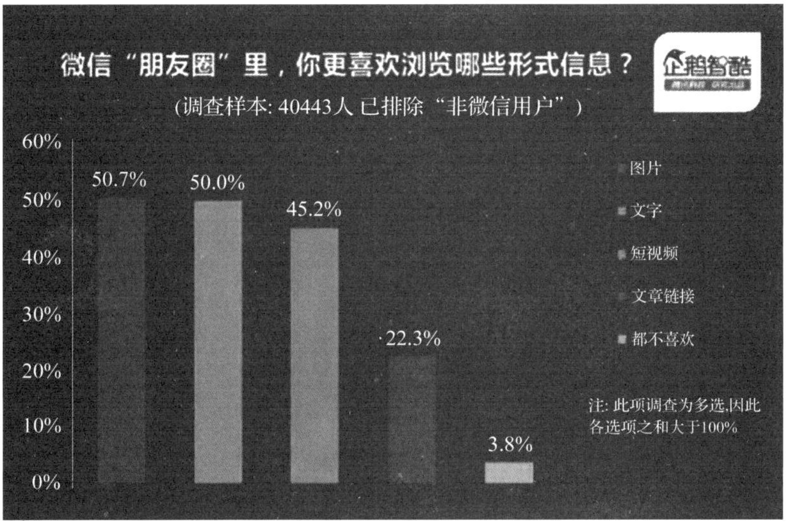

图 2.7 朋友圈中哪些信息形式更受欢迎

来源：2016 企鹅智酷

从信息发布的内容类型看，对应于朋友圈的相对封闭和私密，朋友圈内的很多用户都热衷于晒个人的生活状态，比如美食、服装、旅游、孩子等。通过自晒，信息发布者可以赢得好友的关注与点赞，在造成小范围内围观并得到积极的互动与反馈之后，获得心理上的满足；另一方面，微信朋友圈也充斥着大量微信公众号生产的鸡汤文、养生文等内容，这些披着伪科学的外衣、本质上却经不住推敲的注水文章，大量灌水朋友圈，看起来无害，却容易导致朋友圈出现社交"噪音"、使用效能过低等问题。

2.3.2 微信朋友圈的社交价值

每一个微信用户都是其微信朋友圈的中心，其关注好友所发布信息在微信用户的朋友圈信息流页面上会按时间顺序线性排列。同时，每一个微信用户又是其他用户朋友圈的一个组成部分，这样无数的小圈子不断地嵌套在一起，就形成了一个庞大的网络社交圈子。但因为朋友圈在结构上相对封闭，不同的小圈子之间还是有着无形的屏障，因此，朋友圈内的信息流向相对单一，难以实现网络间的信息互动与意见反馈。从工具属性上看，这也反映了微信朋友圈的强社交属性和其独具特色的社交价值。

2.3.2.1 社交影响力

微信朋友圈中的关系连接以强连接为主，而强连接通常会对三度距离以内的人产生重要影响。尼古拉斯·克里斯塔基斯认为，影响力在社会网络上的传播遵循着一定的规律，并提出"三度影响力原则"。即我们所做或所说的任何事情，都会在社交网络中泛起涟漪，影响我们的朋友(一度)，我们朋友的朋友(二度)，甚至我们朋友的朋友的朋友(三度)。而超出三度分隔，我们的影响以及我们所受到的影响就会逐渐消失。[①]

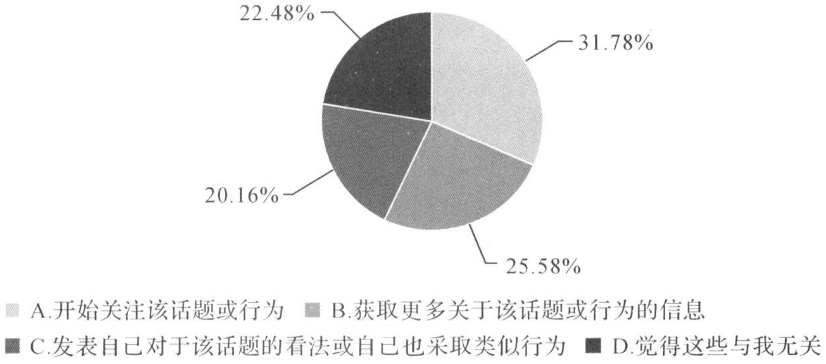

图 2.8 朋友圈中多个好友关注某一话题或采取某一行为的影响

来源：本研究调查采集数据(2016 年 12 月)

微信朋友圈中以强联系为主的交流模式和社交方式，使其表现出显著的社交影响力，即"人们由于和其他个人或团体之间的交互而产生的一系列关于自身认知、情感、态度及行为的改变的现象"[②]。据笔者主持的问卷调查发现，"如果朋友圈中多个好友在关注一个话题或采取某一行为"，有近 1/3 的人会

---

① 尼古拉斯·克里斯塔基斯，詹姆斯·富勒. 大连接[M]. 简学，译. 北京：中国人民大学出版社，2013.

② Rashotte, L. Social influence: The blakwell eneyelopedia of psychology[M]. Malden: Blakwell Publishing, 2007: 58.

开始关注该话题或行为，有25.58%的人会获取更多关于该话题或行为的信息(见图2.8)。也就是说在微信朋友圈中，社交影响力会影响到六成人的认知或态度上的改变，甚至间接引发行为上的改变，可见微信中的社交影响力对人们态度、认知乃至行为上的影响。

2.3.2.2 自己人的圈子文化

微信中的朋友圈映射了现实生活中的熟人圈子，表现出典型的自己人的圈子文化。在国人的日常生活中，“自己人”通常指“信得过”“靠得住”的人，在社会学研究中，“自己人”这一概念以信任为前提，“表达了中国人将他人包容进自己的自我(家)边界之内而形成的一个信任边界”，表现为“关系性信任”①。在微信朋友圈中，人们可以基于现实生活中的熟人关系，通过分组、标签等功能，将朋友圈中的社会关系划分成一个一个私密的小圈子。不同的圈子都有不同的信任基础，也表现出不同的圈子文化。针对不同圈子，人们可以发布不同的可见内容，并在其中建立相应身份的情感联结，寻求情感互动与慰藉，寻找属于自己的情感共振。这类似于克莱·舍基在《人人时代——无组织的组织力量》一书中所提出的未来“湿化”的社交关系，即社交软件使“人与人之间恢复了部落社会才有的湿乎乎的关系——充满人情、关注意义、回到现象、重视具体”②。在这里，人际信任成为个体对交往对象产生可靠性预期的基本前提。而微信朋友圈立足于现实熟人社交关系，具有一定程度的信任基础，因此，较易形成自己人的圈子，引发个体间的情绪共振。

此外，在微信的圈层传播中，朋友圈结构的相对封闭和成员身份的严格审查，使得其中以单一化流动信息为主，很难形成不同信息的交换和异质意见的对冲，成员间共享的信息、观点相似度很高，朋友圈中的人们为了维护人际关系的稳定与和谐，更倾向于同质化意见的表达，求稳、求同成为微信朋友圈的突出特点。而从文化角度看，中国人重人情、好面子，有时为了保持“自己人”关系，在处理人际关系时，会尽量避免直抒己见，而是倾向于委婉、迂回地表达意见，以保持圈子内关系的稳固性与延续性。

2.3.2.3 碎片时间与关系维护

企鹅智酷2016年发布的《微信影响力数据报告》显示，61%的微信用户每天打开微信超过10次，55%的微信用户每天使用微信超过1小时，而这其中，

---

① 杨宜音.“自己人”:信任建构过程的个案研究[J].社会学研究,1999(3):38-52.

② 克莱·舍基.人人时代——无组织的组织力量[M].胡泳,沈满琳,译.北京:中国人民大学出版社,2012:5.

61.4%的用户几乎每次打开微信都会刷朋友圈。而2015年微信官方发布的《2015微信生活白皮书》显示，微信的典型用户在一天中会于早间、午间、傍晚以及晚间等多个时段利用碎片化时间刷朋友圈(见图2.9)。由此可见，微信朋友圈以其移动、便携、即时、电子对话的人际互动优势，有效利用了用户日常生活中的碎片化时间，从而转化为人际交往中的黏合剂，有效维护及拓展社交关系。

图2.9 微信典型用户的一天

来源：2015微信官方数据

国外学者帕克斯和弗洛伊德访谈调查发现，“在线能够形成某种关系的一个主要因素是，一个用户已经或正在网上的时间量”[①]。另一项调查也表明，“关系持续的时间长度和与同伴交流所花费的时间，都与感知到的态度相似度、忠诚、亲密度和信任度有很强的关联”[②]。信息交换频率越大，互动越频繁，累积互动时间量越多，人际关系的质量就越高、越密切。微信用户在使用频率及使用时长方面，均付出了相当程度的时间成本和社交成本，在一定程度上维护并密切了现实交往中互动不足的人际关系。

同时，社会信息处理理论认为，随着大量时间的流逝，充分的信息交换得以实现，个人的和关系的信息逐渐增长，所以，以计算机为中介的传播在建立

① Parks, M. R., Flord, K. Making friends in cyberspace[J]. Journal of Communication, 1996(46): 80-97.

② Anderson, T. L., Emmers-Sommer, T. M. Predictors of relationship satisfaction in online romantic relationship[J]. Communication Studies, 2006(57): 153-172.

印象和管理人际关系方面的效率，并不亚于面对面的交往。[①] 人际关系的形成是一个动态发展和不断累积的循环过程，微信用户利用碎片化时间多频次刷新朋友圈的过程中，通过发布、评论、转发等互动行为，来分享和交换多层次信息，从而既保证了人际关系的良好发展，又达到了社交效益/成本的最大化。

2.4 微信群中的关系传播

2.4.1 微信群内的传播生态

不同于朋友圈一对多的传播特点，微信群是多对多的传播方式。因为微信群的建立和加入不需过多的审核制度，管理比较宽松，所以很多微信群更像是一个临时讨论组，因为某种需要而临时组建，也可以因为需要已满足而随时退出。多数微信群都是现实关系的一种在线呈现，如同学群、同事群、朋友群、家人群等，表现出人际链接上的强关联。同时，也有少数群是基于弱关系而形成，如行业群、思想交流群等。当然，这些群如果基于某些一致性的基础而进行经常性的互动，也会使部分弱关系慢慢强化。

在微信群的活跃度和关系建立方面，一方面，群的规模大小会影响到群内活跃度和群内关系的建立。一般来说，不超过 10 人的小群，如家人群、好友群等，因为以熟人为主，群成员的活跃程度较高，且噪音较低，易操控，群内成员更易强化彼此间的人际关系。再稍大些的群，如同事群、同学群等，几十人至百人之间，以功能性的信息传递为主，基本也可发挥其作用。但是需要管理员建立群内传播规范，把控好群核心功能，否则，群内的活跃成员如果经常灌水，会导致群核心功能下降。至于 150 人以上规模的群，会因为人数超出成员认知范围的上限，而导致群内聊天效率较低，其或许会在特定的时间段发挥一定的功能作用，但因为人员身份的庞杂，会使得在日常的信息传递中，群内容慢慢水化。

另一方面，群的性质也会影响到群内气氛和活跃度。一般来说，功能性微信群因为有硬性信息需求的维系，群内成员互动较为频繁，通常会保持相当程度的活跃度。而对于非功能性微信群来说，则大多会经历初建时期很热闹、其

---

① Walther, J. B. Interpersonal effects in computer-mediated interaction: a relational perspective [J]. Communication Research, 1992(19): 52-90.

后慢慢陷入沉寂的一个演化过程。在这种群中，因为初建时期新老成员之间的互动比较频繁，会使得群内一段时间内气氛比较活跃，当初建时的这种新鲜感慢慢消散后，群内的活跃气氛也会慢慢回落，逐渐陷入沉寂。只有当新的刺激因素出现时，这种沉寂气氛才会被打破，如抢红包、线下活动等。

从成员类型看，每一个微信群中都会存在以下几种不同类型的人：管理微信群的核心人物、经常发言的活跃分子、偶尔冒泡的附议人士和大多数潜水的沉默者。微信群主作为微信群的发起人，界定了该群的功能定位和初始成员，并负责制定群内规则，维护群内秩序，制造群内话题，因其先赋权力，而往往易成为群内的话语权力中心。此外，在微信群中还有一批喜爱发言的活跃分子，因其经常贡献新鲜话题和新鲜信息，而促使微信群可以保持活跃度。当然，偶尔冒泡和潜水的成员还是微信群中存在的大多数，同时，因为群内熟人关系的复杂与微妙，往往使个人意见的自由表达受到抑制，而成为沉默的大多数。

此外，从信息的传播模式看，有“管道式”传播与“广场式”传播两种类型。前者包括面谈、开会、写信、电话等传播方式，具有方向性、私密性、强交互、小范围的特点。而后者包括演讲、传统媒体（纸媒、广播、电视）、论坛、微博等传播方式，具有非定向、公开性、弱交互、大众性的特点。微信中的语音文字聊天属于管道式传播，朋友圈属于广场式传播。但是在微信群中，这两种传播方式的界限却变得越来越模糊。当微信群中的成员数量较少时，如不超过 10 人，则微信群中的私密性和强交互性很明显，具有管道式传播的特征；而当微信群中的人数不断增加，达到几十人甚至上百人时，它的广场式传播的特征则变得日益鲜明，私密性、互动性都大大减弱，很多信息虽然每次都提醒所有成员接收阅读，却经常和大多数人无关，信息传递的方向性无法得以体现。

因此，微信群的规模大小很大程度上也影响着用户体验。对于小规模的微信群来说，它很好地解决了小范围内的沟通协作问题，满足了多人信息共享的需求，密切了人们之间的交往与联系。但随着用户基数的不断扩大，微信群也一定程度上损伤了用户体验，因此，现在的微信也很讨巧地取消了退群提示，使退群者可以在不引人注目的情况下退出，优化用户体验的同时也保证了人际关系的良好维系。

2.4.2 微信群中的关系传播特点

关系传播理论认为，关系是“不断进行中的交谈”，“我们不是先有关系然后交谈，而是在交谈中建立关系”。[①] 因此，在关系传播中，系统成员通过信息的不断交换建立关系，并共同限定了描绘其关系的模式。关系传播理论的代表性人物格雷戈里·贝特森认为，按照信息交换的关系意义的相似性或差异性，在系统成员的关系传播中，存在着两种一般的传播模式——对称(symmetry)模式和补充(complementarity)模式。前者是指信息交换的关系意义方向一致，参与者的行为彼此映照，形成对称模式，如以德报德，以怨报怨等。而后者是指信息交换的关系意义方向不一致，参与者的行为不同却彼此适应，形成补充模式，如提供建议和采纳建议，要求帮助和遭到拒绝等。[②]

因为微信群的建立以熟人圈子居多，其中形成了一个一个小的“熟人社会”。在中国特有的熟人社会中，中国人际关系中的“人情”和“面子”成为人际互动中的核心概念。因为熟人社会中以近距离的强关系为主，因此要保持强关系网络的稳定性，就要通过人情策略、给面子等行为平衡各种关系，尤其是强关系。所以，在某一事件上，个人的态度和意见不是最重要的，人际关系网络的平衡才是最重要的。因此，在群内成员的意见表达上，同质性与服从性会得到强化，异质性遭到抑制，即群内成员间的关系模式更多地呈现为对称模式中的顺从形态，或是补充模式中的支配/顺从形态。在明晰微信群成员关系传播模式的基础上，我们可以看到，微信群内的关系传播还表现出以下特点。

2.4.2.1 复制现实中的社会关系结构

微信群不同于以往的网络社交，大多是基于现实生活中的熟人圈子而形成的网络交往圈子，这些“微信群所形成的圈子，既在一定程度上映射着现实社会的圈子，也在一定程度上复制着现实中的社会关系结构，包括权力关系”[③]。在微信群中，容易出现话语权力中心，被赋予这一中心权力的人，可能是群主——网络中的权力人物，也可能是现实社会关系中的权力人物。群主作为群的发起者，先赋权力使他可以挑选群成员，定位群功能，并为维系自身角色和群稳定而付出很多努力和额外代价，因此对群的整体氛围往往会产生重要的影响作用。而微信群因为一定程度上复制了现实中的社会关系，因此现实社会关系中的权力人物在微信群中也常常拥有核心话语权，如同事群中的领导或行业群中的权威在群内发言时，往往会得到较多成员的积极回应。

---

① 莱斯莉·A.巴克斯特，唐·O.布雷思韦特.人际传播：多元视角之下[M].殷晓蓉，等译.上海：上海译文出版社，2010：440.

② 莱斯莉·A.巴克斯特，唐·O.布雷思韦特.人际传播：多元视角之下[M].殷晓蓉，等译.上海：上海译文出版社，2010：445.

③ 彭兰.社会化媒体：理论与实践解析[M].北京：中国人民大学出版社，2015：290.

同时，因为群内移植了现实中的熟人关系圈子，有时会迫使身处其中的成员不得不基于“人情”和“面子”的压力，隐藏个人意愿，采取行动维护平衡关系。如群内某一成员发起投票活动，如果关系网络中位置相近的他人都已投票，那个体自然会迫于人情压力也要进行投票。而由于群内复杂的熟人关系，很多群成员在发言时也很少表达复杂意见。即使是表达个人意见，也往往因为受到较多束缚而减少发言的频率和内容，形成“沉默的螺旋”。

此外，从系统论的角度看，任何一个系统内部都是相互关联和相互依存的，每一个系统层次既代表着一个有机整体，也同时是一个更高的兼容系统的一部分或子系统。每一个系统层次既影响更高层次，又反过来被影响。[①] 因此，微信中的每一个微信群即是一个有机的关系系统，不同的关系系统代表不同的关系层次，既具有不同特性，又可以彼此影响。对于微信成员来说，其身处不同的微信群，即处于多个不同的关系圈子中，基于不同的圈子，其诉求和特性不同，身处其中的系统成员也会采取不同的关系策略，而这正像是现实社会中的关系结构的一个缩影。

2.4.2.2 非语言线索成为重要的信息交流形式

针对以计算机为中介的交流，萨拉·基斯勒和她的同事在20世纪80年代就提出社会线索缩减理论，即“社会背景线索的减少或完全缺失，会降低人们根据对情境的解释来调整交流的目标、语调和言辞内容的能力”[②]。斯普劳尔和基斯勒(1986)确定了对交流的社会背景有贡献的三类变量：地理的、组织的和情境的。帮助人们理解这一社会背景的线索可以分为两种类型：一种是静态线索，如人的外貌、环境等；另一种是动态线索，指互动过程中个人非言语的交流行为，如同意点头、不同意皱眉等。斯普劳尔和基斯勒认为，“所有的交流媒介至少在某种程度上减少了面对面交流时可利用的社会背景线索”[③]。

而沃尔瑟(1992)认为，计算机中介交流的用户与面对面的交流具有相同的人际需求，但是在计算机中介交流中，信息交换的速度低于面对面互动的情形，因此往往没有足够的时间利用言语和文字来传递“社会的和关系的信息”。这时，随着计算机信息交流技术的不断发展，越来越多的非语言线索被创立出

① 莱斯莉·A.巴克斯特，唐·O.布雷思韦特.人际传播：多元视角之下[M].殷晓蓉，等译.上海：上海译文出版社，2010：442-443.

② 亚当·乔伊森.网络行为心理学：虚拟世界与真实生活[M].任衍具，魏玲，译.北京：商务印书馆，2010：32.

③ 亚当·乔伊森.网络行为心理学：虚拟世界与真实生活[M].任衍具，魏玲，译.北京：商务印书馆，2010：32.

来去传递社会信息以帮助建立关系，如早期的表情符号和缩略词的使用，以及现在社交媒体中网民自创的一些表情包、表情动态图等。在微信群中，表情符号及表情图片的运用已成为常见的信息交流方式，它既可以节省交流成本，在极短时间内表达丰富含义，又可以弥补线上交流中社会背景线索的缺失，调节群内气氛，强化人际关系的建立。索尼亚·乌茨(2000)研究发现，"人们在因特网上使用计算机中介交流的时间越长，使用的副语言越多，建立的关系也越多"①。

2.4.2.3 对群组规范的自然遵守

赖歇尔(1984)认为我们的身份是由社会身份和个体身份组成。社会身份取决于我们所属的群体，包括现实生活中的群体(如某单位的一名员工)和抽象群体(如母亲)。当我们的社会身份被凸显时，我们通常会基于群体对个人的现实的影响及"想象的影响"(个体通过对群体的想象而相应对自己的行为进行调整)，来比较自己的态度和行为与群组中其他成员的态度和行为，并尽量使自己的行为符合群组标准。而当个人身份凸显时，社会身份的凸显减弱，将促使个体坚持自己的规范及标准。微信群所形成的圈子进一步界定了人们已有的社会圈子，模糊了群内成员的个体身份，而凸显其社会身份，这使得群内成员不由自主地要遵守群组规范，参照其他成员的行为与态度来进行自我调整。

此外，当人们沉浸在群组中并在视觉上匿名时(即无法看到其他成员)，会进一步促进人们对群组规范的遵守，因为群组内的差异会减至最小，而群组间的差异却会增至最大。② 在微信群中，因为熟人关系的建立基础，人们更倾向于维系群内关系的稳定与和谐，在观点表达上倾向于求同与维和，遵守群体规范，从而使微信群内的人际关系在良性运转的前提下谋求社会资本的回报。

---

① 亚当·乔伊森.网络行为心理学:虚拟世界与真实生活[M].任衍具,魏玲,译.北京:商务印书馆,2010:38.

② 亚当·乔伊森.网络行为心理学:虚拟世界与真实生活[M].任衍具,魏玲,译.北京:商务印书馆,2010:44.

3　微信社交与现实交往的比较分析

随着网络技术的发展和全球化进程的加速，人类最原始的面对面的交往形式和蕴含其中的交往关系也在不断发生着改变，马克思于100多年前提出的“世界交往”在传播技术日益精进发展的今天显现出尤为重要的预见性。尤其是在社交媒介出现后，其对人际传播中关系建构的影响发挥了不可低估的能量，以微信为代表的移动社交媒介在构建和拓展人际关系方面，表现出不同于现实（线下）交往关系的一些新特征。这里，“微信社交”是指以微信社交软件为媒介进行线上人际互动的人际交往；“现实交往”是指人们借助语言表达、面部表情、肢体动作等方式来传递信息、交流感情、表达思想的面对面的人际互动。

3.1　现实交往关系的传统特征

从文化角度看，费孝通在《乡土中国》中曾谈到，中国传统社会的人际关系是以血缘关系（亲属关系）和地缘关系（乡土关系）为基础建立起来的以“己”为中心、以“伦”为差等的“差序格局”。“以‘己’为中心，像石子一般投入水中，和别人所联系成的社会关系”，“像水的波纹一般，一圈圈推出去，愈推愈远，也愈推愈薄”。而“伦”是指“从自己推出去的和自己发生社会关系的那一群人里所发生的一轮轮波纹的差序”。[①] “在差序格局中，社会关系是逐渐从一个一个人推出去的，是私人联系的增加，社会范围是一根根私人联系所构成的网络。”[②]因此，在缺乏变动的乡土文化中，长幼之序表现出的教化权力会导致现实中的身份差异，在这种交往关系中，高权力的身份和低权力的身份往往处于

① 费孝通.乡土中国[M].北京：人民出版社，2008：30.
② 费孝通.乡土中国[M].北京：人民出版社，2008：34.

不平等的状态。

此外，中国人传统的人际交往模式以“伦理本位”“关系本位”为特征，更强调人际交往中的“情”和“义”。中国人的关系网络中最重要的是家人，此外还有邻里、乡亲、同学、战友、朋友等互相牵连的关系，这种关系网的构成从一开始就面临着两种时空要素的限定，即“交往在时间上是无限延长且连贯的，在空间上是彼此要有过一次以上相同的地域认同”[①]。因此，面对一个长久的无法选择的固定关系，中国传统的人际关系处理，很重要的一点就是看你会不会做人，即翟学伟(1993)提出的“中国人际关系的基本模式是人缘、人情和人伦构成的三位一体，它们彼此包含并各有自身的功能。其中，人情是核心……”[②]所以，在中国人传统的交往关系建立过程中，懂人情、讲义气、给面子常常有助于其关系网的良好维系和有效运转。

当然，随着都市化进程的不断加快，出现了突破血缘关系和地缘关系的业缘关系(基于工作形成的人际关系)，使得人们的交往结构和社会关系变得日益复杂。但在传统的现实交往中，人们的社会关系格局以性别、年龄、身份、地位为特征，交往结构仍然相对封闭，交往范围受限于物理空间，交往人数和交际规模有限。同时因为现实交往中的点对点交流，大多数人在自己的弱关系的维护中活跃度不高。这就使得现实交往关系中交流的频率和广度都难有更大突破。

跳出文化的藩篱，我们可以看到，在现实交往中，因为人们是进行面对面的人际交流，时空统一，交流直观，即时性和互动性很强。从信息呈现方式看，在面对面的人际交往中，既有语言类信息，如说话的内容、风格等，也有副语言类信息，如声音、姿态、表情、手势等。美国学者洛雷塔·A.马兰德罗和拉里·巴克认为，副语言类信息“对语言信息有补偿、代替、强调或反面强调、重复的作用”。[③] 在初次见面的人际传播中，人们可以通过交流对象的外表、声音(音质等)、表情、动作(肢体动作)、人际距离(物理空间距离)、触觉(触摸)等多种信息线索，来形成对交流对象第一印象的判断。之后，在谈话中，还可以通过语言线索和副语言线索的共同作用来进一步印证之前的判断。社会存在理论认为，社会存在是和该媒介能支持沟通渠道的多少成正比的。[④] 因此，在面对

---

① 翟学伟.关系研究的多重立场与理论重构[J].江苏社会科学，2007(4)：118-130.

② 翟学伟.中国人际关系的特质：本土的概念及其模式[J].社会学研究，1993(4)：74-83.

③ 洛雷塔·A.马兰德罗，拉里·巴克.非言语交流[M].孟小平，等译.北京：北京语言学院出版社，1991：35.

④ 洪浚浩.传播学新趋势[M].北京：清华大学出版社，2014：664.

面的人际交往中，人们可以通过丰富的信息沟通渠道（包括语言渠道和非语言渠道等）来感受到他人的存在，即社会存在度很高，而高社会存在度的交往方式也有利于人际间的交流和人际关系的建立。

此外，从影响因素看，现实中人际交往的质量和交往者在关系建立中的参与度也较多地受到交往过程中内外部因素的影响。现实交往中的内部因素表现为即时性因素和延缓性因素，前者包括个人暂时的情绪、状态、需要等不稳定因素，后者则指气质、兴趣、价值观、受教育程度、社会地位等较为稳定性的因素。在人际关系中，延缓性内部因素固然会影响到交往双方的关系建立，但比较起以网络为媒介的人际交往，面对面的人际交往中，个人的情绪、状态、需要等即时性的内部因素会更多地影响到交往双方的传播心理和情感状态。另一方面，现实交往也较多地受到时间、空间、环境、社交氛围等外部因素的影响。现实中的人际交往总是在一定的时间、空间的情境下进行的，“我们在什么时间，什么地点，同谁在一起等情况可能限制我们谈话的内容和方式……对于某些事物来说，有适宜谈它们的时间和地点，同样也有不宜谈论它们的时间和地点”①。因此，白天在明亮、整洁的办公室，进行更多的是工作伙伴间的谈话；而夜晚在灯光柔和、温暖的咖啡厅，进行更多的可能是亲密朋友间的交流。在现实交往中，交往双方的话题、交谈的投入程度、谈话的质量以及效果都更多地受到情境因素和社会因素的影响。

最后，从关系建立的基础看，在现实交往中，人际关系的建立更多地以信任为基础。社会学理论研究显示，“大众更倾向于跟自己熟识的人交流，而不喜欢跟陌生人有过多的接触”②，其原因很大程度上应该基于人际信任的关系。在社会交往中，主体间的互动前提是对对方的基本信任，而现实交往无疑有利于人际信任的建立。在现实交往的面对面互动中，交往双方可以通过语言线索和非语言线索来获知对方的形象信息，并通过其在不同场域中呈现出的形象信息的一致性来确认对方身份的真实性和稳定性，以获取“身份认同”。在获取身份认同的基础上，人际信任得以建立。实际上，“人际信任体现了人们对人际交往风险的一种态度与期望”③。而在现实交往中，这种风险在一定程度上被降低到了一个较低水平。

---

① 皮特·科德.应用语言学导论[M].上海外国语学院外国语言文学研究所，译.上海：上海外语教育出版社，1983：27.

② 周小杰.微信对网络人际传播的整合与分离研究[D].北京：中国青年政治学院，2014：24.

③ 贾淑芳.人际信任在大学生网络交往和现实交往中的比较[D].济南：山东师范大学，2008：1.

3.2 微信社交关系中的变化倾向

20世纪70年代中期,计算机和网络技术的兴起催生了对CMC的研究,时至今日,人们已日益认识到不断发展的网络技术对人际沟通所起到的重要作用。尤其是近十年,随着社交网络化技术被广泛采纳,运用社交媒介乃至现在的移动社交媒介进行人际互动与沟通,建立和发展人际关系,成为影响人际传播过程的一个重要发展趋势。微信,作为具有中国本土特色的移动社交媒介,展现出人际传播的核心功能,其在维护和拓展人际关系中发生的新变化值得关注。

3.2.1 社交主体的身份重塑

在移动社交媒介中,有形的物理空间消失,取而代之的是由信息系统所设立的社会场景。在这一全新的社会场景中,它"削弱了有形地点与社会'地点'之间曾经非常密切的联系",建立了全新的人际互动模式,重组了人们交往的社会环境。在这一社会场景中,它提出了"对某些类型的行为的社会预期,在其中展示这些行为"①。已经得到证实的一点是,"社会环境在群体身份、角色变化以及等级社会的地位中是一个关键的因素"②。因此,在微信人际传播中形成的社会场景,也一定程度上影响了社交主体的身份重塑与角色再造。

一方面,微信中的社交主体身份被符号化。在微信社交网络中,参与主体标识自我身份的主要方式是完善个人信息,包括对昵称、头像、所在地区、个人签名等个人信息的完整呈现,通过对个人现实身份的网络符号化转换,一定程度上在新的社会环境中延伸了自己的现实身份,并通过个人身份的个性化表达帮助他人迅速了解自己。当然,这种自我身份的符号化表达,并不是把个人身份变为一堆毫无意义的数字、符号和图形,而是交往主体虽然以符号形式出现,但其在自然身体缺席的情况下,社会身体依然在场,即网络交往中的身体从"其属人的现实主体性"来看,社会性的身体一直在影响着网络表达。

---

① 约书亚·梅罗维茨.消失的地域:电子媒介对社会行为的影响[M].肖志军,译.北京:清华大学出版社,2002:323.

② 约书亚·梅罗维茨.消失的地域:电子媒介对社会行为的影响[M].肖志军,译.北京:清华大学出版社,2002:7.

另一方面，“当我们失去旧的地点观念后，我们如何获得恰当的社会行为观念和新的身份观念”①。在微信社交网络中，新的社会场景的出现，也在慢慢改变旧有的传播过程和人际关系，在与他人的人际互动中，人们对“我”有了新的认知。社会信息处理理论认为，“与面对面背景下的交流相比，披露在以计算机为中介的传播环境中更有可能发生，而且披露的程度也更深”②。最简单的原因可能就是，“除了自我披露以外，在网上没有太多的方式来表达想要表达的自我信息”。而微信中的诸多功能，尤其是朋友圈中的自我信息披露，都有助于印证这一理论。

与此同时，微信中同时存在的多个微信群交往圈子，也为参与主体提供了不断变幻的特定的社会场景，在每个不同的社会场景中，参与主体扮演不同的身份和角色，在不同的“表演舞台”不停地转换，微信中的新型主体由此呈现出不同于以往的多元、立体、并行重合的身份特征。而移动社交媒介对传统人际关系网络的拓展，也在一定程度上打破了传统社会中的差序格局及长久延续的固定关系，现实中不同权力身份之间的差距被缩小，参与主体通过角色的不同转换与重合呈现，积极地突破角色扮演中的社会规定，体现出对个人化的回归和对主体独立意识的张扬。

3.2.2 超越时空的自由选择

在微信中，移动数字技术的发展对现实世界中的时间和空间做了无限的延伸和拓展。50多年前，马歇尔·麦克卢汉就说过，“正是媒介塑造和控制了人类的交往和行动的规模与形态。……媒介起到一种中介作用，而中介正是媒介最基础的本质，这种中介处于人与人之间、人与现实之间，媒介和人体的器官、中枢连接起来，并向外扩展，形成对‘人的延伸’。……而人类自身器官的任何一种延伸，即任何一种新技术的诞生和应用，都会导致人类活动范围的扩大”③。

从时间角度看，微信人际交往中的所有参与者都可以保持全时在线的状态，却没有对反馈的时效要求，这在一定程度上给予交往主体较大的自由空间。因为自然身体的缺席，交往主体可以根据自己的时间安排和个人需要来

---

① 约书亚·梅罗维茨.消失的地域：电子媒介对社会行为的影响[M].肖志军，译.北京：清华大学出版社，2002：7.

② Henderson，S.，Gilding，M.“I've never clicker this much with anyone in my life”：trust and hyperpersonal communication in online friendships[J]. New Media & Society，2004(6)：487-506.

③ 马歇尔·麦克卢汉.理解媒介——论人的延伸[M].何道宽，译.北京：商务印书馆，2000：34.

选择即时回复或延时回复，也可以根据传播中的个体心理和交往节奏来选择更好地展现自己或是中断传播过程。在微信平台的人际交流中，这种交流时间安排上的自由度既满足了社交媒介中碎片化时间的良好利用，又避免了面对面交流中无法及时回应的尴尬。

另一方面，微信中的人际传播极大地拓展了传统社会的人际交往空间和交际范围。在微信中，物理空间的弱化以及信息传递的迅捷，使得人们可以在无边界的移动社交网络中建立体量庞大的关系空间（社会空间）。在微信中，每个人都同时拥有多个人际交往圈子，而微信依据关系的强弱程度，全面覆盖现实中的物理空间，并极尽可能地拓展现实交往中难以涉及的弱联系圈子，建立了一个全方位、立体化的人际传播空间。每一个微信用户都是这个空间的中心，微信通过朋友圈的好友可见、分组可见、微信群等功能设置，为交往主体提供了同时协调处理多个圈子内关系的策略。

在发展在线关系方面，社会信息处理理论认为，"（信息的）速度/时间和信息维度，即信息交换的频率和重要信息随时间流逝的积聚，都是影响关系质量的重要因素"①。而"随着大量时间的消逝，充分的信息交换得以出现，个人的和关系的信息逐渐增长，以计算机为中介的传播在建立印象和管理人际关系方面的效率将不亚于面对面的交往"②。微信用户倾向于使用针对熟人交流的功能模块，其对微信的使用频率和使用总量的增加，也提升了微信中的信息生产总量和信息交换行为，这使得微信中以强关系为主导的关系空间在现实交往的基础上，加强和扩大了中国人既有的社会网络，将现实社会在流动中本已失掉的关系再一次紧密地联系在一起。

3.2.3 关系联结的黏性"湿"化

有学者曾认为，CMC 因为传播渠道（非语言线索）的缺失而成为一种"低社会存在"，而这不利于交往者之间的情感交流。但也有学者质疑，认为 CMC 有其"独特的线索表现形式"，面部表情、声音、语调、肢体动作等非语言线索的缺失，并不能说明 CMC 就缺乏社会线索及人际交流中的微妙。Walther，Loh 和 Granka（2005）的一项实验证明：就交流双方的即时性和情感程度而言，以

① 莱斯莉·A.巴克斯特，唐·O.布雷思韦特.人际传播：多元视角之下[M].殷晓蓉，等译.上海：上海译文出版社，2010：520.

② 莱斯莉·A.巴克斯特，唐·O.布雷思韦特.人际传播：多元视角之下[M].殷晓蓉，等译.上海：上海译文出版社，2010：513.

计算机为中介的传播和面对面的传播没有什么不同，唯一的重要区别是交流伙伴是否被要求对人友善或对人刻薄。① 也有研究认为，在 CMC 中，“时间和信息内容是互相影响的。在晚上发送一个社会信息比白天发送的社会信息，要表示更为亲密的/亲热的关系，而在晚上发送一个工作信息要比白天发送同样的工作信息，表示更不亲密的/不亲热的关系。同样的，对一个社会信息的缓慢答复比一个社会信息的迅速答复更显亲密/亲热，对一个工作请求的迅速答复比一个工作请求的迟缓答复更显亲密/亲热”②。

胡泳在《未来是湿的》一书中的译者序言中曾说过，克莱·舍基在提出“社会化工具戏剧性地提升了我们分享、合作和共同行动的能力”的同时，也诠释了一个重要的核心思想，即社会化软件的使用使得人与人之间的关系变得湿化、有黏性。在社会化网络中，人与人之间的关系联结已不似工业时代由制度和组织联系在一起的“干巴巴”的状态，而是更多地凭借着一种人本身的魅力和情感相互吸引，相互组合。人与人之间的关系更多地充满一种“活”性，更具人性化，更有人情味。在微信中，信息来源多样化及去中心化。人们可以通过文字、语音聊天中的点对点传播来获取信息，也可以通过朋友圈、微信群中的一对多传播来获知信息。人们既可以在朋友圈、微信公众号通过晒图文、写心情、记事件来进行 UGC 生产，也可以通过转发、评论、互动来实现共享与合作。而随着移动互联技术的发展，微信在传播渠道方面与此前的 CMC 相比，也更加多样和完整。通过文字、语音、表情符号、表情图片、动态表情包、视频等多种传播手段，微信在人际传播中可以做到更好地使用语言线索和非语言线索来进行共同传播，其传播手段和传播渠道的完善极大程度上弥补了交谈中出现的“社会真空”，也进一步印证了克莱·舍基所提到的社会交往黏性、湿化的趋势，提升了人际交流中的情感表达。

此外，微信能够在短短几年内成为拥有庞大用户群体的社交工具，也得益于它在功能设计上的人性化趋势，很好地满足了现代社会中人们想要融入社会、与人连接的心理需求，这与保罗·莱文森(1979)提出的媒介演化的“人性化趋势”不谋而合。“人类技术开发的历史说明，技术发展的趋势是越来越像

① 莱斯莉·A.巴克斯特，唐·O.布雷思韦特.人际传播：多元视角之下[M].殷晓蓉，等译.上海：上海译文出版社，2010：515.

② Walther, J. B., Tidwell, L. C. Nonverbal cues in computer mediated communication, and the effects of chronemics on relational communication[J]. Journal of Organizational Computing, 1995, 5(4): 49.

人，技术在模仿、复制人体的感知模式和认知模式。”[①]

3.2.4 交往结构的立体整合

在传统的人际交往结构中，人们以血缘、地缘为标准来建立和划分自己的交际圈，这种情况下形成的交际圈子相对平面、封闭和简单。而都市化进程的加快，使得原有的社会关系发生改变，开放式的邻里院落被相对封闭的城市建筑所取代，之前可以近距离接触的物理空间也转变为相对独立私密的心理空间。面临这种社会关系的变化，人们需要寻找和依靠新的媒介来建立广泛的社会联系。而社交媒介的兴起即满足人们的这种社会需求，在打破原有的人际交往结构的基础上，社交媒介以学缘（同学关系）、业缘（工作关系）、趣缘（兴趣爱好）等新的划分标准为联结纽带，帮助人们突破家庭和地域的限制，建立了更为广泛的社会关系网络。

在这里，施拉姆针对传统媒体提出的“方便使用理念”：受众的选择或然率＝报偿的保证/费力的程度，同样适用于以微信为代表的社交媒介。微信的低使用成本、高关系回报，使得它不可避免地成为人们线上社交的首选。因此，微信出现后，在拉近人们距离的同时，也迅速构建起一个全面覆盖的立体社交网络。首先，从关系的亲密程度和情感水平来看，微信中的社交网络可以粗略划分成家人圈子、熟人圈子和生人圈子。家人圈子和熟人圈子基本是将现实生活中的社会关系圈子全面复制到微信中，处于微信交际圈的核心地带和中间地带，联系较紧密，属于强关系，在微信中通过信息的分享和交流互动有利于这两个圈子中人际关系的维系。生人圈子则是指基于某种功利性需求而添加的陌生人。这些人要么是纯粹想扩大交际圈子而通过“漂流瓶”、“附近的人”、“摇一摇”添加的陌生人，要么是现实生活中只谋过一两面、基于某种短期利益需要而添加的陌生人，要么是仅限于网上接触的陌生人。这一圈子处于微信交际圈的边缘地带，联结较松散，属于弱关系，随时可能被踢出关系网络。

其次，从关系的种类来看，微信中还可以基于家庭、地域、工作、学习、行业、兴趣、需求、情感、社会活动等众多因素的不同，划分成大大小小的无数个圈子。正如克莱·舍基所说：“重要的不是你认识多少人，而是你认识多少种人。”[②]和传统的人际交往相比，微信所建立的人际交往圈子在关系种类的拓

---

① 保罗·莱文森．莱文森精粹[M]．何道宽，译．北京：中国人民大学出版社，2007：4．

② 克莱·舍基．人人时代——无组织的组织力量[M]．胡泳，沈满琳，译．北京：中国人民大学出版社，2012：186．

展上，做出了相当大的努力，而这无疑为社会资本的获取提供了便利条件。在微信的这些交往圈子中，有的圈子和自己联系较紧密，如家庭、地域、工作、学习、行业等方面的圈子，会相对稳定和牢固；有的圈子则因为联结关系较松散，如兴趣、需求、情感、社会活动等圈子，而随时有可能退出或解散。这些圈子有的可能会部分重合，但更多的是互不干扰。在朋友圈中，评论和点赞只有共同好友才能互相看到，而一个人发布的信息也可以通过设置分组可见使信息内容只针对特定的圈子传送，这种功能设计既适应了现代人际交往复杂化的发展趋势，也很好地保证了圈子的私密和信息的有效传递。虽说微信是强关系主导的熟人社区，但有时基于功利性的需求，微信也会通过添加半熟人或陌生人来进一步扩展自己的弱关系社交网络。无论如何，微信在将这些人际交往中的社会关系具体化的过程中，进一步复杂和细化了现实社会中的人际交往圈子，构建起立体整合的人际交往结构。

3.3 微信社交与现实交往的差异比较

基于智能手机和移动互联技术的发展而诞生的移动社交媒介——微信，其对社交关系的影响和改变，不仅在多个方面迥异于以往的社交媒介，而且与现实中面对面的人际交往也存在较大差异。比较微信中的人际交往与现实中的面对面交流，有助于进一步认识线上人际关系的建立与管理，以及线上关系与线下关系之间的相互影响。

3.3.1 交往方式与交际网络的比较

在现实交往中，交流双方处于同一物理时空，借助多种传播方式(语言、表情、手势、动作等)进行面对面交流，是一种现实中的直观接触。“我们之所以可以进行人际互动是因为人们之间相互引发了感官效应。”[①]在现实交往中，这种直接接触所引发的感官效应是从生理上和心理上综合作用的一个结果，是难以被任何一种非直观交往的媒介所取代的。在现实交往中，时空的延续性和完整性会促使交流双方不断地进行即时互动，并通过关系意义信息的不断交换，来调整彼此之间的关系距离。现实交往中的人际互动多为一对一的连续性交互关系，你很难做到在同一时空内，故意漠视与你关系良好的人，保

① 齐奥尔格·西美尔.时尚的哲学[M].黄勇，吴蓉，译.北京：文化艺术出版社，2001：3.

持沉默或与他人进行交流。因此，现实交往中多为点对点的持续性互动方式，且交往方式直接而直观。

但在微信社交网络中，一方面，因为交往双方并非处于同一物理空间，身体的缺席使得微信中的交流方式主要以文字、语音为主，虽然有通过表情符号、表情图片、表情包甚至视频等传播手段来弥补线上交往中非语言线索的缺失，但毕竟无法完全替代现实交往中直接接触所引发的感官效应；另一方面，微信社交中的非直观交往使交往双方在反馈的时效性上有较大自由度，交往双方可以根据自己需要自由选择即时反馈还是延时回应，而不用担心会影响到双方人际关系的维护。而且，微信社交因为不受时空限制，一个人可以同时与多个人进行在线交流，且不会影响到交谈对象间的情绪。微信中的朋友圈、微信群也多表现为一对多、多对多的交流方式。因此，微信社交中的人际互动可以是点对点的交往方式，更多则是一对多、多对多的交叉互动方式，交往方式间接而非直观。

此外，在传统的现实交往中，以血缘、地缘为基础，在人际关系上形成以己为中心的差序格局，中心化明显。又因其交往范围和交际规模有限，人际关系相对简单，以熟人群体为交往对象所构建的社会网络相对较为简单。而微信中的社交网络是以血缘、地缘、业缘、学缘、趣缘等为基础所形成的无数个有所重合又互不干扰的社交圈子，这些圈子既相对封闭，又有所联系。微信中的社交圈子打破了现实交往中的差序格局，去中心化明显，交往群体以熟人群体为主导，同时兼具拓展弱关系对象，所构建的社会网络更为复杂。在微信中，传统人际关系中的差序格局被打破，信息更多地在同一层面进行传递，虽然微信的交往主体可以通过设置分组可见来区分强弱关系和亲疏关系，但其花费的社交成本也较高，有时会影响到微信中的社交意愿。

3.3.2 交往主体与交往场景的比较

在现实交往中，交往主体是身体“在场”的客观实在。所谓“在场”，“在”指的是主体的在，“场”指的是特定的空间和场景。对于主体来说，“在时间上是直接的当时，在空间上是直接的当地”。“‘在场’是身体本身在事情发生、进行的现场；在场是一种主体间交往互动的实在关系。”[①]在场景理论中，身体在场成为不可或缺的要素。而很多社会科学的学者认为，我们的身体不仅是“生理

① 赵建国.身体在场与不在场的传播意义[J].现代传播(中国传媒大学学报)，2015(8)：58-62.

性存在，而且还是精神性的、文化性的、社会性的存在”①，即我们的身体包括自然身体和社会身体。在现实交往中，交往主体无疑做到了“自然身体”和“社会身体”相统一，实现了现实场景下的身体“在场”。因此，在现实交往中，物理空间与关系交往空间重合，交往主体之间利用直观接触与实际交流进行的是真实发生的现实互动，交往双方通过实际交流的信息来不断调适关系的发展与维系。

但是在微信社交中，交往主体的自然身体缺席，其所在的场景也因为传播媒介的变化而发生改变。约书亚·梅罗维茨在谈到电子媒介的出现对场景的影响时曾说过，“电子媒介通过改变地点的信息特征，重塑了社会场景和社会身份”。同样的，这一说法也适用于微信。在微信中，空间被从地点分离了出来，“场景和行为的界定不再取决于物质位置”。② 随着微信中自然身体的缺席和社会场景的改变，交往主体的想象力开始介入微信社交，引发想象互动。从交往主体的个体心理学角度看，“想象力表现为某种心理上的假设和预期”，即交往主体通过关注对方的生活、思想、动向来假设和预期与对方的精神沟通与想象互动，如看到朋友发送的朋友圈，脑海中会出现曾经交往的细节，与所读信息进行对照，进而展开想象，进行互动。此外，想象互动可以补偿真实交流的缺失。想象互动理论认为，“在无法与特定个体进行实际交流的情况下，想象互动可以用于代替真正的交流”③。当微信中关注了一些行业领域内的名人后，你和对方之间进行更多的可能是想象上的互动，而非实际发生的交流互动。在微信中，关系交往空间与物理空间的分离，进一步模糊了想象互动与真实互动之间的界限。

3.3.3　交往关系与交往质量的比较

在中国传统的现实交往中，很多关系是“发源于家庭以及扩大的家庭”，很多人际关系的出现是无法选择的需要长期维护的固定关系，比如亲人、邻里、同乡、同学等。因此，中国的现实交往关系多表现出持续性和长久性，甚至可以通过子孙后代等接替者使关系可以无限“世交”下去。在传统时代，组织架构是基于长期的契约而存在的，组织中的人—人关系可以在较长的时期内得以存续。但进入社交网络时代，通过社会化软件所联结的人与人之间，可以基

① 金萍华，芮必峰.“身体在场”：网络交往研究的新视角[J]. 新闻与传播研究，2011(10)：12-16.

② 约书亚·梅罗维茨. 消失的地域：电子媒介对社会行为的影响[M]. 肖志军，译. 北京：清华大学出版社，2002：111-112.

③ 莱斯莉·A. 巴克斯特，唐·O. 布雷思韦特. 人际传播：多元视角之下[M]. 殷晓蓉，等译. 上海：上海译文出版社，2010：104.

于一种“话语的、临时的、短期的、当下的”需要而组合在一起，也可以因为需要不再而轰然解散，人与人之间越来越多地呈现出一种临时匹配的关系。因此，微信中的关系，尤其是弱联系，很多不再是可持续的，而更多地出现一些特定空间或特定场景匹配起来的临时关系，如摇一摇认识的人，现实中因为功利性需求而临时添加的陌生人等。

从关系的形成来看，肖特等人认为，在面对面的人际交流中，因为采用多种沟通渠道（语言和非语言）进行沟通，因此“社会临场感”（也有译为“社会存在度”）评价最高。而“交流媒介的社会临场感对交流的亲密感具有潜在意义”。“在所有其他方面相同的条件下，交流媒介的社会临场感越高，交流者之间的关系就会越亲密。”[①]也就是说，现实中的面对面交往更有助于交往双方形成亲密关系。社会信息处理理论认为，“相对于面对面传播，在以计算机为中介的传播中，社交（工作）信息的传递速度更慢。由于每次交换所传递的信息较少，所以要想达到像更快的面对面传播所具有的那种印象发展和关系状况的话，就需要有更多的交换”[②]。即要花费更长时间来推进印象形成，并发展更多层次的关系传播。当然，社会信息处理理论也认为，只要信息交换时间足够长，信息交换足够充分，CMC 中的关系建立和传播不亚于面对面交往。甚至已有研究表明，在人际交流之初，“网络传播可能比传统的面对面人际交流更容易建立起亲密的关系”[③]。和现实交往中单一的强关系相比，微信中既有熟人主导的强关系，也有半熟人或陌生人主导的弱关系。如果说中国传统的现实交往形成的是单一的“熟人社会”的话，那么在微信中则既有强关系形成的“熟人社会”，也有弱关系构建的“陌生人社会”。从关系类型看，微信中的关系种类要远复杂于现实交往。已有相关调查表明，在对强关系的维护和对关系类型的拓展方面，微信社交和现实交往比，具有无可比拟的优势。

此外，从关系的维护成本和交往质量来看，在现实交往中，交往主体要建立关系并维护其良好运行，必须要求交往主体同时“在场”，通过多种信息传递方式，进行点对点的不间断的意见交换和情感联结，其中需耗费大量的时间、金钱、精力，交往双方受到身份、地位、时空等方面的诸多限制，交往效率较低而交往成本较高，信息独占性强，交往质量无法得到有效保证。而在微信社交

---

① 亚当·乔伊森.网络行为心理学[M].北京：商务印书馆，2010：30.

② 莱斯莉·A.巴克斯特，唐·O.布雷思韦特.人际传播：多元视角之下[M].殷晓蓉，等译.上海：上海译文出版社，2010：104.

③ 洪浚浩.传播学新趋势[M].北京：清华大学出版社，2014：668.

中,人际交往的时空限制被打破。从时间角度看,信息的高速传播及延时性反馈,使微信中的信息分享及人际互动的门槛降低,人们对信息的占有转变为对信息的扩散与分享,自我呈现的频率相应提高,而关系维护的成本相应降低。从空间角度看,微信使人际交往的范围得到较大程度的拓展,在维护熟人社交关系的同时,一定程度上拓展了弱关系社交圈。同时,微信中的朋友圈及微信群所形成的无数个圈子可以使人们很容易在其中建立身份认同,提高交往效率。因为微信社交较大程度上削弱了身份、地位、时空的限制,关系的维护成本较低而交往效率较高,因此,在一定程度上提升了人际交往的质量。

3.3.4 交往动机与交往心理的比较

一方面,从马斯洛的需求理论看,在现实交往中,人们基于基本的生理性和社会性的需求,与他人进行信息交流和情感沟通,在与他人展开竞争与合作的过程中,通过交换信息和资源,实现自我认识和相互认同,寻求群体归属感并实现自我价值,以摆脱孤独、焦虑和恐惧。而在微信社交中,人们部分复制了现实中的社交网络,并一定程度上拓展了其范围,在巩固强关系、强化弱关系的过程中,人们利用移动社交媒介快捷、便利的联络优势,获得极大程度的社会支持,进行情感寄托和情感宣泄,进行社会交换和社会资本的获取,通过策略性的自我呈现和印象管理,去建立更为亲密的人际关系。在微信朋友圈中,常会出现以"万能的朋友圈,谁能告诉我……"为开头的呼唤,人们通过在线寻求建议和帮助,以寻求在线社会支持或情感支持。因此,威尔曼(Wellman)和古利尔(Gulia)认为,"人们使用网络不仅为了寻找信息,更为了寻求情感支持和归属感"①。而超人际关系模型更认为,由于网络中传播者选择性的自我呈现及传播渠道的缺乏,会促使网络传播在人际交流之初比传统的面对面交流更易建立起亲密的关系。② 同时,微信使用时间及频率的增加,有利于人们巩固和强化人际关系,并从已有的社会关系中获益。此外,微信有助于人们更加及时地了解朋友动态,并一定程度上释放自身情绪和压力。在笔者主持进行的问卷调查中,高达63.18%的被调查者基本同意"微信让我及时了解到朋友动态",而36.43%的被调查者基本同意"微信让我释放情绪和压力"(见表3.1)。

另一方面,国外曾有研究者通过调查问卷测量过网络社交情境下被试报

---

① Wellman, B., Gulia, M. Net surfers don't ride alone: virtual communities as communities [EB/OL]. http://www.sscnet.ucla.edu/soc/csoc/cinc/wellman.htm, 1995.

② 洪浚浩.传播学新趋势[M].北京:清华大学出版社,2014:668.

告的社交焦虑体验，结果发现大部分被试报告网络社交时的压力感和焦虑感都很低。[①] 也有学者(Brigette et al.，2004)研究发现，网络对于社交焦虑个体来说是一种理想的交流工具，因为网络社交能隐藏一些生理特征及面对面交流时所表现出来的典型行为特征。[②] 在笔者主持进行的问卷调查中，34.89%的被调查者基本同意“微信让我比面对面交流能更好地表达自己意思”，43.80%的被调查者基本同意“微信让我比面对面交流更放松”(见表3.1)。当然，从个体心理角度来说，学者Kraut等人针对网络社交的使用提出了“富者愈富”的观点，即性格外向的人使用网络越多，幸福感越强，内向的人则恰好相反。同时，Kraut等人也认为性格外向的人可能更多地使用网络来维持与家人、朋友的关系或扩大自己的人际交往范围，而性格内向的人则基于现实交往中交往技巧的不足，更多地依赖网络满足人际交往的需要。[③] 可见，网络社交关系的形成与建立状况很多时候因人而异，往往受到社交个体心理特征的影响，其与个体心理影响下的现实交往关系形成差异或互补。

表3.1 微信使用影响调查

选项	非常不同意	比较不同意	一般	比较同意	非常同意
微信让我及时了解到朋友动态	12 (4.65%)	16 (6.20%)	67 (25.97%)	125 (48.45%)	38 (14.73%)
微信让我比面对面交流能更好地表达自己意思	21 (8.14%)	37 (14.34%)	110 (42.64%)	72 (27.91%)	18 (6.98%)
微信让我比面对面交流更放松	21 (8.14%)	33 (12.79%)	91 (35.27%)	89 (34.50%)	24 (9.30%)
微信让我释放情绪和压力	16 (6.20%)	40 (15.50%)	108 (41.86%)	74 (28.68%)	20 (7.75%)

来源：本研究调查采集数据(2016年12月)

① Weidman, A. C., et al. Compensatory internet use among individuals higher in social anxiety and its implications for well-being[J]. Personality and Individual Differences, 2012, 53(3):191-195.

② Brigette, A. E., et al. The Internet: Home to a severe population of individuals with social anxiety disorder[J]. Anxiety Disorders, 2004(18).

③ Kraut, R., et al. Internet paradox revisited[J]. Journal of Social Issues, 2002, 58(1):49-74.

4 微信社交关系中的角色与身份构建

查尔斯·霍顿·库利认为社会和个人是不可分割的"有机关系",他认为"社会"的一个意义是指"人们直接的交流……就是交际","正是在人际关系中个性才最明显地存在和表现出来"。"另一方面,社会整体也在某种程度上依赖每一个个人,因为每一个人都给整体生活贡献了不可替代的一部分"。[①] 因此,人们通过人际传播来获取身份,并在复杂的社会关系网络中,建立身份和维持身份。迈克尔·赫克特提出的"有关身份的传播理论"(CTI)认为,身份是在与他人的社会互动中得以建立起来的,身份的主观性层面是个体对自我的认知,身份的认定层面是他人对个体的看法,即内化的意义和习得的意义。以上两个维度在以下四个层面相互作用。首先是个人层面,即人们在某种社会情境中对自我的认识和感受。其次是表演层面,即别人通过个体的行为、特征对个体建立的洞见和理解。第三是关系层面,即个体以他人为参照后对自己的认识,强调了身份概念中对社会互动与社会关系的倚重。最后是群体层面,即个体的身份是由其所属的社群所建立的,强调了身份概念中的文化属性和群体归属。上述四个层面在身份概念的构建过程中相互渗透,相互影响,共同作用。[②] 在微信中,从个体心理角度看,微信用户主要通过自我表露完成对"主观性自我"的内化认知和身份构建;从符号互动角度看,微信用户主要通过自我呈现完成对"认定自我"的习得获取和形象展示。微信中的传播主体通过自我表露和自我呈现建立对自我的认识,形成在线印象,通过与他人的互动获取社交关系网络中的社会角色和社会身份,并最终建立联系,促进人际关系的不断发展。

---

① 查尔斯·霍顿·库利.人类本性与社会秩序[M].包凡一,王湲,译.北京:华夏出版社,1999:26-29.

② 斯蒂芬·李特约翰,凯伦·福斯.人类传播理论(第九版)[M].史安斌,译.北京:清华大学出版社,2009:104.

4.1　微信社交中的个体角色与身份解读

社会心理学认为,“角色是指处在一定社会地位的个体,依据社会对个体行为的期望系统,在社会化过程中将社会期望内化为对自身的期望系统而获得和形成的外在行为模式。”[①]也就是说,每个个体所扮演的社会角色都被赋予一系列有关行为的社会标准,其应在标准控制范围内承担责任,进行行动。而结构功能论认为,“角色是个人在特定社会身份上的表现,一个人对他的一切行为,都是由其社会身份的功能意义决定的”[②]。

4.1.1　对微信交往主体的角色认知

角色原指人们在戏剧表演中按照剧本规定所扮演的某一特定人物,后因其在现实与戏剧间的内在联系,被社会心理学理论借用,并发展出角色理论。角色理论试图从人的社会角色属性出发,解释个体的社会心理和行为的产生与变化,并认为人们是按照所处的社会地位、身份去解释个人或群体的行为。[③]

美国社会学家米德(R. H. Mead)和人类学家林顿(R. Linton)较早地把“角色”这个概念引入社会心理学研究。米德没有为角色下明确的定义,只是较早地提出了角色扮演理论,认为自我的发展和社会互动的参与都要求人们去“扮演别人的角色”。同时强调,角色是在互动中形成的,角色表演并没有一个预定剧本,文化只能为角色表演规定大致范围。而林顿区分了角色与地位,认为当个体根据他在社会中所处的地位实现自己的权利和义务时,即在进行角色扮演。其后凯利(H. H. Kelley)和蒂博(J. W. Thibault)认为,角色是他人对相互作用中处于一定地位的个体的行为的期望系统,也是占有一定地位的个体对自身行为的期望系统。弗里德曼(J. L. Friedman)等人则指出,社会角色是关于人们在特定类型的关系中应当如何行动的一套规则。[④]

角色理论的主要理论来源包括社会学来源中的符号互动论、人类学来源

---

① 彭兰.社会化媒体:理论与实践解析[M].北京:中国人民大学出版社,2015:77.

② 王东.社会心理学笔记[M].北京:商务印书馆,2012:14-15.

③ 王东.社会心理学笔记[M].北京:商务印书馆,2012:14.

④ 搜狗百科,http://baike.sogou.com/v655544.htm? fromTitle=%E8%A7%92%E8%89%B2%E7%90%86%E8%AE%BA.

中的结构功能论以及心理学来源中的角色扮演理论。在这些理论基础上，角色理论主要涉及社会角色和角色扮演两个主要概念。社会角色是指在社会系统中与一定社会位置相关联的符合社会要求的一套个人行为模式，也可以理解为个体在社会群体中被赋予的身份及该身份应发挥的功能。[①] 依据不同的分类标准，可以将社会角色划分为理想角色、领悟角色和实践角色，先赋角色和自致角色，规定性角色和开放性角色，支配角色和受支配角色，功利性角色和表现性角色，正式角色和非正式角色等。

角色扮演是从雅各布·莫雷诺早期论述扮演角色开始的，莫雷诺认为一个人在试图模仿别人的作用时便会出现扮演角色，而角色和角色扮演有助于将人际关系的个人系统置于有意识状态，他认为每个人都在扮演着具有高度创造性的角色。而形象互动理论认为，“角色扮演是对其他人立场和观点的想象假定”，“‘角色扮演’意味着个体交往者想象对方是如何理解这种交往的”。[②] 在此基础上，欧文·戈夫曼提出拟剧理论，通过将人们日常生活同戏剧表演相类比的方式，阐述人们在日常生活中通过角色扮演来“表演”自我的行为和人际互动过程。因此，“角色扮演是一种使人暂时置身于他人的社会位置，并按这一位置所要求的方式和态度行事，以增进人们对他人社会角色、自身原有角色的理解，从而学会更有效地履行自己角色的社会心理学技术”[③]。角色扮演的过程包括角色期望、角色领悟以及角色实践等几个环节。其中，角色期望是指周围人依据某人在社会中所处的地位和角色，对其社会行为产生的要求和期望。当角色扮演中发生期待不一致时，常会出现角色冲突、角色不清、角色中断等角色失调问题。

在社会关系中，每一个社会个体都会被赋予多个不同的社会角色，即社会心理学所说的“角色丛”，比如一个人既是父亲，又是医生，还是党员。在微信社交中，人们往往会在不同的交往对象面前选择扮演不同的社会角色，并有意识地进行形象管理，注重展示理想自我。如在微信朋友圈发布信息时，有时会选择分组可见功能，其实即是个体在选择要扮演的社会角色及进行形象管理。

4.1.2 微信交往场景对个体身份的影响

情境包括物理环境和社会环境。个人与情境交互作用，相互影响，塑造出

---

① 百度百科，http://baike.baidu.com/subview/385162/385162.htm.

② 欧文·戈夫曼.日常生活中的自我呈现[M].黄爱华，冯钢，译.杭州：浙江人民出版社，1989：5.

③ 王东.社会心理学笔记[M].北京：商务印书馆，2012：15.

不同的社会生活。不同的人对相同的情境会做出不同的反应，而不同的情境也会启动个人的不同方面。“我们所处的情境会引发我们的目标和信念，从而影响我们思考、感受以及行为的方式，哪怕我们已经跳出这个情境了。”①个人会选择乃至改变情境，而情境也会选择并改变个人。所以说，“情境，不论是短暂的还是长久的，孤立的或是与相关情境牵连的，都能够深刻地改变我们”②。而社会身份是社会赋予个体的不同社会角色，每个个体在不同的情境下，会不断变换自己的社会角色以适应不同情境的需要。正如一位既是教师又是母亲的人，不会和自己的学生一直谈论孩子。

当然，在移动社交媒体时代，强调空间环境要素以及用户实时状态、用户生活惯性、社交氛围的场景概念，成为移动互联时代的关键词。场景一定程度上决定了社会角色的表演，在一场婚礼中，宾客和新人根据各自所要扮演的社会角色采取相应的行为表现，才是符合场景的恰当行为。“而个人关于自我和身份意识的很大部分是通过他或她所展示的角色行为以及来自其他人的反应而形成的。”③因此，场景一定程度上也影响了个体身份的形成和建立。30多年前，约书亚·梅罗维茨曾谈到，在电子媒介出现后，它“创造了新的社会场景类型，超越了物质上定义的社会场合，并有着自己的规则和角色预期”④。因此，当旧的场景消失后，如何获得恰当的社会行为观念和新的身份观念成为当时人们关注的重要问题。

而30年后的今天，当移动互联媒体席卷而来，物理空间与社会环境的分离使原有的“情境”的概念也发生了割裂。在以微信为代表的移动社交媒体中，原有的综合性的情境发生改变，新的社会场景出现，并引发新的“接触他人的模式”。这种与之前电子媒介有所不同的“信息流动的模式”开始影响人们交往的性质，并明显地重塑社会行为，即“人们在有意识和无意识的表达和交流中所有的行为”，而这一行为最终被组织成为社会角色。正如戈夫曼所说，“获得个体的信息，有助于定义情景，能使他人预先知道该个体对他们寄予什

---

① 道格拉斯·肯里克，史蒂文·纽伯格，罗伯特·西奥迪尼. 自我·群体·社会：进入西奥迪尼的社会心理学课堂[M]. 谢晓非，等译. 北京：中国人民大学出版社，2011：49.

② 道格拉斯·肯里克，史蒂文·纽伯格，罗伯特·西奥迪尼. 自我·群体·社会：进入西奥迪尼的社会心理学课堂[M]. 谢晓非，等译. 北京：中国人民大学出版社，2011：51.

③ 约书亚·梅罗维茨. 消失的地域：电子媒介对社会行为的影响[M]. 肖志军，译. 北京：清华大学出版社，2002：325.

④ 约书亚·梅罗维茨. 消失的地域：电子媒介对社会行为的影响[M]. 肖志军，译. 北京：清华大学出版社，2002：323.

么期望,以及他们或许可以对该个体寄予什么期望"①。因此,新的社会场景的出现改变并重塑了社交主体的角色和身份。

4.1.3 人际传播信息中的编码/解码

在人际传播中,从传播符号上可以将信息划分为语言信息和非语言信息两类。前者是指用词句传递的信息,包括口头语言、书面文字等;后者是指包括体态、表情、眼神、语音、语调等非语言传播方式在内的信息。在传统人际传播中,语言信息和非语言信息是同时发出的,二者通过强调、补充、否定、控制、重复、替代等方式来相互强化,相互支持。在移动新媒体中,信息传播符号以语言信息为主,非语言信息传播渠道部分缺失,一定程度上也影响了信息的编码/解码的效果。

从关系传播角度看,人际传播中的信息还可以划分为内容信息和关系信息两个层面。前者指涉信息表征的内容意义,而后者则反映交谈双方的关系意义。比如老师对学生说:"你立刻到办公室来见我!"在内容信息层面上,反映出老师立刻要见到学生的要求,但在关系信息层面上,则反映出老师对学生所下的命令及双方地位上的差异。有时,信息的内容意义可以相同,而关系意义不同。如老师对学生说:"你尽快来找我。"和另一种说法:"你如果时间方便尽快来找我,好吗?"两种话语信息中,内容意义相同,但反映出的关系意义却有所不同,前者明显表现出来主从关系,而后者则体现出更多的尊重。同样的,有时信息的内容意义有所不同,但可以反映出同样的关系意义。

此外,在人际传播中,个体在不同的社会场景中扮演不同的社会角色,其接触他人的行为方式也构成了一个信息系统,即"获取其他人信息设定的模式"。这一社会信息系统同事实、数据等知识类的信息相互作用,"通过影响谁有权扮演某个角色或接触某个特定场景",以及"有权力有能力展示某种社会行为",来区分不同群体的成员,并将其他群体成员排除在外。②

在人际传播中,关系双方对信息的编码/解码的过程就是构建意义和创造意义的过程。"当人际交流进展得比较顺利时,那就意味着交流者双方对'停顿'或者交流的意义有共同的认识。人们知道话语从哪里开始、在哪里结束会

---

① 欧文·戈夫曼.日常生活中的自我呈现[M].黄爱华,冯钢,译.杭州:浙江人民出版社,1989:15.

② 约书亚·梅罗维茨.消失的地域:电子媒介对社会行为的影响[M].肖志军,译.北京:清华大学出版社,2002:324.

对关系产生积极的意义，而这种意义得到共识是建立在编码和解码的基础之上。”[①]同时，对信息的意义解读会因人而异。仁者见仁，智者见智。同样一条信息，不同的人会有不同的解读，而这一编码/解码的过程要考虑每个人所处的情境、个人的文化背景以及身份地位的影响。在不同的情境中，每个人会选择扮演不同的社会角色，对对方所传递的信息会作出结合具体情境的解读，并作出相应反馈。而文化背景的不同也会影响人们思考、感受和行为的具体方式。比如看到龙的图案，东方人和西方人会有不同的解读。此外，对信息的编码/解码也要受到个人身份地位的影响，而不同的个体身份在信息的编码/解码过程中表现出来的差异，会在其不同的社会行为模式中得以体现。

4.1.4 微信交往中的自我认知

在社会心理学中，一个人对自己的认知，即是自我概念，也是一个人对自己认识的过程和结果的概括。关于自我概念的形成，库利和米德均强调了与他人互动以及社会交往在其中所起到的重要作用。库利在 1902 年出版的《人类本性与社会秩序》一书中提出“镜中我”的概念，认为“在许多情况下，与他人的联系依赖较为确定的想象形式，即想象他的自我——他专有的所有意识——是如何出现在他人意识中的。这种自我感觉决定于对想象的他人的意识的态度。这种社会自我则可以被称作反射自我或镜中自我：‘人们彼此都是一面镜子，映照着对方’”[②]。概括说就是一个人的自我观念是在与他人的交往和联系中形成的，人们通过他人对自己的评价和态度来认识自我。

之后，米德用符号互动论进一步解释了自我概念的形成。米德将自我分为“主体我”和“客体我”，认为“语言位于自我结构的核心，在我们和他人的内心世界里，符号代表了客体，我们在童年时学习用符号的方式去思考一个客体的过程，就是获得自我概念的过程”[③]。同时，米德将影响自我的他人分为两类：广义他人（社会文化整体）和重要他人（影响个人成长的中心人物，如父母、老师等），而这两类人的反馈都会影响自我概念的形成。因此，米德强调社会交往在自我发展和自我意识形成中的重要作用，认为自我是社会交往的产物。

除自我概念外，对自我的认知还包括自我意识。自我意识是个体对自己身心状态的觉察及对自己同客观世界的关系的意识，包括自我认识、自我体验

---

① 欧健. 从关系空间的构建解读微信的人际传播[J]. 现代视听，2014(2)：27-32.

② 查尔斯·霍顿·库利. 人类本性与社会秩序[M]. 包凡一，王湲，译. 北京：华夏出版社，1999：131.

③ 沙莲香. 社会心理学(第三版)[M]. 北京：中国人民大学出版社，2011：91.

和自我控制三种心理成分。在米德看来，人们通过各种符号进行社会交往，从外部世界获取实践经验，并形成对自我的态度和情感，这就是自我意识的发展。“约哈里之窗”模型清楚地解释了自我意识的具体内容，即人的自我认知的四个部分：开放的自我、盲目的自我、隐藏的自我和未知的自我（见图4.1）。这四个自我的不同部分不是相互孤立的，而是相互影响，彼此依存，构成一个可以互动的自我整体。在微信社交网络中，人们通过扮演不同的角色，构建个人身份，形成网络自我意识。可以说，网络传播主体的自我意识是通过网络互动完成的，即网民是在认识网络世界及不断与其他网民进行互动的过程中，加强对自身的认识并形成自我意识的。

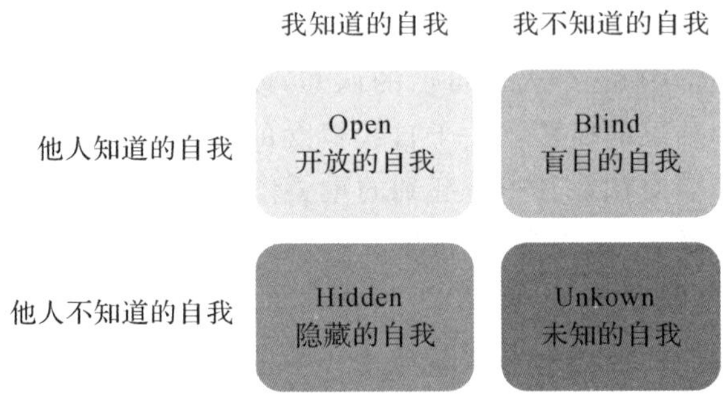

图4.1　约哈里之窗

来源：根据公开资料制作

4.2　微信社交中的自我表露与隐私管理

心理学理论中的自我表露强调从个体心理的角度，通过向他人披露个人信息而认知自我，构建个体身份。在人际交往中，一定程度的自我表露可以增加他人的信任和认可，是关系形成并推动关系发展的重要因素。但是自我表露也要把握好表露的度，如果自我暴露过度，则会存在隐私风险。尤其是在线自我表露往往会因为“去个体化”的原因而导致更大程度的自我表露，这需要我们在控制好隐私风险的同时，做好自我隐私管理。

4.2.1　微信中的自我表露状况

自我表露是人类各种社会关系形成的前提条件，是人类传播的基础。“自我表露”(Self-Disclosure)概念最早是由心理学家朱拉德(Jourard,1958)提出并不断完善的。他最初将其界定为“个人将有关自己的信息表露给目标人(与其进行交流的人)的行为过程”①。后来他认为自我表露是“告诉另外一个人关于自己的信息,真诚地与他人分享自己个人的、秘密的想法和感受的过程”②。自我表露通常表现为对等互惠行为,即表露个人信息的一方在自我表露后希望另一方也会分享个人信息,同时双方自我信息表露的亲密度和深度应该对等。

因为自我表露要受到情境性的影响,因此有研究表明,线上的自我表露比线下更亲密、更深入、更频繁。原因是线上交流所在的情境发生了改变,比如视觉匿名、责任感降低、时空观改变、自我意识改变、新奇的交流环境等,综合作用会导致“去个体化”状况的发生,而网络中的去个体化将导致更大程度的自我表露。因为“在匿名的掩饰下,用户能够表达他们真正的感受和想法”③。

在微信中,虽然大多数好友为现实中的熟人,线上交往基本处于非匿名状态,但视觉匿名、时空观的改变、自我意识的改变以及新奇的交流环境等情境的改变,仍使微信中的自我表露在广度和频率方面表现出较为强烈的表露意愿。据笔者问卷调查结果显示,在微信使用频率上,有52.33%的用户有空就会随时随地使用微信,另有42.64%的用户几乎每天都会使用微信。同时,有73.65%的用户每天使用微信的时长达1小时以上,微信使用频率及时长均达到了可观的规模。而在微信主要社交功能中,84.00%的微信用户是朋友圈的高黏性使用者(见图2.6),且朋友圈中的用户发布状态也表现出较为强烈的自我表露意愿,高达84.11%的被调查者认为在朋友圈发布信息的原因是“想和朋友分享自己的生活或感悟”(见图4.2)。

此外,在微信朋友圈中,微信用户表露和个人相关主题信息的意愿也较为强烈。针对微信用户在朋友圈中所发内容,笔者在调查问卷中设计“微信用户在朋友圈中发布内容的频率”量表,包含六个方面的主题信息,分别为:自己、朋友或家人照片,美食美景照片,自己兴趣爱好相关信息,自己心情和情绪,话题讨论和评论,分享相关链接。量表采用李克特量表,要求被调查者在“从不、

---

① Jourard, S, M., Lasakow, P. Some factors in self-disclosure[J]. Journal of Abnormal and Social Psychology, 1958(56): 91-98.

② Jourard, S. M. The transparent self (2nd ed.)[M]. Tokyo: Litton Educational Publishing Inc. 1971: 85.

③ 亚当·乔伊森.网络行为心理学:虚拟世界与真实生活[M].任衍具,魏玲,译.北京:商务印书馆,2010:36.

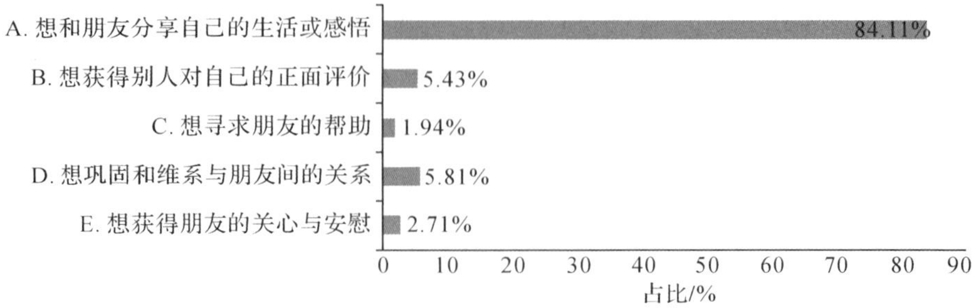

图 4.2 在朋友圈发布信息的原因

来源：本研究调查采集数据（2016 年 12 月）

很少、有时、经常、总是”之间选择，分别记 1～5 分。笔者首先对“微信用户在朋友圈中发布内容的频率”量表的信度进行检验，结果显示 Cronbach α＝0.657，表明量表的信度可以接受。接下来，对微信人际关系量表进行描述性统计，各项陈述及其均值、标准差如表 4.1 所示。

表 4.1 微信用户在朋友圈中发布内容频率的描述统计量（N＝258）

内容	均值	标准差
自己、朋友或家人照片	2.49	0.909
美食美景照片	3.02	0.871
自己兴趣爱好相关信息	3.28	0.913
自己心情和情绪	2.57	0.885
话题讨论和评论	3.05	0.905
分享相关链接	3.25	1.003

来源：本研究调查采集数据（2016 年 12 月）

调查结果显示，在六个主题信息中，有四个方面的主题信息内容的发布意愿超过 3.0，分别是自己兴趣爱好相关信息（3.28），分享相关链接（3.25），话题讨论和评论（3.05），美食美景照片（3.02）。其中，发布意愿较低的是自己心情和情绪（2.57）和自己、朋友或家人照片（2.49）。可见，微信用户不仅经常接触和长时间使用微信，而且在微信中自我表露的意愿也较为强烈。

另一方面，在笔者所进行的深度访谈中，针对微信朋友圈的发布频率和发布内容，也有多位受访者的访谈内容印证了上述调查结论。

A3：“经常发朋友圈。（发布内容）根据具体内容定。比如好的文章、知识含量较高的古今中外作品、时评、照片等都发过。更多是推荐作品，并常加进自己的认识领悟等。还有旅游景观照片、居家生活。如早点吃什么，养了什么花。把自己喜欢的发圈里分享。”

B3：“一个星期三次吧。多数转发链接，很少分享自己的心情。”

A4：“经常发（朋友圈），频率在每天或每两天。内容大多是生活记录、美食、问圈内好友问题等。”

B5：“还好，大约一周两三次。主要发一些自认为好的图片，分享一些好听的歌和有价值的文章，生活动态。”

通过问卷调查和深度访谈可以发现，很多微信用户在发布朋友圈内容方面多以不很私密的个人兴趣爱好、文章链接、生活动态之类的个人信息为主，较少涉及个人家人照片、个人心情等较为私密的信息，自我表露的深度有限。这也反映出中国的传统文化对中国人自我表露的影响，因为中国文化讲究含蓄，相对保守，因此中国人在性格上也相对谨慎、内敛，在外人面前进行自我表露时会受到文化上的制约。虽然微信增加了人们自我表露的程度和意愿，但这种增加更多地表现在表露的频率和广度上，而在表露的深度方面则依然有所控制。

此外，性别因素也会影响微信中的自我表露行为。通过对调查数据的进一步统计分析发现，性别因素会影响到朋友圈中的内容发布偏好。在以上六类主题内容中，除链接分享内容在性别方面差异不大之外，在其他内容发布中，会发现在朋友圈中女性比男性更偏爱发布自己、朋友或家人照片，美食美景照片，自己心情和情绪等较为感性的信息内容（见表4.2、表4.3、表4.4），而男性则比女性更偏爱发布自己兴趣爱好相关信息、话题讨论和评论等稍显理性的话题（见表4.5、表4.6）。

同时，自我表露还会影响到微信用户自我意识的变化。有学者（Carver & Scheier，1987）认为，自我意识包括公众性自我意识和个体性自我意识。前者是指对自我的社会方面的关注，包括自我的身体、外貌等公开部分，因此，这一部分也会公开接受他人评判。而后者是指对自我的个体方面的关注，包括情感、态度、价值观等仅属于我们自己了解的方面（除非我们愿与他人分享）。学者金伯利·马西森和马克·赞娜（1988）在早期研究中考察CMC对自我意识的影响，认为CMC中因为传播渠道缺失和去个体化现象，自我表露行为增加，而导致个体性自我意识提升，公众性自我意识降低。[①] 但是在微信的信息

① 亚当·乔伊森.网络行为心理学：虚拟世界与真实生活[M].任衍具，魏玲，译.北京：商务印书馆，2010：41.

表 4.2 在朋友圈里发布以下内容（自己、朋友或家人照片）* 性别交叉分析

在朋友圈里发布以下内容的频率（自己、朋友或家人照片）	您的性别是		合计
	男	女	
从不	11.8%	11.4%	11.6%
很少	48.2%	34.1%	43.4%
有时	28.2%	36.4%	31.0%
经常	10.6%	15.9%	12.4%
总是	1.2%	2.2%	1.6%
合计	100.0%	100.0%	100.0%

表 4.3 在朋友圈里发布以下内容（美食美景照片）* 性别交叉分析

在朋友圈里发布以下内容的频率（美食美景照片）	您的性别是		合计
	男	女	
从不	1.2%	0	0.8%
很少	32.9%	21.6%	29.1%
有时	41.8%	45.5%	43.0%
经常	18.2%	28.4%	21.7%
总是	5.9%	4.5%	5.4%
合计	100.0%	100.0%	100.0%

表 4.4 在朋友圈里发布以下内容（自己心情和情绪）* 性别交叉分析

在朋友圈里发布以下内容的频率（自己心情和情绪）	您的性别是		合计
	男	女	
从不	7.6%	11.4%	8.9%
很少	43.5%	35.2%	40.7%
有时	35.9%	37.5%	36.5%
经常	10.6%	14.8%	12.0%
总是	2.4%	1.1%	1.9%
合计	100.0%	100.0%	100.0%

表 4.5 在朋友圈里发布以下内容（自己兴趣爱好相关信息）* 性别交叉分析

在朋友圈里发布以下内容的频率（自己兴趣爱好相关信息）	您的性别是		合计
	男	女	
很少	20.0%	26.1%	22.1%
有时	34.7%	40.9%	36.8%
经常	32.9%	29.5%	31.8%
总是	12.4%	3.5%	9.3%
合计	100.0%	100.0%	100.0%

表 4.6 在朋友圈里发布以下内容（话题讨论和评论）* 性别交叉分析

在朋友圈里发布以下内容的频率（话题讨论和评论）	您的性别是		合计
	男	女	
从不	1.2%	1.1%	1.2%
很少	27.1%	31.8%	28.7%
有时	38.2%	44.4%	40.3%
经常	24.7%	21.6%	23.6%
总是	8.8%	1.1%	6.2%
合计	100.0%	100.0%	100.0%

交流和人际互动中，因为传播渠道日益健全，传播主体的非匿名传播使去个体化现象相对减弱，因此，微信用户不仅在个体性自我意识方面有所提升，公众性自我意识也在提升。微信朋友圈中的"自晒"成为微信发展至今非常具有代表性的一种自我表露行为。比如深度访谈中有受访者谈到印象深刻的微信朋友圈好友时，有多人提到了这种"自晒"的现象，甚至有人愿意"晒"负面心情。

B4："我朋友圈中印象深刻的有：某师哥特别喜欢发美食，天天发；某单身女同学天天发旅游和心灵鸡汤感言；某同学天天发他创作的新书法；某邻居天天发孩子视频。"

B3："好友晒'惨'让我印象深刻，这会让下面的评论十分有趣。"

而且，在深度访谈中，大多数的受访者都会基于尊重和交往互动的需要，一一回复微信圈中好友的评论。而有些人会因为好友经常性的评价和反馈，改变对他人的评价和印象，进而使自我对他人原有的认识发生改变。因此，微信用户在自我意识方面不仅通过“晒”表露自我的个体方面，也通过与好友互动关注自我的社会方面，一定程度上提升了传播主体的整体自我意识。

4.2.2 自我表露与微信社交关系的发展

关系的发展是一个循环往复的辩证过程，而自我表露在其中起到重要的作用。随着表露广度和深度的增加，关系的亲密度也在不断增加。经过调查和访谈发现，微信用户在进行自我表露时，不仅在表露的广度上和深度上有所控制，在表露对象和表露信息的类型上也有所选择和区分。

4.2.2.1 自我表露对表露信息和目标对象的选择

从关系发展的角度看，自我表露的内容和尺度是因人而异的。也就是说，一方面，自我表露会根据关系的亲疏远近来有选择地表露个人信息；另一方面，人们自我表露信息的广度和深度同表露信息的性质也有很大关系。你对亲密好友表露的信息也许并不愿意对父母表露，而你对熟识的朋友会轻易表露个人信息，却不一定会更多表露敏感信息。因此，考察自我表露行为，要考虑到其涉及的两个维度：表露的信息类型和目标对象。

从信息的深度来看，如果把一个人的自我信息比作一个洋葱的话，表层和外围信息属于基本信息，是人们较多与他人分享的信息；中间层信息属于隐藏信息，是人们愿与好友分享的信息；而核心层信息则属于隐私信息或敏感信息，人们在披露时会非常谨慎。[①] 因此，人们在自我表露信息时，会根据关系的亲密度来选择表露不同类型的信息，通常来说，越是接近核心层信息，人们越少表露。有学者（Monika Taddicken，2014）曾对社交网络用户的自我表露行为进行研究发现，自我表露信息频次最高的是基本信息，其次是真实信息，最后是敏感信息。[②] 而多位受访者在深度访谈中，也谈到了自我表露行为中对信息类型的选择。在针对个人基本信息（包括姓名、年龄、性别、身高、体重、兴趣爱好、学历、工作等）和个人敏感信息（包括健康状况、肖像、通信地址、手机号码、证件号码、家庭关系、情感状况、经济状况等）是否会发布朋友圈或微信群的提问中，绝大多数受访者均表示基于信息安全和隐私保护考虑，个人基本信息很少发朋友圈或微信群，个人敏感信息从不发朋友圈或微信群。

---

① 莱斯莉·A.巴克斯特，唐·O.布雷思韦特.人际传播：多元视角之下[M].殷晓蓉，等译.上海：上海译文出版社，2010：478.

② Monika T. The “Privacy Paradox” in the social web：charackeristics，and the perceiver social relevance on different forms of self-disclosure[J]. Journal of Computer-Mediated Communication，2014(19)：248-273.

A1:“个人基本信息我几乎不发朋友圈或微信群,因为属于私人信息,没有必要和其他人分享。个人敏感信息我从来不发朋友圈或微信群,因为个人的保密意识强。”

A2:“个人信息基本不发朋友圈,个人敏感信息从不发朋友圈。主要原因还是出于安全性考虑。”

同时,自我表露行为还会受到目标对象的限制。人们愿意对亲密的人表露个人信息甚至私密信息,但是同样是关系亲密的人,对好友、父母、爱人的自我表露肯定是不同的。在微信中,很多人会根据目标对象选择“分组可见”功能来进行不同的自我表露。据笔者调查显示,有67.45%的被调查者在发布微信朋友圈时曾使用过分组可见功能(见图4.3),而他们使用分组可见功能的主要原因是“个人信息不想让陌生人看见”,占比达58.53%(见图4.4)。除此之外,“有些个人私密信息只想给亲密好友看”占比达37.21%,“有些个人信息不想让领导或老师看到”(29.07%)、“有些个人信息不想让家人看到”(27.52%)也均占到一定比例(见图4.4)。可见,微信用户在自我表露时除了根据隐私空间的界定来进行自我表露外,还会根据社交关系的认定来选择不同的目标对象进行自我表露。

此外,在笔者进行的深度访谈中,很多人在谈到设置好友权限或使用分组可见功能发布微信朋友圈内容的心理时,也很好地反映了自我表露对社交关系的认定和选择。

A2:“会(设置好友权限),而且还不少,主要是不让他看我的状态。这种设置主要针对一些关系相对疏远的好友,因为自己朋友圈的内容可能会涉及一些个人情感或者个人的生活状态,不想让他们知道,也没必要让他们知道。”

B8:“发布私人内容时,会把‘非熟人’屏蔽出去,为了保护个人和家人隐私。发布工作内容时,会把‘非工作’屏蔽出去,以免对他们造成干扰。”

B9:“会(设置好友权限)。有些关系一般或者因为工作关系添加的人,一般不希望对方知道自己的隐私和想法,会设置好友权限。”

很多人也谈到了分组选用的标准,多数人基本是按照社会关系建立过程中血缘、地缘、业缘、趣缘等不同因素的影响,进行不同层次及不同交往圈子的划分。同时也可以看到,目标对象和信息类型在影响传播主体的自我表露行为时,往往是相互交织,综合发挥作用。

A2:“按照不同的交际圈分组,因为不同的交际圈涉及的话题是不一样的。发布朋友圈的时候,只偶尔会针对不同的信息内容进行分组,如果是比较个人的信息,只会对关系比较近的朋友开放,如果单纯是工作中的内容,可能

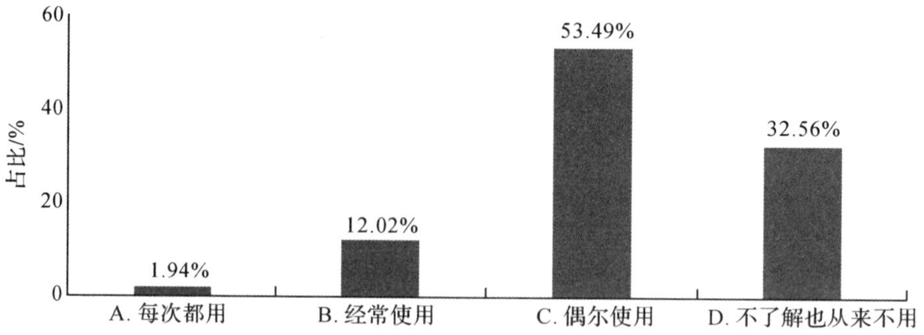

图 4.3 微信朋友圈对“分组可见”功能的使用状况

来源：本研究调查采集数据(2016 年 12 月)

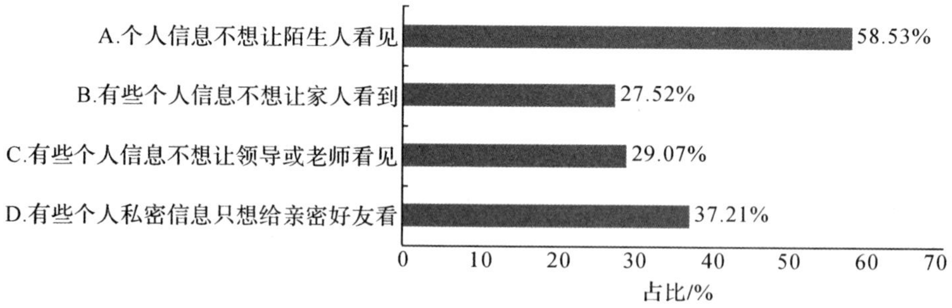

图 4.4 使用“分组可见”功能的主要原因

来源：本研究调查采集数据(2016 年 12 月)

只会对同事开放，如果是无关紧要的，一般就不分组了。”

B2:“我会针对信息的特性对他们进行分组可见。比如同龄人，我会让他们看我吃的玩的喝的旅游的或者是这种心情类或心灵鸡汤类的。如果是老师，那就让他们看到我积极向上的一些(内容)。要是父母的话，如果心情不好的或者是最近受了很多委屈之类的内容，那我一定不会让我父母看，我怕他们担心。如果是我没钱了，最近要吃土了，那我一定会让我爸妈看，因为要让他们给打钱么。”

B3:“按照朋友、同学、师长、亲人之类的分组。在发布自己心情时会喜欢用分组。”

4.2.2.2 自我表露对关系发展的推动

根据社会渗透理论(Altman & Taylor,1973),关系的发展和强化是通过语言、非语言等传播方式中的变化而发生的。而语言传播中的变化则集中在自我表露上。[①] 在自我表露的深度方面,一个人自我表露的深度过程就是一层层剥开信息洋葱的过程,当个人信息由表层逐渐揭示到核心区域时,也就意味着关系获得了极大的发展。除自我表露的深度外,关系发展还涉及自我表露的广度,即个人信息交换的范围。应该说,"关系的发展过程即是由较窄范围内的表层交往,向较广范围的密切交往发展"[②]。

同时,社会渗透理论还根据社会交往的深度和广度,提出了关系发展的四个阶段:(1)导向阶段。在这一阶段,两个陌生人开始交往,双方只是进行表层的自我表露,很少涉及个人信息的分享。(2)情感探索阶段。如果在导向阶段双方产生好感,有继续交往的兴趣,则会在外围信息层次就更广泛的话题进行互相表露。(3)情感交流阶段。在情感探索阶段建立信任感后,交往双方会有较深的情感卷入,针对中间层甚至核心层的信息进行互相表露。(4)稳定交往阶段。在情感交流持续进行一段时间后,自我表露的所有层次被打开,双方可以成为亲密朋友,甚至知己。从社会渗透理论的关系发展阶段可以看到,关系的发展和自我表露的广度及深度的增加是密不可分的,尤其是在关系发展的初期阶段。

当然,早期的社会渗透理论把关系看作从"公开"到"私密"的线性发展过程,忽略了关系发展中在"共享"和"隐私"之间循环往复的辩证过程,有其一定的局限性。但无论如何,自我表露在关系发展过程中所起到的重要影响和发挥的重要作用是不能忽视的。在微信中,因为传播主体所处的情境有所变化,其自我表露的方式和状态也在发生改变。据笔者问卷调查显示,有34.89%的被调查者基本同意"微信让我比面对面交流能更好地表达自己意思",有43.80%的被调查者基本同意"微信让我比面对面交流更放松"(见表 3.1)。同时,调查结果还显示,有 65.90%的被调查者认为微信强化了现实中的熟人关系(见图 4.5)。可见,微信中的自我表露在发挥其优势的同时,也在一定程度上促进了社交关系的发展和提升了关系之间的亲密水平。

---

① 莱斯莉·A.巴克斯特,唐·O.布雷思韦特.人际传播:多元视角之下[M].殷晓蓉,等译.上海:上海译文出版社,2010:477.

② 沙莲香.社会心理学(第三版)[M].北京:中国人民大学出版社,2011:55.

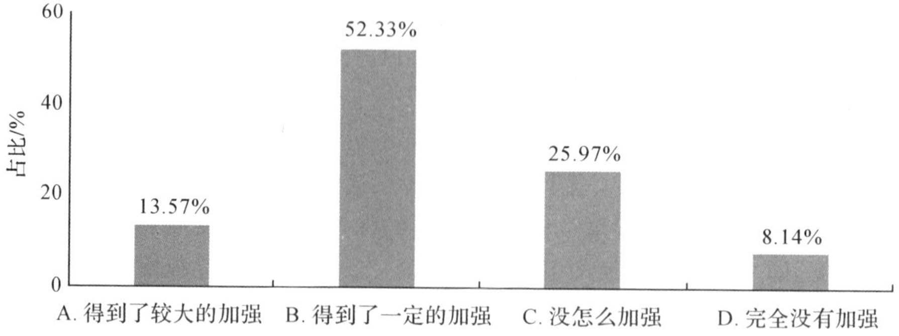

图 4.5 微信是否强化了现实中的熟人关系

来源：本研究调查采集数据(2016 年 12 月)

4.2.3 自我表露与微信中的身份建立

微信用户通过自我表露可以更好地认识自我，建立自我存在感，寻求身份认同，并良好地维护社会关系。在此过程中，通过对个体身份的建立，来促进关系的形成并推动关系的发展。

4.2.3.1 增强自我认识

自我表露不仅可以让别人很好地了解我们，也可以让我们更好地认识自己，从全新的角度看待自己，对自己行为有深刻理解。罗杰斯早在 1961 年就指出，“在一个值得信任的关系背景中把自己公开地表露给另一个人，是逐渐认识并理解自我的重要一步”①。通常来说，认识自我的渠道包括他人反馈、反射性评价、社会比较、自我评价等。一个人可以通过对他人表露个人信息来获得对方反馈和建议，从而全面认识和了解自己。因此，朱拉德认为：“如果我们不把思想变成语言文字，隐藏我们真实的情感和观念于一堵否认和扭曲的墙后是很容易的。正是基于把我们的所思所想讲给另一个人听的行为，我们才能公开地看待我们感觉。”②在微信中，点赞、评论等人际互动行为成为交往主体自我表露的主要方式。英国剑桥大学的米歇尔·科辛斯基研究 Facebook 上的“点赞”行为，证实人们的许多个人特征包括政治倾向、宗教信仰、性别、种族等，都可以通过个人的“点赞”行为来预测。③ 因此，微信中的“点赞”

① 李林英.自我表露与心理健康[M].北京：北京理工大学出版社，2008：9.

② 李林英.自我表露与心理健康[M].北京：北京理工大学出版社，2008：9.

③ 彭兰.社会化媒体：理论与实践解析[M].北京：中国人民大学出版社，2015：87.

行为某种程度上也可以反映一个人的自我意识和自我认知。在深度访谈中，也有受访者谈到对微信朋友圈的喜爱。

A2："喜欢使用（朋友圈），因为朋友圈发出去之后，相当于在和好友分享自己的观点和感悟，还可以通过好友的回复与好友进行互动。"

A5："非常喜欢（使用朋友圈）。文字与图片配合，将想法简单表达，发布方便，回复方便，便于互动，点赞功能直观表达态度。"

以此为代表，很多微信用户在朋友圈发布内容向好友进行自我表露的同时，也期待好友的反馈与互动，而在此过程中，传播主体可以对自己获得新的更深入的认识，并可以关注到自我的多个方面，实现自我进步和自我认知的提升。

4.2.3.2 建立存在感

美国心理学家雪莉·特克尔曾在 TED 演讲中说过，"我们因为要证明自己的存在，所以在数字世界里不断分享，不断交流"。而社交媒体在信息分享上的便捷与低门槛，使得使用者可以以几乎零成本的方式进行内容转发与分享，保持自己的活跃度。在这种表层的自我表露的过程中，使用者也许只是想表达"我还在"的一种想法，从而在社交关系网络中使应扮演的社会角色发挥一定的功用。

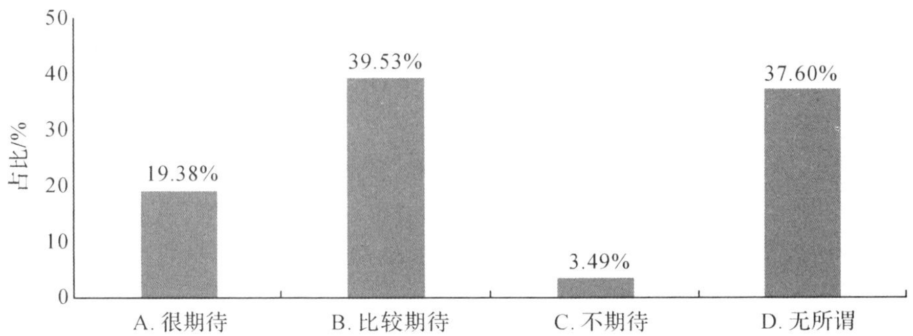

图 4.6 是否期待朋友圈中好友对自己的评论和回复

来源：本研究调查采集数据（2016 年 12 月）

在微信中，微信用户的昵称、封面照片、个性签名等信息的设置本身就是一种自我表露和自我存在感的建立。人们通过自我表露来建立自我存在感，其实也是确立自我社会角色及个体身份的一种方式。笔者的问卷调查结果显示，70％以上的被调查者都会使用微信朋友圈来发布和分享内容，说明在微信中人们愿意通过自我表露的方式来表达自身的存在价值和社交意愿。而另一项的调查问题“您是否期待朋友圈中好友对自己的评论和回复”的调查结果显示，有58.91%的被调查者期待好友的互动，有37.60%的被调查者无所谓(见图4.6)。也就是说，绝大多数的人在朋友圈发布内容后，是期望有人进行互动，从而关注到自身的存在的。同样在微信群中，我们也经常会看到这样的现象，当一个微信群因为发言冷清而经常陷入沉寂时，总会有一个人好像上班打卡一样，每天在群内定时更新天气预报或新闻简讯，通过定期标签此群的存在，从而彰显自身的存在价值。包括微信朋友圈中的“点赞”，很多人较少评论，赞完即走，往往是在表达一种态度：我来过了，我看到了。这不仅是让对方知道你对他(她)的关注，同时也表明了自身的存在状态。

4.2.3.3 强化身份认同

所谓身份即是用来界定个人在不同群体当中的“会员资格”的一个“代码”。因此，身份认同也可以说是社会角色认同，即人们对于被赋予的多个社会身份，要按其社会角色公认的行为标准行事。如果一个女性，既是母亲，又是妻子，还是职场中人，她如果认同自己所兼任的几种社会身份，就会在不同的时空情境下去按其行为标准进行不同的角色扮演。在微信中，人们加入不同的微信群或是选择不同的圈中好友进行相互关注和互动，本身也是寻求身份认同和自我认同的结果。很多微信群的创建即是按照不同的社会角色与社会身份设置的，在不同的微信群，即情境的变化会影响人们对社会身份的选择，依赖于将同一身份群体的共同特征加诸自身，从而寻找到一种自我认同感。因此，身份认同也是自我认同的一种表现，人们通过与相似的人联系在一起，来加深自我的同一性和归属感。

此外，人们在微信朋友圈中进行“点赞”或评论有时也是表达一种认同和欣赏，这种对他人的认同一定程度上也映射出对自我的认同。在深度访谈中，也有受访者谈到自己微信“点赞”或评论的动机，其中很重要的一个原因就是表达对发布者的认可。

A2：“点赞的话主要分三种情况：一是用点赞表示认可。比如说，这条朋友圈的内容本身写得就比较好，有趣味性、知识性、思想性，照片拍得也不错，在能引起自己共鸣的情况下，会给点赞，表示对这条朋友圈内容的认可。二是用点赞表示祝福。三是一些与自己比较亲密的好友发布的朋友圈，一般看到了就会点个赞，表示关注。”

B9：“当对方的信息发布能够引起信息共鸣或者情绪共鸣的时候进行评论。”

因此，人们在微信中可以通过自我表露和对他人的反应展现自我身份，并在与他人互动的过程中构建身份，在社会关系不断形成的过程中获得自我认同，并形成身份认同。

4.2.3.4　维护社会关系

有学者(Altman & Taylor，1973)认为，“深度的社会渗透的主要途径在于自我表露，自我表露是建立亲密关系的重要方式”。自我表露遵循互惠性原则，即一个人对他人所做的自我表露往往会引发他人同等程度的自我表露，由此双方可以增进相互理解，相互信任，并表现出进一步交往的意愿。微信用户具有较高程度的自我表露意愿，微信社交平台也给交往中的个体进行自我表露提供了便利条件。因此，微信用户可以通过适当的自我表露，增加他人对自己的认知与喜爱。在自我表露逐渐增加的过程中，发展起交往双方良好的人际关系。

从笔者的问卷调查和访谈中也可以看出，微信用户通过自我表露增加互动，发展人际关系。在笔者所进行的问卷调查中，有 65.90%的被调查者认同微信强化了现实中的熟人关系(见图 4.5)，41.86%的被调查者给好友评论的主要目的是“增加互动，维系与好友之间的关系”，占比最高(见图 4.7)。而在深度访谈中，也有多人谈到使用微信对维系社会关系的功用和心态。在此过程中，自我表露的互惠性原则也一直有所体现，并发挥其对关系发展及维系的重要影响。

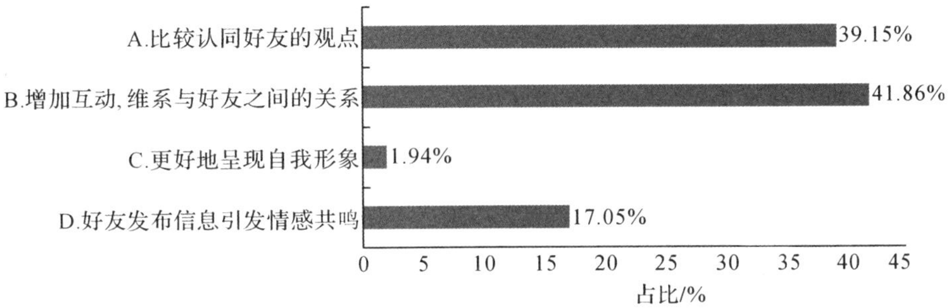

图 4.7　给好友评论的主要目的

来源：本研究调查采集数据(2016 年 12 月)

A1：“针对微信圈好友评论，我会一一回复；因为我认为这是对评论者的尊重，也希望通过回复加强联系。”

A2：“会(回复好友评论)。如果你总是不回复别人的评论，别人可能会产生误解，久而久之，别人可能就不会对你的内容有任何评论或者回复，这样朋友圈就变得无意义了。”

B9:“会(回复好友评论)。好友对自己进行评论,本身就是一种关心或者关注的表示,如果自己不加以回应,恐怕会影响朋友之间的关系。”

4.2.4　微信社交中的隐私管理

4.2.4.1　微信社交中的自我表露与隐私之关系

关于“隐私”定义,学界并没有形成一个统一的界定。从心理学角度看,Westin(1967)介绍了保密和隐私之间的联系,并将隐私定义为“个人、团体或组织根据自己的要求,决定其将个人信息透露给他人的时间、方式及其程度”。之后,Altman(1975)从社会心理学和环境心理学的角度将隐私定义为“有选择性地调控获取自我的权利”,并确信,通过调节个体与社会的相互作用,个体获得隐私权。还有学者从多维度的角度来定义隐私。如 Burgoon 等人(1989)将隐私划分为四个维度,认为“隐私是一种能力,它能控制或限制他人获取个体或组织的信息的权限,这些信息涉及物理性、交互性、心理性以及信息性的信息”①。总之,隐私是人们对其私人生活和私人空间的理解和界定,个人和社会都对它赋予重要意义。

社会渗透理论告诉我们,在关系发展的初期阶段,人们之间的自我表露通常能达到平等开放水平,人们互相表露的多为表面化及公开性信息,隐私信息交换极少。有研究表明,在这一关系水平上,只有 2%的人会表露自己的隐私细节。而只有随着两个人逐渐了解彼此,关系不断亲密,所谈论话题才会逐渐渗透至核心层面,即人们不愿随意公开的私人领域。一方面,深度社会渗透的主要途径要依赖于自我表露,而另一方面,深度社会渗透的核心区域又往往会涉及人们意欲保护的个人隐私。因此,在一段关系当中,“开放性”与“隐私性”、“公共领域”与“私人空间”、“与人分享”与“自我保护”之间便会形成经常性的内在冲突关系。

在社交网络中,它异于传统互联网的一个突出特点是鼓励人们在其中进行自我表露,通过表露个人信息,进行社会交往。比如微信账号和手机号码的绑定,微信朋友圈中的个人信息呈现等。而隐私悖论(Barnes,2006)却表明人们对隐私的态度和其在社交网络上的使用行为存在差别。一方面人们会担心过多地在社交网络中泄露个人信息存在隐私风险,另一方面人们却仍然频繁

① 艾济·巴瑞克.心理学视角的网络空间:理论、研究与应用[M].高闯,孙晓军,译.北京:世界图书出版公司,2014:14.

地进行自我表露，进行社会交往。笔者的问卷调查结果显示，在微信的用户名、昵称、头像、所在地区等个人信息中，仅有17.83%的被调查者不会使用真实信息（见图4.8）。

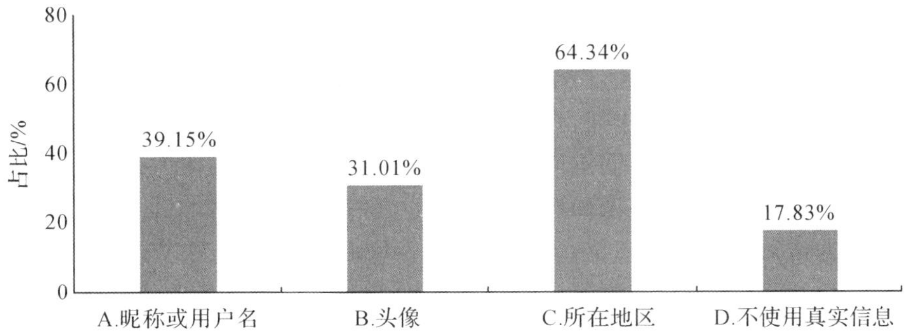

图4.8 微信个人信息中哪些是真实的

来源：本研究调查采集数据（2016年12月）

笔者进行深度访谈也发现，很多年轻（20～30岁）的受访者均在朋友圈发过有关个人基本信息和个人敏感信息的内容。虽然他/她们一方面也担心存在信息安全问题，但另一方面还是会不时地发布一些相关信息。如受访者B2对个人在朋友圈发布个人基本信息和个人敏感信息的矛盾想法：

“我自己个人的基本信息很少发在朋友圈。因为我觉得朋友圈还是不安全的，因为尽管好友可以分组可见，但是也不能保证所谓的那些好友就是好人，那么很可能信息会遭到泄露，所以我很少发。但是在平时发朋友圈的时候也会涉及一些自己的一些基本信息，比如说性别、体重、兴趣爱好等。”

“个人敏感信息也会发朋友圈。比如发过情感问题。比如说两个人刚在一起的时候，你可能会发个文章、发个朋友圈纪念一下，或者俩人分手的时候，你可能会发文缅怀一下这段过往的青春。然后家庭关系我经常会发。因为我爸妈比较和谐，会在里面晒一下。手机号码也发过。其他的基本上也不会在朋友圈再晒了，比较危险。涉及个人信息隐私的，一般就不会晒。”

因此，如何处理好社交网络中的自我表露和隐私保护之间的关系，成为一个值得思考的问题。

4.2.4.2 微信社交中的隐私风险与隐私管理

针对传播中的隐私风险和隐私保护，桑德拉·佩特罗尼奥（Sandra Petronio）提出了传播隐私管理理论（CPM）。佩特罗尼奥认为，在传播中，关系的各方要不断对“公共领域”和“私人空间”的边界进行管理。在这里，边界是指私密性与非私密性之间的界线。同时边界的渗透性是可以变化的，有时边界具有渗透性，即开放性边界，可以透露一定信息；有时边界不可以渗透，即封闭性边界，无法共享信息。而边界是开放还是封闭，需要视具体情况而定。打开边界则意味着你会和对方拥有更多的共享信息，并带来更为亲密的关系；而关闭则可以保护你的私人领域不受伤害，可以带来更大的自主权和安全感。① 与此前的其他社交媒体不同，微信中的诸多功能设置都体现着隐私管理中的公共与私人之间的边界。比如，在微信中只有双方确认添加对方为好友，才可以查看对方朋友圈信息；而朋友圈中的评论，也只有双方被默认为是同一人的好友，才可以看到对方的评论和互动信息。

根据传播隐私管理理论，人们会在权衡隐私风险与自我表露的实际效用后，通过自我设置的心理界限来管理和保护个人隐私。其涉及的具体问题是：你应该何时、何地、对谁、以何种方式、披露什么信息？通常来说，人们在针对上述具体问题进行自我表露时，预估到的隐私风险越大，自我表露的个人信息就越少。在微信中，微信用户针对这种潜在的隐私风险也有一定的风险意识，并根据自我心理评估，利用微信的相关功能来进行有选择的隐私保护。比如利用分组可见、设置好友权限等功能来决定对谁进行信息披露，而谁又被排除在披露信息之外。笔者的问卷调查也发现，有八成的被调查者不会主动在微信上添加陌生人，而不主动添加陌生人的原因有三成以上是"出于安全考虑"。同时，大部分被调查者会区分哪些信息可以公开，哪些信息更愿意作为私密信息被保护。在微信用户发布朋友圈的六类主题信息中，最多人倾向于发布的恰恰是具有较多公开属性的"个人兴趣爱好相关信息"及"分享相关链接"，而最少人愿意发布的则是具有较多私密属性的"自己心情和情绪"及"自己、朋友或家人照片"。在深度访谈中，也有受访者表现出微信使用过程中的隐私保护意识。

B1："很少发朋友圈，只发布分享链接，其余都不发。因为主要信息都和好友通过语音文字聊天功能沟通。"

B3："会（针对某个好友设置权限），也不想让我的所有心情被别人随便都看到。"

B8："不使用摇一摇、漂流瓶、附近的人（等功能），没有和陌生人联系的需要，也为了保护隐私和安全。"

---

① 斯蒂芬·李特约翰，凯伦·福斯．人类传播理论（第九版）[M]．史安斌，译．北京：清华大学出版社，2009：248．

那么如何来管理这个分享与不分享之间的界线，针对这一做决定的过程，佩特罗尼奥认为这是一个需要双方商议和协调他们之间边界的辩证的过程，即透露并不是个人决定，而是受制于“关系契约”。你把个人信息透露给某个人，这个人就成了信息的“共同拥有者”。这种共有权决定了你们的共享信息可以在何时、何地、以何种方式透露给何人，是需要双方共同协商并建立规则来进行管理的。[①] 比如，夫妻双方达成共识，不在外人面前讨论家庭内部的某些私密话题，包括夫妻感情、家庭经济收入等。因此，佩特罗尼奥把边界管理看作一个以规则为基础的协商过程。在微信中，微信群的建立就体现了信息共享者如何管理共享信息的协商过程。很多微信群的群主在微信群初建时，会制定群规，群成员在发布和转发信息时，应遵守共同规则，体现了隐私管理当中的“关系契约”。

同时，隐私管理理论中的边界管理是在对“风险—收益”的比例进行评估的基础上发展而来，即人们在透露个人信息时，要考虑透露信息所付出的代价和获得的回报。如果表露信息后可能带来较多的回报（如建立关系、获取友谊、获得社会资本等），那么即使感知到隐私风险，人们也会更积极主动地表露个人信息。因此，在进行决策的过程中，人们会根据风险评估来权衡边界，在隐私和公开、距离和亲密、自主和独立之间寻找到一种平衡。具体做法可以借鉴鲁道夫·F. 韦尔德伯等人在《传播学》一书中提出的适度自我披露的指导方针：(1)自我披露你希望别人披露给你的信息种类；(2)只有当披露隐私表现出一种可以接受的风险时，才可以自我披露更多的隐私信息；(3)只有双方相互披露，才会使自我披露继续下去；(4)逐渐加深自我披露的程度；(5)为正在发展的关系保留隐私或非常个人的自我披露。[②]

4.3 微信社交中的自我呈现与印象管理

同为人际传播中的个体行为，自我表露是从个体心理的角度来看待个体对个人信息的自我披露，及其对关系的形成和发展所起到的作用。而自我呈

① 斯蒂芬·李特约翰，凯伦·福斯．人类传播理论（第九版）[M]．史安斌，译．北京：清华大学出版社，2009：248-249．

② 鲁道夫·F. 韦尔德伯尔，凯瑟琳·S. 韦尔德伯尔，迪安娜·D. 塞尔诺．传播学[M]．周黎明，译．北京：中国人民大学出版社，2013：98．

现则是从符号互动的角度来研究人们如何利用符号来预先设计并展示自我形象，执行自己的身份，在他人面前进行“表演”并取得良好效果。本部分以戈夫曼的“拟剧理论”为理论基础，分析微信社交中的自我呈现与形象管理。

4.3.1　拟剧理论中的自我呈现与印象管理

拟剧理论又叫“自我呈现理论”，是欧文・戈夫曼在其代表性著作《日常生活中的自我呈现》(1956)一书中所提出的。戈夫曼在此书中将人际交往间的互动隐喻为“戏剧”，每一次人际互动就像是戏剧中的演出，参与互动者就是演员，人们通过各种符号(语言、文字、肢体动作、表情等)的预先设计在“舞台”上进行表演，通过有选择地展示自我形象，赢得观众认可。戈夫曼在拟剧理论中主要提出了两部分内容框架。

4.3.1.1　表演框架

戈夫曼的“表演”就是个体在日常生活中的自我呈现。在表演框架中，戈夫曼认为“表演”就是个体在特定时间内面对一批特定观察者时所表现出的行为，且行为对观察者产生某种影响。在个人表演中，“前台”是为观察表演的人所限定的情景，即“个体在表演期间有意无意使用的、标准的表达装备”①，包括“舞台设置”和“个人前台”。“舞台设置”是指表达性装备的场景部分，包括“舞台设施、装饰品、布局，以及其他一些为人们在舞台空间各处进行表演活动提供舞台布景和道具的背景项目”②。“个人前台”是指表达性装备的其他项目，包括“官职或官阶的标记；衣着服饰；性别、年龄、种族特征；身材和外貌；仪表；言谈方式；面部表情；举止等”③。一般来说，舞台设置往往是固定的，而个人前台会随着表演者移动而移动。从个人前台的促进因素来看，个人前台又可被划分为“外表”和“举止”，前者表征表演者的社会身份，后者表征表演者被预期扮演的互动角色。“我们往往期望外表与举止之间有确定的一致性”，此外，“我们还期望舞台设置、外表、举止之间的一致性”。④

人际传播的过程就是人们表演“自我”的过程，但这个“自我”并非真实的自我，而是经过符号乔装打扮了的“自我”。戈夫曼认为，“当个体在他人面前呈现自己时，他的表演总是倾向于迎合并体现那些在社会中得到正式承认的

---

①② 欧文・戈夫曼.日常生活中的自我呈现[M].冯钢，译.北京：北京大学出版社，2008：19.

③ 欧文・戈夫曼.日常生活中的自我呈现[M].冯钢，译.北京：北京大学出版社，2008：20.

④ 欧文・戈夫曼.日常生活中的自我呈现[M].冯钢，译.北京：北京大学出版社，2008：21-22.

价值，而实际上他的全部行为却并不具备这种价值。"[①]表演者要想在互动期间表达出理想的标准，则"往往会隐瞒那些与他的理想自我及理想化表演不一致的活动、事实和动机"[②]。而要使表演成功，表演者还必须让大多数观众相信他是真诚的，这是真诚在戏剧效果中的结构地位。此外，为保证观众相信，个体现在所表演的常规程序是他们的唯一程序或最重要的程序，表演者会使用"观众隔离"方法，"通过观众隔离，表演者可以确保此时观看着他的这种角色表演的观众，一定不会是他在另一种舞台设置下表演另一种角色的观众"[③]。

同时，戈夫曼针对表演中的区域和区域行为，还提出了"前台"和"后台"两个重要概念。"前台"是指特定表演的场所，场所中固定的符号设备，是"舞台设置"。"一个人在前台的表演可以看作是其个人形象的尽力展示，他在该区域中的活动维系并体现着某些标准。"[④]这些标准可划分为两类，一类是"礼貌"，即表演者用语言或姿势与观众交流时的方式，对应前述的"举止"内容；另一类是"体面"，即表演者没有与观众交流时自我表现的举止，对应前述的"外表"内容。而"体面"标准又可被具体划分为道德性要求和工具性要求。以上这些约束对塑造前台形象不可缺少。而"后台"是与给定表演相关，但与前台表演不一致的区域，包括工作区域和娱乐区域。"后台通常位于舞台的一侧，用隔墙和有人把守的过道与前台隔离。……后台是表演者可以确信观众不会突然闯入的地方。"[⑤]表演者在"前台"和"后台"之间不断地变换角色面具。人们在"前台"要戴上角色面具，呈现符合社会规范的形象和行为举止；在"后台"，表演者可以放松、休息，卸下角色面具做真正的自己。"前台/后台"理论强调了对互动情境的定义及人们互动行为的复杂性、随机变动性，加深了对互动现象的认识。

4.3.1.2 印象管理框架

在印象管理框架中，戈夫曼提出表演者在表达时要小心谨慎，以避免表现出"不恰当的印象"。当表演者出现无意举动、失礼、当众吵闹以及有局外人"不合时宜的闯入"情况时，会出现表演崩溃，破坏观众预期表演者要呈现的印象和表演。为防止此类事情发生，戈夫曼认为参与表演互动的人要具备某些品质和措施。

---

① 欧文·戈夫曼.日常生活中的自我呈现[M].冯钢，译.北京：北京大学出版社，2008:29.
② 欧文·戈夫曼.日常生活中的自我呈现[M].冯钢，译.北京：北京大学出版社，2008:39.
③ 欧文·戈夫曼.日常生活中的自我呈现[M].冯钢，译.北京：北京大学出版社，2008:40.
④ 欧文·戈夫曼.日常生活中的自我呈现[M].冯钢，译.北京：北京大学出版社，2008:94.
⑤ 欧文·戈夫曼.日常生活中的自我呈现[M].冯钢，译.北京：北京大学出版社，2008:98.

(1)防卫性的品质和措施

戏剧表演的忠诚。戈夫曼提出“剧班”概念,指“在表演同一常规程序时相互协同配合的任何一组人”[①]。“如果一个剧班要维持它所采取的方针,剧班成员……在表演之间,绝不能泄露剧班的秘密——不管这种泄露是出于自身利益考虑,或基于某种原则,或是由于个人缺乏谨慎。”“剧班可以用来使自己免于不忠的基本技术就是在剧班内部发展高度的内群体团结”,并让观众甘愿被表演者所“哄骗”。[②]

戏剧表演的纪律。“剧班的每个成员都要遵守戏剧表演纪律并在呈现自己的角色时对其加以运用”,主要表现为自我控制的能力,尤其是“面部表情与说话声音的控制”。[③]

戏剧表演的谨慎。“为了剧班的利益,必将要求表演者在表演时审慎缜密,对可能发生的意外预先做好准备,并利用一切可以利用的机会。”而要控制好印象的形成,需要运用以下技术:一是剧班选择忠诚和有纪律的成员;二是剧班要明确了解它能够从它所依赖的成员那里获取忠诚和遵纪的程度;三是试图选择造成麻烦最小的观众。[④]

(2)保护性措施

“接近表演的前台或后台区域,不仅会受到表演者控制,而且也会受到其他人的控制。”[⑤]为了保证表演的顺利进行,让表演者希望的情境定义得以维持,作为局外人和观众会对表演者进行一些保护措施。“我们常会发现,当互动必须在局外人面前进行时,局外人会知趣地以一种不感兴趣、事不关己、不予注意的方式行动。”[⑥]“当表演者一时疏忽,明显暴露出促成的印象与泄露的现实之间的差异时,观众也许会对这种疏忽乖巧地‘视而不见’,或者欣然接受人们为此所做的辩解。”[⑦]

(3)有关乖巧的乖巧

“观众为表演者的利益运用乖巧手段或者保护性措施,对于维护表演具有重要意义。”为了帮助这种乖巧的隐退,我们需要实施乖巧的乖巧。“首先,表演者必须对暗示敏感,并善于接受暗示,因为观众正是通过暗示来警告表演者

---

① 欧文·戈夫曼. 日常生活中的自我呈现[M]. 冯钢,译. 北京:北京大学出版社,2008:70.

② 欧文·戈夫曼. 日常生活中的自我呈现[M]. 冯钢,译. 北京:北京大学出版社,2008:183-184.

③ 欧文·戈夫曼. 日常生活中的自我呈现[M]. 冯钢,译. 北京:北京大学出版社,2008:185-186.

④ 欧文·戈夫曼. 日常生活中的自我呈现[M]. 冯钢,译. 北京:北京大学出版社,2008:187.

⑤⑥ 欧文·戈夫曼. 日常生活中的自我呈现[M]. 冯钢,译. 北京:北京大学出版社,2008:195.

⑦ 欧文·戈夫曼. 日常生活中的自我呈现[M]. 冯钢,译. 北京:北京大学出版社,2008:197.

他的表演不受欢迎，如果他想顾全情境，最好迅速修正错误。其次，如果表演者无论如何都会误传事实，那么他就必须依照误传事实的礼仪来行事；他决不能使自己处于最蹩脚的借口和最为配合的观众都无法解救他的境地。”①

4.3.2 微信社交中的自我呈现

根据戈夫曼的“拟剧理论”，人生就是一出戏，每个人都是戏中的演员，在自己的日常生活中进行着或自觉或不自觉的戏剧表演。他认为，人们“表演”自我的过程就是人际传播中的自我呈现。在微信社交中，微信的一些功能设置给使用者提供了一个自我展示的“舞台”，同时，微信传播方式的变化，也使微信社交中的自我呈现表现出区别于现实“表演”的新变化。

4.3.2.1 微信“表演”的要素分析

戈夫曼认为，“表演”就是“特定的参与者在特定的场合，以任何方式影响其他任何参与者的所有活动”②。人们日常生活中的“表演”是在一定的情境下，利用符号的互动来展现理想化的自我，而其他人通过充当观众或参与者，也共同促成了表演。因此，日常生活中的自我呈现应该是符号、情境、表演者及观众等多种要素共同作用的结果。在微信社交网络中，以上要素依然影响身处其中的自我呈现，并表现出新的特征。

（1）符号

从信息构成的角度来说，人际传播中的信息包括语言信息和非语言信息。但在戈夫曼看来，人际互动中的信息包括两种：“给予”的信息和“流露”的信息。所谓“给予”的信息，是指“行为个体相对比较容易控制的表达，包括各种语言符号或它们的代替物”，比如言谈方式、面部表情等，是明显表达的信息。而“流露”的信息是指“行为个体不甚留意或没有加以控制的流露，包含在广泛的行动之中”，如性别、年龄、官职、地位等，是隐含表露的意义。③ 戈夫曼认为，两者虽然都是塑造个人形象不可缺少的要素，但在“表演”中，“流露”的表达比“给予”的表达具有更广泛深入的社会意义，因为给予的信息以语言符号为主，更容易掌控，从而给观众判断其真实性增加了难度。因此，比较而言，人们更愿意相信自然流露的信息的真实性。在微信中，表演者无法对观众进行面对面“演出”，主要通过文字、语音、图片、表情包等传播符号进行“给予”表

---

① 欧文·戈夫曼．日常生活中的自我呈现[M]．冯钢，译．北京：北京大学出版社，2008：198-199．

② 欧文·戈夫曼．日常生活中的自我呈现[M]．冯钢，译．北京：北京大学出版社，2008：12．

③ 欧文·戈夫曼．日常生活中的自我呈现[M]．黄爱华，冯钢，译．杭州：浙江人民出版社，1989：8．

达。但通过调查结果可以看到，表演者的自我呈现依然深受“流露”表达的影响。如前文所述，从性别对自我表露内容的影响可以看出女性在自我呈现方面的表达与其性别中的感性形象是相对吻合的，而男性的类似表达则勾勒出性别中的相对理性的形象。

当然，戈夫曼的传播理论中更强调符号互动对自我呈现的意义。笔者在深度访谈中发现，受访者在使用微信和好友进行沟通时，主要以文字符号为主，兼顾语音、图片、表情包等沟通符号。有的受访者表示每次和好友交流会先以文字开始，然后再决定使用语音还是文字交流。

B2：“我跟好友联系一般都是先以一段文字开始，比如说‘亲爱的你在吗？’然后会发一个可爱的表情。如果是关系比较近的，就直接说明来意了。如关系远一点儿的就会发一些可爱的表情，打破一下尴尬的气氛。对于那些长时间未见且在距离上很远见不到的人，就会采取视频或者是语音通话方式。平时日常生活经常能看到的朋友，聊天用打字、语音比较普遍。”

A5：“先文字询问是否方便，再用语音。图片表情包等较少使用。”

大部分受访者会考虑到基于沟通对象的不同、讨论内容的不同，根据关系的亲疏远近而使用不同的传播符号，表明在微信中使用者很注意传播符号对自我呈现的影响。

A2：“在交流方式上还是有区别的，而且区别还挺大。这种区别主要来自于与交流对象关系的亲疏，如果是跟自己关系比较好、同级别或同龄的人交流，就不太注重具体的方式了，语音、视频、表情包、文字都可能会用。但是如果是跟关系相对疏远、领导或者上级交流的话，使用文字为主，一是感觉这样比较严肃，同时打字的过程也是对自己要表达的内容进行梳理的过程，避免说话的随意或者表达不当给他人带来的不悦。”

B8：“（在交流方式上针对不同的人）有一些区别，比如较熟悉的亲人或朋友会用语音、图片、表情包和视频等，会提升彼此的亲密度；其他人会慎用，有需要才会发图片和视频。担心对不熟悉的人使用语音和表情（包）会造成尴尬或不便，而图片和视频也会造成别人流量上的负担。”

（2）情境

在人际互动中，诸多符号的使用只有在特定的语境中才会产生意义。因此，情境性成为人际互动的重要特征之一。“人际沟通的情境指人际互动发生的具体环境，包括时间、空间、人际关系三个要素。情境规定了人际互动行为的框架，情境意义与信息意义交织在一起，形成人际互动的意义表达，左右着互动个体间的相互理解。”[①]戈夫曼也同样在《日常生活中的自我呈现》一书中提到情境对区域行为的作用，“恰当的舞台和表演场景使观众将一种自我附加在表演出来的角色上，但是，这种附加——这种自我——是产生效果的场景的产物，而不是它的原因。所以，自我作为演出来的角色，……它是一种戏剧性的效果，是从被呈现的场景中渗透出来的结果。”[②]因此，戈夫曼提出个人表演的舞台应与个体的外表、举止相一致。在不同的场合，个体应扮演不同的角色，在不同的交往对象面前，应具有不同的表现行为。总之，“你选择的‘表演’方式应当与情境相契合，并且能够帮助你实现预期的目标”[③]。

在微信中，因为时空分离，传播主体的物理身体缺席，使交往主体所在的情境同现实交往相比发生较大变化。同时，微信中的熟人圈子及半封闭结构也使得微信中形成了不同以往的新型表演舞台。人们可以不囿于时空的限制，随时随地地进行自我呈现，而身体的缺席，可以方便人们掩饰或隐藏自身不足，进行选择性的自我呈现，从而呈现“理想化自我”。当然，在微信中，人们也要考虑情境条件的变化而选择不同的“表演”方式。比如在工作时间和休息时间，人们发布朋友圈的内容会有所区分。而在不同的微信群，面向不同的传播对象，人们呈现的内容也会有所差别。在深度访谈中，一位曾做过领导如今已退休的受访者谈到在不同的微信群中自我呈现的差异。

A3：“在同学群(高中群、大学群)中会经常发声聊天，写点诗文，因为同学间了解，熟悉且没有利益冲突，可以坦言，实话实说。在同事群、朋友群中发转帖较多，议论较少，原因是不便坦言。我是领导，我说过谁还愿意说？即使退了，也还有过去的影响嘛！一般同事改称‘老师’的多。”

可见，在微信中，情境的变化虽然提升了人们表演的便利性，但仍然对人们在“前台”的表演有相应的约束作用。

(3)表演者

戈夫曼认为，人际互动中的个体可以分为两部分：表演者和角色。表演者是“一个易受干扰的印象制造者，潜心于非常富于人性的表演工作中”；角色是“一种形象，一种美好的形象”。[④] 应该说，在自我呈现的过程中，两者的关系相互依存，互为支持。角色是利用符号将真实自我乔装打扮一番的“相似自

---

① 余霞.传播心理学笔记[M].北京：商务印书馆，2013：110.

② 欧文·戈夫曼.日常生活中的自我呈现[M].冯钢，译.北京：北京大学出版社，2008：215.

③ 斯蒂芬·李特约翰，凯伦·福斯.人类传播理论(第九版)[M].史安斌，译.北京：清华大学出版社，2009：103.

④ 欧文·戈夫曼.日常生活中的自我呈现[M].冯钢，译.北京：北京大学出版社，2008：214.

我”，而表演者则是承载这个“角色自我”的载体。两者的品性虽有所不同，但对于必须进行的演出都具有重要意义。对于表演者的品性，戈夫曼认为，表演者“具有学习的能力，他在练习剧中角色的活动中锻炼了这种能力。他有想象和幻想的习惯，其中有一些想象与幻想合乎心意地展现为成功的表演，另一些则充满焦虑与恐惧，因为他害怕在社会前台区域丢人现眼。他经常对剧班同伴和观众表现出喜爱交友的意愿，对他们的心事予以乖巧的体谅；他具有含羞知耻的能力，这种能力使他可以把暴露的危险降到最低程度”①。

在微信中，微信用户不是直面现实进行自我呈现，而是通过社交媒介应对现实，在此法则下，展现的自我是一种“中介化法则作用下的媒介自我”②。在同一表演中，有时表演者既是演员又是观众，比如微信朋友圈中有人会给自己发布的内容点赞或进行自我评论。这种从观众角度所进行的自我审视一方面会形成自我约束和自我反省，另一方面可能也会导致自我欺骗和自我疏离。同时，因为微信中的表演舞台发生变化，表演者和观众之间的互动大为增强，导致表演者和观众的身份经常进行互换。而表演者在与他人的不断互动中，完成对“角色自我”的不断修正和进一步展示。

此外，戈夫曼还提到过表演者的“污名”问题，即“生理上有显著缺陷的人，品质上有缺陷的人，以及来自不受欢迎的阶层或群体的人”易在社会交往中处于不利地位。③ 而在现实交往中，有“污名”问题的表演者会通过退出社交圈、“误解表演”（通过掩饰使污名变为次要问题）以及其他一些方法来对付这种不利局面。以上策略如掌握不好，常会使交往陷入更深困境。在微信中，表演者身体的“不在场”以及时空限制的被打破，使表演者更易控制自我呈现的效果，掩饰自身缺陷，展示“理想我”。尤其是生理上有缺陷的人，更容易在在线交往中遮蔽自己的不利形象，有选择地呈现自我，突出自身优势，获得社会支持。有研究显示，对于身体残疾的人而言，以计算机为渠道的交流平台让他们获得了更多心理支持和个人建议。④

（4）观众

在表演的“后台区域”，观众是禁止闯入的，因此，观众能参与的部分只有

---

① 欧文·戈夫曼. 日常生活中的自我呈现[M]. 冯钢，译. 北京：北京大学出版社，2008：216.

② 托马斯·德·曾戈提塔. 中介化：媒体如何建构你的世界和生活方式[M]. 王珊珊，译. 上海：上海译文出版社，2009：7.

③ 芮必峰. 人际传播：表演的艺术——欧文·戈夫曼的传播思想[J]. 安徽大学学报（哲学社会科学版），2004（7）：64-70.

④ 亓胜辉，余林. 网络交往的心理研究综述[J]. 克拉玛依学刊，2011（5）：36-40.

表演的“前台区域”。在“前台区域”的表演过程中，演员要想顺利完成演出，是否有配合的观众也很重要。戈夫曼认为，“观众为表演者的利益运用乖巧手段或者保护性措施，对于维护表演具有重要意义”。“当表演者一时疏忽，明显暴露出促成的印象与泄露的现实之间的差异时，观众也许会对这种疏忽乖巧地‘视而不见’，或者欣然接受人们为此所做的辩解。”观众乐于如此做的原因“或者是出于与表演者的直接认同，或者出于避免闹剧的期望，或者是出于利用的目的而讨好表演者”。[①] 因此，当观众通过暗示警告表演者，他的演出令人难以接受应立刻作出修正时，表演者要能理解暗示并善于接受暗示。而当观众对表演者的演出作出认同的回应时，也会激发表演者更为积极的自我呈现。

微信作为展示自我形象的舞台，观众多为演出者现实中的熟人，因此，微信中的自我展示更易激发演员与观众之间的互动。据笔者调查发现，针对“您是否期待朋友圈中好友对自己的评论和回复”这一提问，只有 3.49％的被调查者表示不期待(见图 4.6)。可见，大多数的微信使用者在自我呈现后期待“观众”对自己的反馈和配合。而微信朋友圈中“点赞”功能的设置，也为观众可以低成本地配合演出者提供了便利条件。在深度访谈中，有很多受访者谈到“点赞”的普遍性。

B7：“点赞比较普遍，根据内容吧，觉得认同或者值得鼓励或者对方需要都会点赞。”

A3：“一般情况下，内容无大问题，我会点赞。内容好，正能量，或为我赞同的议论评说等也会点赞，并时有参与议论。前者点赞多应酬或顾面子或予以支持鼓励，后者是参与或共鸣。”

可见，微信中的“点赞”行为不论是基于认同，或是人情，或是习惯，均表达了观众在演出过程中对表演者的配合与支持。

4.3.2.2 微信“表演”的行为特征

戈夫曼认为，在人际交往过程中，人们总是通过行为来表现自己给人以印象。因此，人际互动中的“表演”行为就成为人们呈现自我的一个重要途径。在微信中，人们进行自我呈现的“表演”行为因内在及外在影响因素的变化，表现出“后台行为前台化”倾向、“观众隔离”被高频使用、极力呈现“理想化自我”以及互动交往中“去神秘化”等新的行为特征。

(1)“后台行为前台化”倾向

针对日常“表演”中的区域行为，戈夫曼提出“前台”和“后台”概念。“前

---

① 欧文·戈夫曼. 日常生活中的自我呈现[M]. 冯钢，译. 北京：北京大学出版社，2008：197.

台”是表演者在观众面前尽力展示其个人形象的特定表演场所。“后台”则是被与前台隔离开、演员可以卸下表演装备休息和放松的地方。后台与前台毗连，但从前台通往后台的过道有人把守，限制观众和局外人进入，因此，“表演中最具关键性的秘密都可以在后台看到”①。所以，被强调的事实出现在前台区域，被掩盖的事实出现在后台区域。观众在演出过程中，可以看到表演者从“前台”到“后台”、从“上装”到“卸装”的变化瞬间。因为“后台”的隐秘，表演者需要对“后台”进行控制，避免陷入“后台困境”。

在微信中，朋友圈成为人们酷爱进行自我呈现的“前台”区域。据企鹅智酷发布的2016年《微信影响力数据报告》显示，超过八成用户是微信朋友圈的高黏性使用者，有61.4%的用户几乎每次打开微信都会同步刷朋友圈，有22.6%的用户会经常看朋友圈(见图2.6)。而笔者的调查结果也显示，有84.11%的被调查者喜欢在朋友圈“和朋友分享自己的生活或感悟”(见图4.2)。在深度访谈中，也有受访者谈到通过朋友圈对自我生活状态的展现及分享。

A1:“我经常发微信朋友圈;每天集中在两个时间段:早上上班前和晚上睡觉前;主要是分享链接、个人对某话题评论、发生活动态等。”

A4:“经常发，频率在每天或每两天。内容大多是生活记录、美食、问圈内好友问题等。”

B2:“我经常会发朋友圈，因为我觉得发朋友圈是记录自己生活的一种方式。发朋友圈的内容有自己的照片、心灵鸡汤、好吃的、好玩的。有时候发一些跟家人聚会或是跟同学聚会这样比较快乐的事情!”

B9:“经常会发朋友圈。要依照时间而定，并不固定。会发自己照片、生活动态、个人对某话题评论，分享链接等。”

而朋友圈的“前台”展示因为低成本的互动方式，易得到观众回应与支持，这极大程度满足了个体的表演欲望和自尊提升。同时，线上的视觉遮蔽及去个体化现象会导致自我披露程度的增加。因此，微信朋友圈中的自我呈现表现出“后台行为前台化”的特征。人们在朋友圈中记录生活，表露心情，宣泄情感，甚至会发布个人私密信息，表现出隐私悖论，常常将本应在“后台”表露出的状态展示在“前台”，甚至把卸下面具的“个性化自我”暴露在观众面前，使后台行为表现出前台化特征。正如戈夫曼所说，“一个人可能完全适应了他的前台区域活动以至于会把后台放松也当成表演。”②同时，观众对表演者“后台”

① 欧文·戈夫曼.日常生活中的自我呈现[M].冯钢，译.北京:北京大学出版社，2008:98.

② 欧文·戈夫曼.日常生活中的自我呈现[M].冯钢，译.北京:北京大学出版社，2008:113.

区域的窥视导致朋友圈中的"后台控制"弱化,而微信中的社交关系网络大多是对现实关系网络的复制,因此,在微信朋友圈中,现实中的"后台"变为网络环境的"前台",前台和后台的界限日渐模糊。

(2)"观众隔离"被高频运用

每个人都具有多个社会身份,在不同观众面前需扮演不同社会角色。如果让观众"目睹了一场并不是为他们而准备的表演时,他们不但会对这种演出感到失望,而且还会对专为他们预备的演出也没了兴趣"。正如孩子发现慈爱温和的父亲在办公室是发号施令的暴君一样,这不仅会破坏孩子心目中父亲的形象,也会让表演者变得不知所措。因此,"表演者解决这一问题的办法就是把观众隔离开来,使能看到他这一角色的观众,看不到他的另一种角色"。其实"观众隔离"就是表演者对前台控制的一种方式。"如果不能维持这种控制,那么表演者便无法知道他在某一时刻应该扮演何种角色,而另一时刻他又应当扮演什么角色,从而使他在几种角色的戏剧表演中都难以成功。"①

在微信中,相关功能的设置为表演者提供了有效控制前台表演的手段。朋友圈中的分组可见、设置朋友圈权限、建立不同性质的微信群等功能,使表演者可以很好地通过"观众隔离"进行前台表演。笔者的调查结果也显示,67.45%的被调查者在发布微信朋友圈时曾使用过"分组可见"功能(见图 4.3),可见大多数人在微信中会进行"前台表演"的控制和管理。在深度访谈中,很多受访者均谈到在发布朋友圈时经常使用分组可见功能进行"观众隔离",原因正是可以更好地根据不同的观众扮演好相对应的角色。

B2:"我经常会使用分组可见。因为有一些内容不是适合所有人看的。比如读书感言,我只会让我的长辈们去看,比如老师、父母、亲戚、师哥师姐等。但是我同学、年纪较小的人基本就不让他们看了。因为师长看会觉得你是个积极上进的孩子,但是同龄人看会觉得你很矫情。同样,如果我发一些自拍,就不会让老师们看我的朋友圈,为避免引起老师反感。"

A6:"会使用(分组可见功能),不经常使用,因为有些东西是给指定的人看的,不想让不相关的人看到。"

B4:"会使用(分组可见功能),比如分组'老师团队',凡是老师的博士、研究生和其他学生都一律进这个组,不让他们看我动态,凡是与学业无关的都不让他们看。"

此外,"表演者不但要在不同的关注面前表演不同的常规程序,而且还要

① 欧文·戈夫曼.日常生活中的自我呈现[M].冯钢,译.北京:北京大学出版社,2008:115-116.

把观看同一常规程序的观众也分隔开来。唯其如此，每个观众才能感到，尽管在观看这一常规程序的还有许多其他观众，但只有他看到的才是最好的表演”①。正如牙医给患者治疗要用隔断隔开一样，它会让病患感觉到他（她）所得到的对待是与众不同的。在微信朋友圈中，表演者可以通过提醒他（她）看功能或积极回应观众的评论与其热烈互动，从而让观众相信，这个表演是单独为他（她）而演出，他（她）和其他同类观众看到的表演是不同的，且是最好的。

（3）极力呈现“理想化自我”

正如库利所说，“如果我们从未试过更好地表现我们自己，我们怎么能改善自己或是‘由表及里地培养自己’呢?”因此，向世界展示我们自己更好的一面在各阶层和各职业中都具有普遍冲动。② 而在戈夫曼看来，从社会流动的角度看，人们都有“向上流动的本能”，对高阶层抱有理想化期待。人们在自我呈现时总是“倾向于迎合并体现那些在社会中得到正式承认的价值”，以满足向上流动的需要。而表演者要想表达出理想的标准，则“往往隐瞒那些与他的理想自我及理想化表演不一致的活动、事实和动机。此外，表演者还会促使观众相信，他是以一种非常理想的方式与他们联系的，但实际却并非如此”③。

在微信朋友圈中，“自晒”行为除了是一种自我表露行为外，也是一种典型的呈现自我理想形象的行为。人们热衷于自晒的主要内容包括晒美食、晒子女、晒恩爱、晒出行。总之，人们在发布朋友圈内容时，会考虑到个人形象，选择性地呈现出自己积极、美好的一面，将自己的理想化形象展示人前，以求获得他人的更高评价。在笔者的深度访谈中，大部分女性受访者都承认在发布个人照片或家人照片时，为了呈现更好的形象会修图。

B8：“大部分照片会修图，人物照片修图是为了突出优点掩饰缺点，也为了获得朋友们更多的关注和点赞。”

B9：“会（修图）。呈现出自己和家人最好的一面，期许获得认同和赞美，有的时候会有一种虚荣心的满足感和社会认同感。”

同时几乎所有的受访者都承认在发布朋友圈内容时，会选择发布良性信息。

B2：“我发朋友圈基本以良性信息为主。因为想给别人一种乐观向上、积

① 欧文·戈夫曼．日常生活中的自我呈现[M]．冯钢，译．北京：北京大学出版社，2008：116.

② 查尔斯·霍顿·库利．人类本性与社会秩序[M]．包凡一，王湲，译．北京：华夏出版社，1999：352-353.

③ 欧文·戈夫曼．日常生活中的自我呈现[M]．冯钢，译．北京：北京大学出版社，2008：39.

极开朗的形象，不想让别人觉得自己比较阴郁、低沉。”

A1：“我如果在微信朋友圈发布个人或家人相关信息，会选择发布良性信息，因为个人认为家丑不可外扬，负面信息不可以示人。”

B7：“一定是良性信息。第一，我觉得朋友圈是公共空间，应该尽量避免负能量，传播一些积极的东西；第二，我觉得无论是我个人还是家人的形象都需要被维护，尤其是家人的形象，会发一些家里温馨、感动的事情。”

B8：“会选择发布良性信息，不想给朋友圈带去负面信息，也不想给别人留下不好的印象。”

可见，在朋友圈形成的“表演前台”中，不同于面对面的人际互动，人们可以以一种有利的社交方式，驾轻就熟地控制自己的表达符号（文字、图片、表情等），通过网络平台这种戏剧化的实现方式，使自己的日常表演得以美化和彰显，呈现理想化自我。

（4）互动交往中“去神秘化”

在戈夫曼所阐述的日常演出中，个体在表演中突出某些事情，同时又隐瞒一些事情，通过限制接触来保持一种社会距离，使观众产生并维持一种敬畏，处于一种对表演者深感神秘的状态之中。[①] 比如上级与下级之间保持距离，便于上级树立权威，进行管理；也便于下级保持对上级的敬畏感，配合和服从管理。这种对高位者的接触禁忌即是为了阻止观众对表演者进行细致入微的观察，从而失去对位高者的距离感和被支配感。诚如罗斯（Ross）教授所言：“举止仪表被世人广泛地用作一种自我遮蔽的手段，而这种自我遮蔽，除了其他作用外，还可以起到一种对头脑简单者维持支配地位的作用。”[②]同时，“人们不仅会对身份高的表演者感到敬畏和有距离，而且对身份低的或同等身份的表演者也会有这样的感觉（尽管不太多）”。观众的这种“情感阻力”为表演者呈现自我形象时提供了活动空间和选择的余地。因此，在人际互动中，限制接触并保持距离，有利于互动的维持和交往的继续。

但是在微信中，基于自我披露的增加和“后台行为前台化”，这种人际交往中的距离感和神秘感被破坏，更有很多原本互动良好的强联系好友，因在朋友圈中过多地披露噪音信息和冗杂信息，而导致被好友屏蔽，微信中的互动交往部分中断。在深度访谈中，有很多受访者谈到面对朋友圈中的信息骚扰，不得不通过屏蔽对方的做法来寻求解脱。

---

① 欧文·戈夫曼．日常生活中的自我呈现[M]．冯钢，译．北京：北京大学出版社，2008：54．

② 欧文·戈夫曼．日常生活中的自我呈现[M]．冯钢，译．北京：北京大学出版社，2008：55．

A2："（我的朋友圈里）有一些代购、野史、不转发死全家之类的，尤其是那些天天刷屏发代购的，我都直接忽略或者屏蔽掉。"

B6："有一些朋友经常发一些我不太喜欢的内容，我会设置（好友）权限。比如晒娃晒吃的朋友，没完没了发广告的朋友，或是便于联系的一些卖家。"

B9："有些微商和代购，以及经常发布负能量等自己不认同的信息的好友，不想看其状态会选择设置好友权限。"

此外，微信打破了传统人际交往中的差序格局，出现了更多以业缘、趣缘为代表的交往圈子。在这些交往圈子中，信息的平等传递使表演者身份差异的距离一定程度上被拉近，微信群和朋友圈中自我呈现的便捷和互动的增加使观众可以更近距离地去仔细观察表演者，尤其是有较高身份地位的表演者，这使得微信中的自我呈现表现出鲜明的"去神秘化"特征。

4.3.2.3 微信"表演"与角色扮演

全世界是一个舞台

所有的男女都是演员

他们有各自的进口与出口

一个人在一生中扮演许多角色

莎翁在《皆大欢喜》中的这段话形象地解读了戈夫曼"拟剧理论"的精髓："我们每个人与他人的沟通，无不是根据情境，按照自己的角色，选择性地进行角色扮演。"[①]可以说，日常生活中的人际互动是掩饰在"角色扮演"的外衣下进行的。不同的人会扮演不同的角色，一个人在其一生中也会基于社会身份的不同扮演多个社会角色。正如威廉·詹姆士所说："一个人有多少个社会自我，这取决于他关心多少个不同群体的看法。通常，面对每个不同的群体，他都会表现出自我中某个特殊的方面。许多青年人在父母和老师面前显得谦恭拘谨，而在他们'粗鲁'的年轻朋友中，却会像海盗一样咒骂和吹牛。我们在子女面前的形象当然不同于在俱乐部伙伴面前的形象，我们在顾客面前的形象不同于在我们雇工面前的形象，我们在亲朋好友面前的形象也不同于在我们的上司和老板面前的形象。"[②]因此，也可以说"表演"是定义传播主体身份的过程。

而一个人所表演的角色与他的自我总是有点相符的。个体在与他人的互动与交往中来认识自我，传达自我印象，这一过程是在"角色扮演"的技巧使用

---

① 余霞.传播心理学笔记[M].北京：商务印书馆，2013：112.

② 欧文·戈夫曼.日常生活中的自我呈现[M].冯钢，译.北京：北京大学出版社，2008：39.

中完成的。在表演过程中，个体竭力使自己的表演接近他想要呈现给观众的那个角色，虽然会偶有意外，但"表演会产生某种效果，附加在各个演出角色之上的坚实的自我，就会显得像是发自表演者的体内"[①]。

因此，在微信中，人们依然故我地进行不停歇的角色扮演。正如深度访谈中一位受访者所描述的那样。

B8："我的朋友圈里感觉不同年龄和身份的人发的东西不同：像大学生或者刚工作的学哥学姐们主要以生活动态为主，各种吃喝玩乐；像老师除了生活动态，会发和自己专业、工作相关的信息；父母一辈的人就是各种心灵鸡汤、软文。"

微信给个体的角色扮演提供了极大的舞台和空间，而微信中的"身体缺席"又使表演者在角色扮演时具有更多的自主性。人们可以不必担心对"身体语言"控制技巧的欠缺会影响到自己的前台表演，在被网络中介化了的交往环境中，通过轻松地控制表达符号，即可呈现自己的一个或几个方面的美好形象，塑造"理想化自我"。

个体在角色扮演中呈现的自我是经符号修饰的自我，并不是完全真实的自我。而表演要达到效果，便要协调个体的完全人性化的自我(all-to-human selves)与社会化的自我(socialized selves)之间的差异。"完全人性化的自我"是心理学和生物学上的概念，这个自我是多变的、情绪化的、冲动性的。但同时我们又是生活在现代社会中的人，"作为一个社会角色，在观众面前表演，我们必须保持相对稳定的状态。"[②]一个人的社会角色由"角色丛"组成，分别定位于不同的社会情境中，外在于"完全人性化的自我"。而"表演"就是对协调两种自我之间差异所做的努力。在互动过程中，个体必须要控制好"人性自我"中的实际情感反应，而尽力展现出适应于情境的恰当的情感反应。这是社会化角色中的责任和利益对个体的要求。因此，很多情况下，精心控制的表演并不是欺骗，而是维护表演者与观众共同利益的一种选择。同时，戈夫曼提出要"相信自己所扮演的角色"，并通过"戏剧实现"将自己的个性利用符号固定下来，留给别人清晰深刻的形象。

在微信中，时空的无限延伸和拓展为个体在前台的表演提供了没有边界的舞台。表演者的物理身体虽隐蔽幕后，但"社会身体"却可以全时在线，根据自己的心理状态和客观条件来即时或延时回应观众，与观众互动。这使个体

① 欧文·戈夫曼.日常生活中的自我呈现[M].冯钢，译.北京：北京大学出版社，2008：216.
② 欧文·戈夫曼.日常生活中的自我呈现[M].冯钢，译.北京：北京大学出版社，2008：45.

可以有更多的思考空间去遣词表意，磨练表演技巧，掩饰个体的“人性化自我”，寻求表演的“一致性表达”。此前，笔者的调查结果便显示，有1/3以上的被调查者基本同意在微信中他们可以更好地表达自我意愿，有43.80%的被调查者认同在微信中可以更放松地进行自我表露(见表3.1)。同时，有近2/3的被调查者基本认同微信强化了现实中的熟人关系(见图4.5)。可见，微信中的自我呈现因为更易控制表达而易赢得观众对其角色扮演的认可。

此外，微信中的个体为使个人的角色扮演活动引起他人注意，需要在“互动过程中表达出他所希望传递的内容”，通过“在行为中注入各种各样的符号”，将自我标签化和戏剧化。因此，桑塔耶纳说：“我们(在想象的观众面前)独白，我们用与我们不可分割的角色外衣优雅地把自己包裹起来。我们身着这种道具服饰，期待着人们对我们的喝彩。”①在深度访谈中，有受访者谈到朋友圈中给自己留下深刻印象的好友，通常可以清晰地看到对方利用诸多符号和标签戏剧表演自我的过程。

B8：“(在朋友圈中)比较喜欢书法绘画类的内容，每次看到都会细赏。还有一位青年篆刻家的作品，虽然发布频率不高，但每件作品都能带来美的享受。”

A4：“(朋友圈中)有一个朋友是新浪的美食编辑，喜欢发日常探店的美食，照片拍得很好，很喜欢看。”

4.3.3 微信社交中的印象管理

戈夫曼认为，个体在日常生活中进行“表演”的目的是为了在他人心目中塑造出自己所希望的印象。因此，个体通过营造某种情境，控制他人的行为，尤其是他们应对他的方式。他通过表达自己来影响情境定义，给他人留下这样一种印象，而这将引导他们按照他的计划进行印象的形成。这使得个体在他人面前出现时，总是有理由展开积极活动，以便向他人表达他有意表达的印象。② 所以，人们不论有意或无意，总会利用某些技巧和策略来进行“选择性的自我呈现”，控制自己给他人留下的印象，这就是所谓的“印象管理”。

4.3.3.1 在线印象的形成

所谓“印象”是指个体在接触新的社会情境时，按照个人以往经验作为理解基础，将情境中的人或事物进行归类，并形成对有关人或事物的概念。印象

① 欧文·戈夫曼.日常生活中的自我呈现[M].冯钢，译.北京：北京大学出版社，2008：46.

② 欧文·戈夫曼.日常生活中的自我呈现[M].冯钢，译.北京：北京大学出版社，2008：3.

要形成,需要通过获取少量信息来推测其他相关信息,包括关注对方的自然特征(性别外表等)、社会特征(身份地位等)以及心理特征(智力性格等)因素,来形成对他人印象,并影响之后的交往和人际关系。①

而网络中因为视觉匿名的影响,通常是依靠文字、图片、表情符号等传播手段来建立在线印象。在微信中,因为好友大多为现实生活中已接触过的熟人,因此,在微信的强关系好友中,在线印象通常是对原有好友印象的维持、强化或改变。微信用户可以通过好友的昵称、头像、个人签名、朋友圈发布内容、群内活跃度、与好友间的互动等个人信息表露和相关行为活动,建立对好友的在线印象。在这一过程中形成的在线印象,有的是从正面强化了原有好友印象,有的则是弱化甚至破坏了原有印象。如深度访谈中受访者 A2 谈到微信朋友圈中印象深刻的好友,即将其好友的在线印象分成了不同类型:

"朋友圈里让我印象深刻的人和内容大概有三种:一是与自己关系很密切的人发的比较大的事情,比如结婚了、有孩子了等等。二是朋友圈的内容质量比较高的那种,比如文采好、观点深刻、独到有见解的内容,遇到好的自己还会收藏下来。三是那些天天垃圾信息刷屏的,印象深刻,但直接忽略或者屏蔽。"

个体按照筹划好的方式表现自己,目的是给他人造成某种印象,获得预期回应。但如果个体没有在互动中获得预期回应,则会影响回应者的在线印象。如有受访者谈到在互动中对微信好友所形成的负面在线印象。

B2:"(微信好友中)有那种特别不会说话的人。比如说我前两天发了一个歌儿,他给我评论的时候说,'姐妹你都喷麦啦!'就会感觉特别不好,这种人就不太愿意理他。这个人给别人评论时也是特别不会说话。比如有人发了个吃东西的照片儿,他会说'你太能吃了!'这种人一般大家都不会搭理他。"

B3:"有些人的评论就是来给你添堵的,就很讨厌了,这会让我怀疑他的人品。"

这种交往行为在中国的人际交往中就属于"说话不知轻重""说话不给对方面子"的表现,因为中国人在交往中特别注重面子,也就是"印象管理"。"给面子是指无论个体是什么形象,都给予正面评价"②,反之亦然。因此,在线交往中,如果不顾双方关系亲疏,总是做出不给对方面子的行为,就会给对方造成负面的在线印象。无疑,以上受访者对微信好友所形成的负面在线印象会对其好友的原有印象产生影响,这种改变一定程度上也会影响到之后的人际

① 王东.社会心理学笔记[M].北京:商务印书馆,2012:60-61.

② 翟学伟.人情、面子与权力的再生产[M].北京:北京大学出版社,2005:133.

关系的发展。

4.3.3.2 “表演崩溃”与印象破坏

“表演”的目的在于通过界定情境的定义来展现自我,传达给他人自我预期塑造的形象,使互动持续下去。但日常生活中却常常因为意外事件的发生易导致“表演崩溃”,使已有印象遭受破坏。“表演崩溃”的表现形式包括以下几方面:(1)无意动作:表演者在行为表达方面缺乏责任感,因为一些漫不经心的动作导致不合时宜的印象产生;(2)不合时宜的闯入:局外人偶然进入前台表演区域或观众无意闯入后台区域,导致“不合时宜的闯入”;(3)失礼:表演者未加思考作出了一个有意为自己剧班作出贡献、但却破坏剧班形象的行为,或是使另一剧班试图表现的自我形象陷入险境;(4)闹剧:个体举动破坏或严重威胁合意的礼貌外表,虽然他的行动不是为了造成这种不协调,但他行动时知道可能引起这种不协调。前三种是表演者无意造成的,而最后一种却是表演者有意而为之。[①] “表演崩溃”使表演者所支持的现实受到威胁,引发参与者的慌乱和尴尬。

在微信中,因为庞大的好友数量及错综复杂的社交关系网络,在朋友圈或微信群发布的内容,经常会因为表演者的无意动作而导致微信中的“表演崩溃”。微信中的分组可见功能或是好友权限设置功能,在方便表演者进行“观众隔离”、塑造理想化形象的同时,如无意中被“屏蔽对象”发现,造成不合时宜的闯入,也会引发尴尬,进而影响人际关系。甚至有时会出现表演中的失礼、闹剧等现象,导致表演者与剧班成员之间的关系彻底决裂,造成形象损失。2015 年 9 月,中国人民大学历史系教授孙家洲因为新招的硕士研究生郝相赫在微信朋友圈发布批评历史学界前辈学术能力的言论,而发布公开信,宣布与学生断绝师生关系。虽然后来郝相赫在朋友圈删除了该言论,并向曾批评过的学术界前辈道歉,但最终未改变结果。针对此事,郝相赫认为自己发表的批评言论因为是发在微信朋友圈这样的“内部空间、私人空间”中,因此“说话自然随便一些”。而有人对此事评论说,“在这个可截屏的时代,一切狡辩大概意义都不大”。

在深度访谈中,受访者 A3 也谈到了其一位同学在微信中的一些行为所导致的“表演崩溃”与印象破坏:

“有位女同学原与我同群,不久因与同群中某人不合,拉出去重组一群,自为群主。近日我曾劝其两群合一,她态度強硬不肯。我又劝,两群同在,人可

---

① 欧文·戈夫曼.日常生活中的自我呈现[M].冯钢,译.北京:北京大学出版社,2008:179-181.

互加，群主不变。她仍然反对。我再劝：咱少年同班，老来同群，这是多大的缘分呀！同学交流多方便呀！群统是大局，你为群统有贡献有功劳，同学会更喜欢你，你可做群主。群统求其象征意义，统一是大局大潮流大趋势。快过年了，全班同学在群里团圆了，多好呀！古人秦始皇统一六国，现今咱中华民族正求统一大业，咱要顺潮流。她表态，不行，坚决不统！这个例子让我在更深层次上认识了这位老同学。”

这一访谈内容也表明了中国人际交往中“重情轻理”的倾向，即中国人在社会生活中第一要务是保证人际关系的稳定与和谐，“而这一保证又因人情中的血缘关系和儒家伦理的影响”而倒向对“情面”的看重。因为“情面”要以他人为重，要适宜，要和气，要注重关系上的圆融，而不是利益、是非和道理。因此，在微信中，表演崩溃所造成的印象破坏有时就是不顾“情面”所导致的群体认同性的“断裂”。为了避免意外事件的发生和随之而来的尴尬，表演者和其他参与者需要具备某些品质并采取相应措施来保证表演顺利完成。

4.3.3.3　微信中的印象管理策略

在人际交往互动中，要避免“表演崩溃”和印象破坏，需要采取相关策略来进行印象管理。而在微信这个特殊的社交网络场域中，个体要想使自己的行为符合这个特定情境的要求，同样需要采取相应的策略去影响别人对自己的印象，以使互动持续下去。

(1)避免“误传”的真诚表达

戈夫曼认为，观众有能力“根据自己的信念来接受表演给予的暗示，并把这些暗示看成比符号本身更为重大”，而观众这种接受符号的倾向会使表演者及观众处于被误解和被误导的境地。也就是说，在某些情境下，表演者会因为“误传”使观众产生错觉而获得虚假印象。因此，戈夫曼要求，无论是真实或人为地表演，真诚是必不可少的。“如果要使表演成功，表演者就必须让大多数观众相信他是真诚的”，出现误传行为是会被谴责的。

在微信“表演”中，如果人们在其关系、角色的某一部分中进行虚假表演，如伪装被拆穿，则不仅会使其在表演的活动领域名誉扫地，也会使表演者其他的活动领域遭人怀疑。就好像一个人的品格行为如果出现污点，他的整个人品可能都会被全盘否定。因此，微信“表演”中应该尽量做到真诚表达，从而避免因为“误传”行为而破坏已有印象。据笔者问卷调查显示，在微信的人际传播中，有59.30%的被调查者认为微信中展示出来的自己“和日常生活中基本一致”，说明绝大多数传播主体在微信中是遵循真诚表达的原则，进行基本真实的自我呈现；而只有1.55%的被调查者认为微信中的自己“和现实生活中的自己有较大差距”(见图 4.9)。可见,微信中的传播主体的自我呈现真实性和客观性较强,而这和微信中的现实社交网络有很大关系。

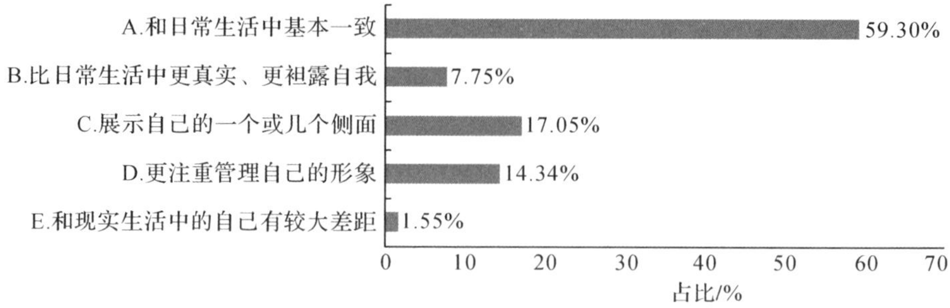

图 4.9 在微信中展现出的自己

来源:本研究调查采集数据(2016 年 12 月)

(2)“表达性礼节”中的面子维护

在戈夫曼(1967)提出的“表达性礼节”的概念中,交往者通常会维护彼此呈现的面子。原因在于“我们意识到,如果不协助维护他人的面子,我们就不能期望他们会协助维护我们的面子”。而任何人在情感上是依附于面子的,当面子得到承认时会感觉良好,当面子受到质疑时会感到难受。因此,“自尊”和“替人着想”原则会引导我们在维护自己面子的同时,也通过“礼节性”地承认对方自我呈现的形象来维护他人面子,从而使双方互动持续下去。① 尤其在中国的人际交往中,“面子”往往表明了人际互动中双方所处的关系状况。有面子表明了一个人所拥有的关系资源状况,给面子表明了对方对个体的绝对化的正向评价。因为微信很大程度上反映了中国现实生活中的人际关系状况,因此,在微信中基于这种礼节性的相互尊重而维护彼此面子的情况也很常见。在深度访谈中,有多位受访者谈到针对微信圈好友评论的反应,即表现出了“表达性礼节”中的面子维护和印象管理行为。

A2:“(针对微信圈好友评论)会一一回复。首先,我觉得朋友圈本身就是一个交流分享的平台,如果没有了互动就会让朋友圈在很大意义上失去了它的功能。其次,别人对你的内容进行回复,表明了他对你发布的内容表示关注,愿意和你进行交流,如果不回复的话,我觉得是对别人的一种不尊重,哪怕

① 莱斯莉·A.巴克斯特,唐·O.布雷思韦特.人际传播:多元视角之下[M].殷晓蓉,等译.上海:上海译文出版社,2010:269.

只是回复一个简单的小表情,我也是要回复的,起码能让对方知道我注意到了他的评论。"

B7:"除非忙到没看见或者疏忽了,一般我都会一一回复的,我觉得这是对对方的一种尊重吧,就像两个人在对话,对方说了无论如何都应该有回应,哪怕只是礼节性的。"

A4:"会(一一回复好友评论)。有评有回是礼貌,不回复对方也会尴尬。"

B2:"基本上谁给我评论了,我都会给人家回复的,觉得这是一种最基本的礼貌。"

可见,微信中基于"表达性礼节"所进行的面子维护行为很好地反映了中国人际交往中的关系处理方式,有助于个体更好地进行印象管理,塑造自我良好形象,维系关系网络的结构平衡。

(3)"自我监控"中的不断修正

自我监控是一种印象管理的过程,"指个人为适应环境或符合他人的期望所进行的自我行为调整"。高自我监控者会有意识地表现自我并不断监控自己行为,通过他人反应来校正自己表现,从而获得自己期望在他人心目中塑造的印象。而低自我监控者较少进行自我修正,相对表现出更为真实的自我形象。① 但无论如何,在人际互动中,"自我监控"都有助于人们不断通过自我修正来管理印象。正如库利的"镜中我"理论所谈的观点,人们通过他人的评价和态度来认识自我,并在互动中不断地调整自我行为,管理自我印象。

在微信中,人们通过他人的评论和反馈,也可以加强自我认识,并通过不断修正个体的网络自我呈现,使得到的回应与形成的统一性达成有效匹配,从而祛除在线印象中的不确定因素,创建期望中的良好印象。在笔者进行的问卷调查中,有 58.91%的被调查者期待朋友圈中好友对自己的评论和回复(见图 4.6),也可以看出人们较为关注他人对自己的评价与互动。而高自我监控者往往会在此过程中表现得较为主动,通过他人反馈来不断修正自我形象,通过印象管理塑造良好印象。

(4)面对意外的"补救表演"

面对无意动作、不合时宜的闯入、失礼、当众吵闹等意外事件的出现,为防止"表演崩溃"和印象破坏,戈夫曼从表演者和观众角度提出保证表演顺利进行的防卫性措施和保护性措施。要求表演者在"表演"中要忠诚、守纪律、谨慎,同时,表演者应配合观众对其所进行的保护以保证"表演"得以维持继续。

---

① 王东.社会心理学笔记[M].北京:商务印书馆,2012:73.

因此，在“表演”遭遇到意外事件时，表演者和观众双方必须共同努力进行“补救表演”，方能保证演出顺利完成。

在微信“表演”中，为避免意外事件发生，人们也常会注意通过谨慎表达进行事先预防。如深度访谈中有受访者谈到在微信群中会根据群成员与自己关系的亲密程度来进行相应“表演”。

A2：“如果这个群里的人与自己的关系比较疏远，或者这是一个工作群，群里有上级，我就感觉这个群相对严肃一些，除了必要的交流外，基本不会在这个群里发言，感觉在这样的群里说多了不太好吧，并且人们之间都有不同的利益关系，万一哪里说得不注意了，会给领导或者同事留下不好的印象。但如果某个群是自己的家人或者生活中的好朋友，那么发言频率就会高一些，相对来说不会顾及太多。”

可见，在微信中，个体与熟识的人在一起时，会放松对前台的控制；与刚认识或不相识的人在一起时，则会加强对前台的控制，进行小心翼翼的表演。此外，一旦发生“表演”中的意外事件，表演者和观众双方也都会相互配合完成表演。观众会对表演者的失误“乖巧地视而不见”，表演者会接受观众的暗示并将错就错，将演出完成。有时，微信群中会出现某位群成员无意疏忽发错的信息，大多数群内成员在看到后会保持沉默，装作“视而不见”，表演者则有时会表达歉意，有时会配合观众同样装作“视而不见”，不予解释和回应。

5 微信社交网络中的关系资源交换

社会交换理论认为人们会基于自我利益的驱动来进行人际传播中的关系资源交换。在此过程中，人们会坚持理性原则，考虑和衡量资源交换中的投资—收益状况，来针对关系的建立与发展做出行动决定。林南认为，人际传播中的资源分为两种：个人资源和社会资源。嵌入在人际关系网络中的社会资源——社会资本，是能够给人们带来回报的社会关系投资，也是在人际关系网络中最值得关注和最有价值的资源。经笔者调查研究发现，在微信社交关系网络中，人们通过投入时间成本和其他努力来获取社会资本及其回报，在微信的关系圈子与社群交往中获得社会归属和情感报偿。

5.1 人际传播中的社会交换

5.1.1 社会交换理论的提出

社会交换理论于 20 世纪 60 年代初被提出，从经济交换理论衍生而来。同利润驱动下的经济交换一样，社会交换理论将社会交往行为归结为以“成本与回报”为导向的交换活动，即个体会从成本—收益的角度来考虑具体社交活动的价值。这里的成本与收益不仅指金钱这样的物质财富，还包括时间、情感以及社会地位、他人认可等无形的非物质财富。因此，美国社会学家霍曼斯认为：“人们之间的关系，或者说人际交往在本质上是一个社会交换的过程。人们在交往中总是在交换着某些东西，或者是物质，或者是感情，以及诸如赞许、声望、符号之类的东西。”

提出社会交换理论的代表性人物及理论有：霍曼斯的行为交换理论、布劳的结构交换理论、蒂博特和凯利的相互依赖理论、E. 福阿和 U. 福阿的资源理论、E.沃尔斯特等人的公平理论以及R.埃默森的交换网络理论。而各种社会交换理论都会遵循下列假设:(1)社会行为是一系列的交换;(2)个体力图最大化他们的回报,并最小化他们的成本;(3)当个体从他人那里得到报酬时,他们会觉得有义务要回报。社会交换理论认为,人作为理性动物,在某种程度上会进行成本—收益分析,即权衡人际交往和人际关系中的利弊得失。[①]

5.1.1.1 社会交换中的社会层面认识

埃默森认为,某些交换可以发生在个体与环境之间,但人际传播中的社会交换则更强调两个具有主动行为的人之间的关联。而同样是发生在两个个体之间的交换,布劳认为社会交换和经济交换之间有所区别。经济交换通常基于对法律的信赖,常涉及两人间的明确义务,即具体说明双方的回报和成本,并明确规定履行义务的时间,如通过签订合同进行相关内容的详细规定。经济交换允许双方进行讨价还价和协商,且交换的比值是固定的,如货币对商品的价值衡量。而社会交换则不同,社会交换通常基于彼此的信任,即双方自愿进行交换。对两人之间的义务及履行义务的时间没有明确规定,也很少涉及明确的讨价还价,交换的比值也无法固定衡量,如朋友、恋人之间的交往关系。[②] 当然,在现实交往中,经济交换和社会交换有时是无法严格区分的。E.福阿和U.福阿就主张既考察经济交换,也考察社会交换,将研究的着眼点放在交换的对象及场合上,针对不同类型的资源交换总结其不同的规则。不论如何,社会交换应属于不同场合相互提供交换对象或活动的两个人之间的社会互动行为。

5.1.1.2 社会交换理论的核心概念

迈克尔·罗洛夫认为社会交换就是"某物或某项活动从甲方自愿地转移到乙方,以换取它物或它项活动"。[③] 人们在进行特定社会行为时,基于"自我利益"的驱动,会考虑资源交换中的回报和成本因素,做出理性选择之后的行动决定。在此过程中,人们相互依赖,并避免利益冲突中的竞争,实现交换参与者的共赢。而人们为什么会进行社会交换?社会交换的具体内容包括哪些?要回答以上问题,通过分析以下核心概念会得到初步认识。

---

① 莱斯莉·A.巴克斯特,唐·O.布雷思韦特.人际传播:多元视角之下[M].殷晓蓉,等译.上海:上海译文出版社,2010:493.

② 迈克尔·E.罗洛夫.人际传播——社会交换论[M].王江龙,译.上海:上海译文出版社,1991:7-9.

③ 迈克尔·E.罗洛夫.人际传播——社会交换论[M].王江龙,译.上海:上海译文出版社,1991:15.

(1)自身利益与理性原则

人们为什么会进行社会交换？霍曼斯认为社会交换受到追求利润的指导，蒂博特与凯利认为是人们谋求高回报低代价的后果，即使是主张公平理论的E.沃尔斯特等人也直言“人是自私的”，即社会交换的驱动力量是自我利益，人们以符合自我利益的方式转让资源。对于自我利益这一概念的认识，社会交换理论认为自我利益可以是恶意的，也可以是善意的。有人谋求有利可图的交换，也有人希望得到公平的交换，达到双方共赢。而且自我利益是会变化的，随着人们态度或环境的改变，人们的自我利益也会发生变化。并且人们在社会交换时，常根据不确切或不完整的信息作出决定，常常意识不到实现自我利益的最佳途径。而因为受到交往过程中时间的制约，人们在实现自我利益中的计划行为存在着差异，也就是说有时间预测行为后果时才会做计划，但很多时候在交往过程中需要人们瞬间做出反应，无法提前做计划。①

同时，霍曼斯和布劳都提出人们在决定行动时，会坚持理性原则。霍曼斯认为人们在面临行为选择时，不仅会考虑获利价值的大小，还会考虑行动成功的可能性。基于人的理性，人们总是会选择那种随着获利可能性的增强，其结果的总价值也会增大的行为，用数学公式表示就是：行动发生的可能性＝结果价值(V)×成功的概率(P)。在这一原则命题中，霍曼斯更强调行动者过去的经历与强化事例对行为抉择的影响。布劳对人们的行为选择分析则是以人们的期望为基点，认为人们在从事某种行动时，越是期望从对方那里得到更多的报酬，就越有可能从事这种活动。布劳的分析与霍曼斯既相似又有所区别。相似之处是二人都强调“人们首先考虑选择对象可能提供的种种结果，然后择其最有利者”。区别在于霍曼斯的理论中没有提到对于代价—回报的延迟满足，只着眼于人们对于“过去种种类似情况中曾产生回报的对象”的选择，而忽略了当下情况对“人们从事可得到回报行为的刺激”。而布劳则既承认人们过去经历强化事件的重要性，更强调期望对抉择影响力的重要性。②

(2)成本、回报与资源

社会交换的具体内容有哪些？具体看，社会交换是建立在给予资源或获取资源的基础上。当这些资源引起痛苦、焦虑、尴尬或身心影响时，就构成成本，如加班工作，思念恋人等。当这些资源提供愉悦及满足感时，就构成回报，

---

① 迈克尔·E.罗洛夫.人际传播—— 社会交换论[M].王江龙，译.上海：上海译文出版社，1991：19-21.

② 迈克尔·E.罗洛夫.人际传播——社会交换论[M].王江龙，译.上海：上海译文出版社，1991：39.

如发工资，恋人相聚等。[①] 因此，社会交换的具体内容表现为成本、回报及资源，其中，核心内容是资源。E. 福阿和 U. 福阿认为资源是"可以通过人际行为传递的任何物质的或者符号的东西"，包括爱、地位、服务、商品、信息及金钱六类。这些资源范围明确，具有不同的特殊性和具体性。从特殊性看，资源对个体的独特价值是不一样的。如爱是最具特殊性的资源，每个个体所得到的爱由其资源提供者的价值决定，且均是独一无二的；而金钱是最具普遍性的资源，其价值不因付款人是谁而发生变化。此外，一些资源比另一些资源更具体有形。如商品往往是有形而具体的，而地位往往是无形而抽象的。在此基础上，R. 埃默森将资源进一步定义为"一名行为者拥有的使其能够奖赏（或惩罚）另一名特定的行为者的能力、财物或其他属性"[②]。

综合研究者们对资源的界定可以看到：一是各种资源积聚或储存的方式各不相同。金钱或商品资源较易于积聚和储存，比如看一下银行账户或仓库就可以确定；而爱、地位、服务、信息等资源的积聚和储存则较难确定。二是人们想要得到的资源被视作回报。并非所有的回报都得到同样的珍惜，积聚越多的资源，越不受珍惜。三是丧失或拒绝给予的这些回报则是付出的代价。[③]

5.1.1.3 社会交换理论中的代表性理论

在社会交换理论中，不同的学者基于不同的理论基础、行为决策方式及交换模式提出了不同的社会交换理论，本文仅选取同研究论题相关的交换理论作简要阐述。

（1）行为交换理论

在所有的社会交换理论中，霍曼斯的行为交换理论应该最为著名。他的理论以行为心理学为理论基础来分析人类行为，认为"人们重复那种受到回报的行为，而不重复那种受到惩罚的行为"，并据此提出五个命题：成功命题、刺激命题、价值命题、剥夺/满足命题、攻击/赞同命题。其中心思想是人的行为可以根据过去行为产生的后果来预测。[④]

---

① 莱斯莉·A. 巴克斯特，唐·O. 布雷思韦特. 人际传播：多元视角之下[M]. 殷晓蓉，等译. 上海：上海译文出版社，2010：497.

② 迈克尔·E. 罗洛夫. 人际传播——社会交换论[M]. 王江龙，译. 上海：上海译文出版社，1991：15-16.

③ 迈克尔·E. 罗洛夫. 人际传播——社会交换论[M]. 王江龙，译. 上海：上海译文出版社，1991：16-19.

④ 迈克尔·E. 罗洛夫. 人际传播——社会交换论[M]. 王江龙，译. 上海：上海译文出版社，1991：31-33.

针对社会交换中的公平问题，霍曼斯主张公平与否由“分配公正律”决定。分配公正律是“交换关系中的一方将期待彼此所获的回报与各自所付的代价成正比例——回报越大，代价也越大；他也将期待彼此的得益与各自所下的投资成正比例——投资越多，得益也越多”。其中，“投资”是指在一项活动或一件工作中所花的时间和所作的努力。[①] 霍曼斯的行为交换理论是基于个人层次之上，对个体间的交换行为和日常生活中的某些行为作出一定解释，适用于小群体中的人际互动关系研究。

(2)公平理论

公平理论是综合了多位社会交换理论家的主要观点而形成。霍曼斯和布劳都探讨过社会交换中公正分配的概念。其后，E. 沃尔斯特等人的理论在此基础上汇总而成。概括说，公平理论宣称关系中的双方应该有大体相当的成本—收益比率。所谓公平的关系，应是关系的一方或局外人认为关系双方从该交换关系中获得的相对利益是等值的。当人们发现自己处在不公平关系之中时，会感到苦恼；并进而谋求恢复公平关系，消除苦恼。获得公平的一个方法是互惠，使关系达到平衡。公平理论预言，尽管在某些关系中会出现不公平和为私利而利用他人的现象，但这种现象不会持久。社会和关系中的对方会因此而采取措施来恢复公平关系。[②]

5.1.2 社会交换对人际关系的影响

社会交换理论从微观层面关注人际关系中的社会交换现象，通过分析关系双方资源交换的具体过程及作用机制，来进一步阐释社会交换在促进人际吸引、推动关系发展、维持关系和谐的过程中所产生的作用与影响。

5.1.2.1 人际吸引的产生与强化

从社会交换理论角度看，多位学者均认为人际吸引会产生是因为“人们期待能从建立交换关系中获得回报”(布劳)，并相信可以从他人那里获取超过比较水准的回报(蒂博特和凯利)。因此，霍曼斯认为只要人际吸引带来有价值的资源(即回报)，反应就会被强化，在未来类似情况下不断被重复。从资源说的角度来看，蒂博特和凯利以及 E. 福阿和 U. 福阿等人均认同能产生人际吸

---

① 迈克尔·E. 罗洛夫. 人际传播——社会交换论[M]. 王江龙，译. 上海：上海译文出版社，1991：35.

② 迈克尔·E. 罗洛夫. 人际传播——社会交换论[M]. 王江龙，译. 上海：上海译文出版社，1991：58.

引的关系：一是要拥有有价值的资源；二是愿意向他人提供这些资源。因此，一个人所能提供的资源决定了他对其他人的吸引力。

当然，具体到以何种方式来给予回报达到强化人际吸引的目的，霍曼斯认为表达对对方的好感可以强化被吸引者的行为，社交赞同可以强化情感上的吸引力。同时，霍曼斯还认为权势也会影响到人际吸引，即能否产生人际吸引取决于被吸引者能否从关系中获得回报，而能否提供回报则有赖于一方的权势大小。① 此外，E.沃尔斯特等人认为人们易受到能与自己建立公平交换关系的他人的吸引。

5.1.2.2 人际关系的改变与发展

针对关系的改变与发展，相关学者也有从社会交换角度进行论述。霍曼斯将交换的扩大看作关系改变的主要标志，并认为“随着人们持续地在某一领域里相互交换回报，他们往往会把交换扩展到其他领域”。“随着交换领域越来越多，关系的性质也从非私人的转化为私人的。”②布劳的看法也类同霍曼斯，认为随着关系的发展，交换的频率和种类会扩展，同时，对他人欠人情的感觉及对他人的信任感也会随之增加。至于E.福阿和U.福阿，则从资源说的角度谈及关系的改变会涉及交换资源的改变。特殊性资源（爱、地位、服务）只在少数十分了解和信任的两个人之间交换，且随着关系的发展而不断增加。普遍性资源（商品、金钱、信息）则不受影响。

蒂博特和凯利认为“关系双方应先进行初步的交换来判断进一步交换的可能性”，并在此基础上阐述了关系发展的四个阶段。第一阶段的基础是双方感到他们的关系能产生回报，可以继续发展下去。进入第二阶段，一方有必要向另一方担保会提供回报，并担保不会利用对方或抛弃对方。如果一切顺利，双方会对这一关系负担起义务，进入第三阶段。最后，双方继续进行交换，并确信未来的交换是公平而有保障的。③ 此外，默斯坦根据公平理论创造了一个有关伙伴选择的“刺激—价值观—角色”论，认为在关系发展的每一阶段，人们都会关注关系的公平，但关注重点不同。

---

① 迈克尔·E.罗洛夫.人际传播——社会交换论[M].王江龙，译.上海：上海译文出版社，1991：66.

② 迈克尔·E.罗洛夫.人际传播——社会交换论[M].王江龙，译.上海：上海译文出版社，1991：67.

③ 迈克尔·E.罗洛夫.人际传播——社会交换论[M].王江龙，译.上海：上海译文出版社，1991：75.

5.1.2.3 人际关系的维持与和谐

一方面，社会交换理论强调双方关系中的相互依赖。在一段关系中，相互依赖意味着每一个人的收益或回报都受到他人努力的影响，即蒂博特和凯利所说的关系中的博弈作用。比如夫妻双方当中，丈夫要追求事业上的发展，妻子就要付出更多时间和精力照顾孩子和家庭，作为回报，丈夫会承担家庭的花销费用；反之，如果妻子不照顾孩子和家庭，丈夫就没有办法去追求事业上的发展，也无法有足够收入去负担家庭费用。在这段关系中，交换双方相互依赖，彼此直接受益，成为共生关系。当然，在现实交往关系中，个体可能会有许多不同的需要，会和不同领域的交往对象形成相互依赖的关系。总之，社会交换中的相互依赖会使个体从双方关系中获得需求上的满足，从而使关系达到一定程度的稳定状态。[①]

另一方面，布劳提出社会交换中的互惠原则，认为人们之间交换报酬越多，越有可能产生互惠的义务并以此来支配以后人们的交换；越是违反交换关系中的互惠义务，被剥夺者就越会倾向于消极地制裁违背规范的人。因此，霍曼斯认为只有人与人之间精神和物质的交换过程达到互惠平衡时，人际关系才能和谐，而且只有在互惠平衡的条件下，人际关系才能维持。同时，公平理论也提出，人们会“发展、维护并满足于公平的关系”，对不公平的关系会产生不满并可能终止关系。两人间的关系越不公平，则产生的不满越强烈，关系终止的可能性也就越大。因此，对社会交换理论中的互惠原则与公平原则的遵循有利于人际关系的维持与和谐。

5.2 微信社交中的关系资源投入

在人际关系中，社会交换理论认为为保证交换关系的分配公正，“（交换关系中的一方）将期待彼此的得益与各自所下的投资成正比例——投资越多，得益也越多”[②]。这里，“投资”是指关系个体为获得收益在交换关系中所花的时间和所作的努力。在微信中，可以看到用户为获得关系中的投资收益，不仅在

① 莱斯莉·A.巴克斯特，唐·O.布雷思韦特.人际传播：多元视角之下[M].殷晓蓉，等译.上海：上海译文出版社，2010：496-497.

② 迈克尔·E.罗洛夫.人际传播——社会交换论[M].王江龙，译.上海：上海译文出版社，1991：35.

人际互动中投入大量时间成本，而且在信息分享、情感交流、行为互动等方面也作出积极努力。

5.2.1 微信用户的时间投资

作为移动社交工具，微信的技术支持给用户提供了“永远在线”的可能，同时微信也有效利用了用户日常生活中的碎片化时间，维护及拓展社交关系。据笔者问卷调查结果显示，有 76.36％的用户使用微信时间达 2 年以上。在微信使用频率方面，有 52.33％的用户会随时随地使用，另有 42.64％的用户几乎每天都会使用(见图 5.1)。同时，有 73.65％的用户平均每天使用微信的时长达 1 小时以上，有一半以上的用户使用微信时长累积达 2 小时以上(见图 5.2)，微信使用频率及时长均达到可观规模。

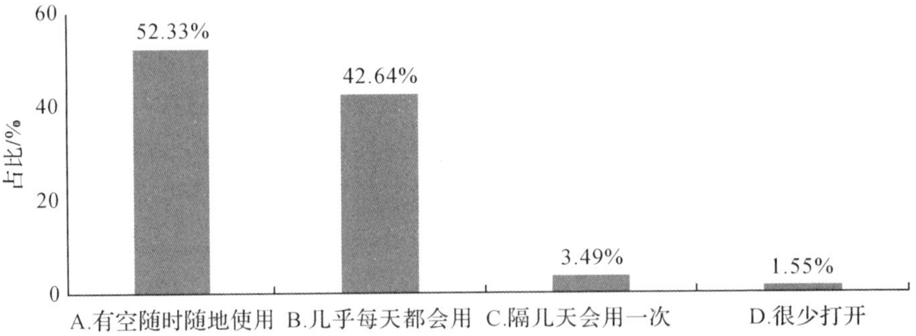

图 5.1 使用微信的频率

来源：本研究调查采集数据(2016 年 12 月)

在深度访谈中，也有受访者谈到使用微信时这种“永远在线”的状态和对碎片化时间的利用。

A1：“我使用微信 5 年多了；24 小时在线；如果每天登录的话，一天打开几十次；每天累积使用 2 小时以上。”

A2：“使用微信已近 6 年时间。每天都要登录微信，一天当中几乎是随时随地打开，闲暇的时间或者零碎的时间，都会拿出手机登录微信看一看，……我觉得微信已经成为我生活中必不可少的一部分。每天累计使用微信时间加起来至少有 3 个小时左右，如果当天事情比较多，……时间会更长。”

B7：“微信，没有特殊情况都处于登录状态，为方便随时随地使用；每天除了睡觉的时候，微信一般都在使用，会随时查看，累计使用时间至少能有 2 个小时。周末或假期的时候平均使用时间会更长，能达三四个小时。”

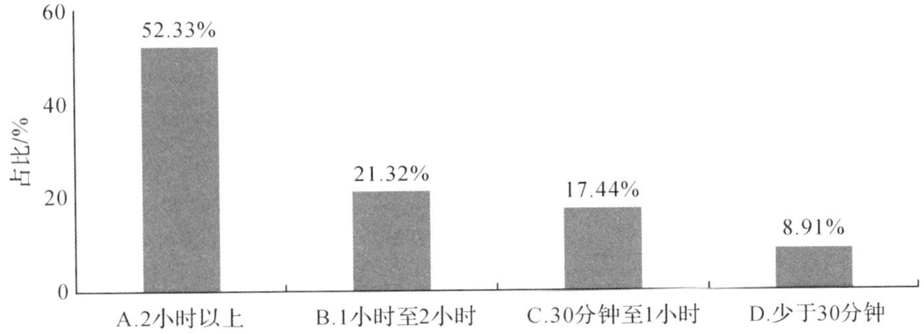

图 5.2 平均每天使用微信的时长

来源：本研究调查采集数据(2016 年 12 月)

另据笔者调查数据显示，62.40%的被调查者微信好友人数超过百人(见图 5.3)，且有 89.15%的用户其微信好友以熟人为主，微信中形成以熟人为主的人际关系网络(见图 5.4)。而据 CNNIC 发布的《2015 年中国社交应用用户行为研究报告》显示，微信用户使用最多的功能是文字聊天、语音聊天、朋友圈和群聊(见图 2.1)，用户使用微信的主要目的是"和朋友互动，增进和朋友之间的感情"(见图 2.2)。可见，大多数用户使用微信的社交功能，并用其来进行人际互动，建立和维护人际关系。

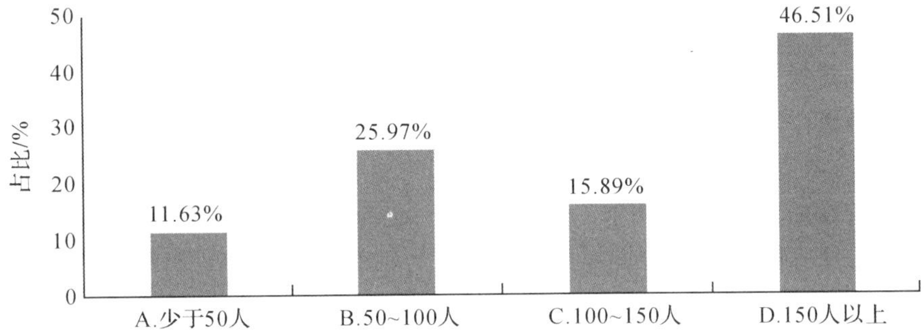

图 5.3 微信好友通信录的人数

来源：本研究调查采集数据(2016 年 12 月)

从关系投资的角度看，人们在维护关系的过程中投入时间越多，互动越频繁，累积互动的时间总量就越多，相应的，作为投资回报，人们在交换关系中的收益就越多，人际关系的质量和亲密度也就越高。微信用户在人际互动及维护人际关系过程中，均投入大量时间成本，一定程度上保证了社会交换中的

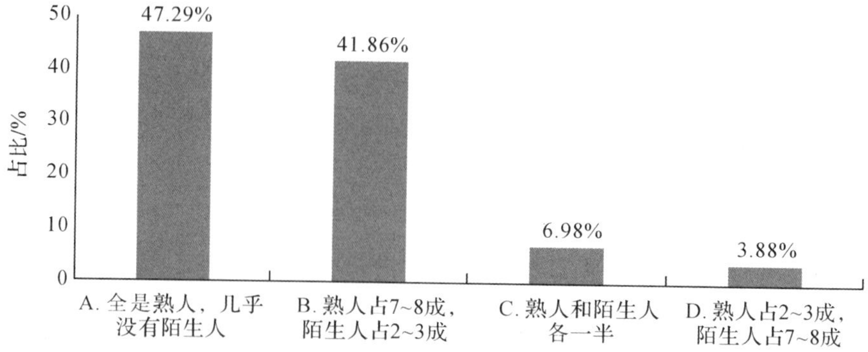

图 5.4 微信好友通信录的人员构成

来源：本研究调查采集数据(2016 年 12 月)

“分配公正律”发挥作用，强化和维系了人际关系的良好发展。

5.2.2 微信用户的信息分享

据 CNNIC 发布的《2015 年中国社交应用用户行为研究报告》显示，在“微信主要使用目的”调查中，排在第二位至第五位的分别是“及时了解新闻热点”“分享生活/工作中有用的知识”“获取到生活/工作中有用的知识和帮助”“关注感兴趣的内容”(见图 2.2)。由此可见，信息分享成为人们使用微信的一个重要目的，不可避免地，信息分享也自然成为人们进行人际互动、维护人际关系的一个重要方式。

在微信中，人们进行信息分享的主要途径是在朋友圈和微信群发布内容。CNNIC 的调查也显示，朋友圈和微信群聊天是仅次于文字聊天和语音聊天，使用率较高的两个微信功能(见图 2.1)。据笔者问卷调查结果显示，高达 84.11%的被调查者认为在朋友圈发布信息的原因是“想和朋友分享自己的生活或感悟”(见图 4.2)，而 91.47%的被调查者会在微信群中发言(见图 5.5)。同时，在微信朋友圈的信息流中，关注好友发布生活状态的用户数(61.4%)远高于关注好友对自己发布内容的评论和反馈(35.3%)(见图 2.4)。可见，人们在朋友圈进行的信息分享行为更多时候侧重于对关系建立与关系交换所做的投资。

从信息的内容类型看，人们在朋友圈和微信群所分享信息在内容上既和发布者的年龄、身份等因素相关，也和所属圈层的功能、属性等因素密切相关。从 CNNIC 发布的调查数据可知，微信用户所关注好友的第一大主体是同学(见图 2.5)，即微信中的主体部分应是年龄相仿的好友。而深度访谈中，可以

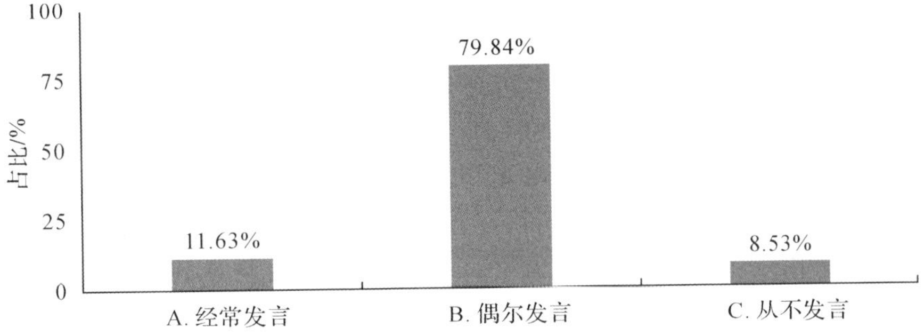

图 5.5 在微信群中的发言状态

来源：本研究调查采集数据(2016 年 12 月)

看到不同年龄段的受访者其朋友圈好友所发内容类型有所不同。

B3(20 岁)："大家多数喜欢在朋友圈里分享心情生活。"

A4(23 岁)："大家比较喜欢发旅行、日常生活记录、聚会一类的朋友圈。"

B1(64 岁)："好友在朋友圈所发布内容，发得较多的有两类：一是养生保健类信息，二是国际时事类信息。"

同样地，不同的身份地位也会影响到信息分享的内容类型。如妈妈经常会在朋友圈晒孩子照片，领导会经常发布一些权威资讯。同时，还可以看到业缘、趣缘等因素对朋友圈和微信群所分享内容的影响。

B5："(在朋友圈里)有的年长的朋友，喜欢分享养生秘诀。有的喜欢烹饪的朋友会每天发一个精心做好的小吃图片，还有人特别爱分享音乐。"

在不同功能、属性的微信群中，群内成员所发主题内容也有所不同。以笔者所加入群为例，办公群内成员主要发布分享工作相关信息；家人群主要发布家人照片和日常生活信息；读书群内大家更多地分享推荐好书链接和读书评论。

在深度访谈中，也有受访者谈到印象中的朋友圈。

A1："我的朋友圈中大家都喜欢发和我类似的内容。"

A5："人以类聚，物以群分。我所喜欢的朋友圈内容是我所经常发布的，摄影、心情、生活点滴、美食等等。"

因此，一方面，人们会寻找与自己性格、爱好、经历、身份、地位相似的人，划分成不同的圈子和群体；另一方面，人们会在自己不同的社会身份所属的圈层中，有针对性地分享与交换信息，从而期待在关系交换中获得更多的收益和回报。

5.2.3 微信用户的情感交流

在CNNIC的微信相关调查中可以看到,"和朋友互动,增进和朋友之间的感情"成为人们使用微信的主要目的(见图2.2)。可见,微信用户在微信中与好友间的情感交流也是其投资和密切人际关系的一种常用方式。

5.2.3.1 情感表达的符号运用

在微信中发送信息可以通过文字、声音、图片、表情包等不同符号来实现,以上符号在表达情感和沟通情感方面,又各有自己的特点并有所区别。通常来说,文字符号表意清晰,在感情色彩上给人一种客观冷静又有所距离的感觉;而声音符号则比较有感染力,善于通过语气、语调的变化来传递情感;图片、表情包则对文字、声音的情感表达起到辅助和补充作用。因此,在深度访谈中,大多受访者谈到和好友联系时都承认会针对不同的人采用不同的传播符号和联系方式,而有所区别的原因是因为和交流对象的感情及关系的远近所致。

A4:"使用文字时不如语音能够很好地表达语气、情感,所以要使用表情,来达到表达语气的目的。"

A6:"对于特别好的朋友和亲属会使用语音视频,原因是特别亲近的人,不需要掩盖什么,简单便捷,有利于增进情感。对于一般的朋友同学会发文字,因为不熟悉,需要给自己留有隐私空间。"

B1:"对亲人用语音聊天,因为熟悉并简单方便;对朋友、同学用文字聊天,因为对方用文字发送信息,因此也常用文字回应。"

5.2.3.2 情感吸引力的强化

霍曼斯认为人际吸引包括两个方面:情感吸引和行为吸引。"无论是为产生感情上的吸引力,还是行为上的吸引力,都必须决定给予何种回报达到强化目的。"而克劳和麦奎尔的研究表明,"在会话中赞同的表示越多,好感就越多,赞同的表示越少,好感就越少",即社交赞同可以强化情感上的吸引力。当然,这种社交赞同的频率也不能过高,不然效果会适得其反。[①] 同时,霍曼斯还探讨了权势对人际吸引的影响,并认为"如何能获取回报的知识"通常能产生情感上的吸引力,"因为人们感激对方的指点使自己能获取回报"。在微信的圈层社交中,人们为维护关系和获得关系中的回报,在信息互动中会倾向于求

① 迈克尔·E.罗洛夫.人际传播——社会交换论[M].王江龙,译.上海:上海译文出版社,1991:64-65.

同,异质性意见表达较少。而这样做往往有助于引发对方的好感,强化情感上的吸引力。另一方面,微信社交的低成本,也增加了人们社会支持的概率,人们在微信中所获得的帮助也往往会强化双方情感上的吸引力,进一步密切双方人际关系。

5.2.3.3 情感资源的交换

E.福阿和U.福阿的资源理论认为资源是"可以通过人际行为传递的任何物质的或者符号的东西"[①],其中以"爱"为代表的情感资源属于特殊性资源。而特殊性资源只在少数十分了解十分信任的两个人之间进行交换,并随着关系的发展而增加。[②] 也就是说,在双方关系初步建立时,人们只会交换诸如金钱、商品或信息这样的普遍性资源,很少会交换特殊性资源。而随着关系的不断发展,双方建立起充分的信任后,人们才会交换特殊性的情感资源。微信形成的熟人社交圈子,为人们在其中交换特殊性的情感资源提供了良好的平台和关系空间。尤其是在中国的人际交往中,人们重视对人情关系的交换,常有"送人情"的说法,在中国人的为人处世中,"情"的成分更多地影响了人际关系的变化和状况。微信则为人们更好地培养和维系人情关系提供了一种新的方式,人们可以通过点对点沟通,比较放松地进行情感沟通和情感交流,在人际信任的基础上,通过情感资源的交换,获得交换关系中的长久回报。

5.2.4 微信用户的行为互动

在人际吸引中,关系双方可能会存在情感吸引,但不一定引发行为吸引,反之亦然。行为吸引是指一方"表现为愿意亲近他人,以及与他人交往"。而人际间要产生行为吸引,则必须强化他人行为,即通过不断的行为互动来增加行为吸引,进而密切社交关系。在微信中,行为互动的主要方式表现为点对点的文字语音聊天,朋友圈中的点赞、评论和转发,以及微信群中的多对多互动等。以上行为互动方式的重复出现,均不同程度地强化了人际间的行为吸引力。

在2016年末微信团队发布的《2016微信数据报告》中,每日均登录微信且日使用微信时长超过90分钟的大部分80后、90后用户成为微信中的典型用户。在日发送消息方面,典型用户的日人均发送消息次数达到74次,语音

---

① 迈克尔·E.罗洛夫.人际传播——社会交换论[M].王江龙,译.上海:上海译文出版社,1991:15.

② 迈克尔·E.罗洛夫.人际传播——社会交换论[M].王江龙,译.上海:上海译文出版社,1991:81-82.

消息占比为16%。发送频率最高的是95后用户，日人均发送消息次数达到81次，而发送频率最低的老年用户也达到44次。可见，人们利用微信中的文字聊天和语音聊天功能进行行为互动，已成为微信行为互动的一个重要方式，极大程度上强化了关系中的行为吸引力。

此外，微信用户在朋友圈中通过点赞、评论和转发进行行为互动，也成为增加人际吸引、拉近彼此关系的一个重要方式。在上述三种互动行为中，点赞行为便捷、低成本，能满足人们利用碎片化时间与他人进行简单人际互动的交往要求，成为朋友圈中使用频率最高的互动行为。当然，也因为如此，有些微信用户的点赞行为会成为一种下意识的习惯性行为。如深度访谈中受访者B2谈到自己的点赞行为：

“有时候心情好的话，除了不开心的事情，不管对方发什么内容，点赞会连着点一排。我的点赞可能比较廉价！”

其实，单纯依靠点赞所建立起的社交亲密感并不完整，它所获得的回报与收益可能不如评论来得高效。所以，人们常用点赞配合评论去进行组合式沟通与行为互动，通过增加交往对象的满足感来强化人际联结。正如受访者B2同时也谈道：

“现在觉得点赞和评论就是维系双方关系的一个基本手段，可能和对方不太熟，也会点赞、评论，因为你来我往多了，关系会更进一步。”

此外，在朋友圈中的转发行为也是一种低成本的行为互动，尤其是当微信用户或出于社会支持、或因为赞同认可转发关系对象所发布信息时，会在很大程度上获得对方的反馈和回报。总之，在微信朋友圈中通过经常性地点赞、评论、转发，会增加行为双方的人际吸引，拉近彼此之间的距离，进一步密切双方之间的人际关系。如访谈中受访者B7所说：

“（好友经常给自己点赞或评论）这种行为一定会对彼此的关系在亲密度上有影响。因为对方的点赞和评论，我觉得一定程度上是一种关注的表现，而且这种一来一往彼此的沟通互动，可以增加对彼此的了解和认识，也是维系感情的一种方式，至少表面上是这样的。”

至于微信群内的发言互动行为，据笔者调查问卷结果显示，从发言频率上看，有79.84%的被调查者在微信群内偶尔发言，有11.63%的被调查者经常发言（见图5.5）。可见，大多数微信用户在微信群中发言互动不很积极。至于不愿发言的原因，调查也显示，排在前三位的是：“群内成员关系复杂，不愿发言”（46.51%），“群内人员较多，不知该说什么，不如不说”（39.15%）以及“群内成员不熟，不想发言”（31.40%）（见图5.6）。可见，微信用户在微信群

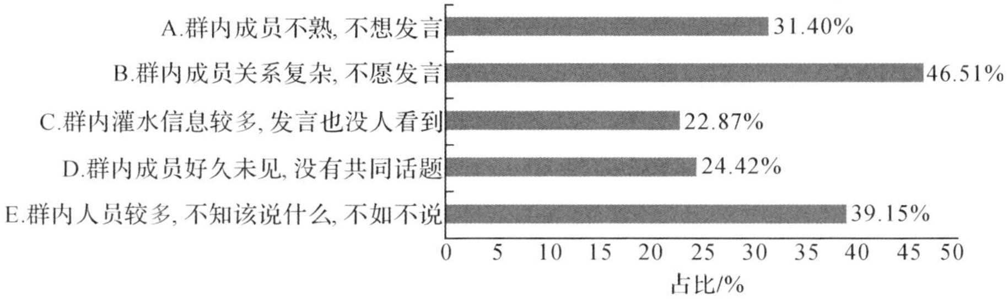

图 5.6 在微信群中不常发言的原因

来源:本研究调查采集数据(2016 年 12 月)

内发言的频率和积极性是受到群规模和群内关系的影响。在深度访谈中也有受访者谈到这点。

A2:“我在不同的群里,发言的频率是不一样的。决定在一个群里的发言频率主要是跟两个因素有关:一是群里的人与自己的关系;二是这个群里的人数。……如果某个群的人数很多(10 个以上),即便是群里都是关系比较近的人,我也不会经常发言,因为我觉得人本身就挺多的,发不发言也不缺我一个人,所以发言频率相对低一些。如果一个群人数少(8 个以内)、群里的人都是自己生活中关系比较近的人,发言频率就很高。”

因此,在微信群中的发言互动行为可能会受到群规模和群内关系影响,出现两极分化现象。群规模越小,群内关系越亲密,群成员在群内的互动行为就越频繁,就越易提升群内关系;反之,群规模越大,群内关系越复杂,群成员在群内的互动行为就越沉寂,群内关系就越松散。

5.3 微信社交中的关系报偿

根据社会交换理论,人们受到自我利益的驱动去投入社会关系中的资源,其目的是期待能有所回报,即希望获得关系资源投入带来的关系报偿。而这种社会关系所带来的报偿通常表现为帮助人们获取嵌入在社会结构和社会关系中的资源,即社会资本。微信中的社交关系网络有利于社会资本的培育,并为人们获取社会资本以及谋求社会资本的回报提供了良好“场域”。

5.3.1　微信关系网络中的社会资本

社会资本理论关注“嵌入在个体的社会网络中的资源，以及如何获取和使用这些资源使个体的行动受益”[①]。在微信“场域”中所形成的全新的社交关系网络中，社会成员遵守共同规范，具有良好的人际信任度和互动参与度，为其中社会资本的培育提供了土壤和环境。

5.3.1.1　社会资本的基础理论研究

“资本”原是经济学研究中的基本概念，在马克思的古典资本理论中，是指商品生产和交换过程中能产生利润的那部分剩余价值。相对于早期的物质资本的概念，一些学者在新资本理论中，从个体化视角提出了人力资本和文化资本两个概念。在此基础上，20世纪80年代，一些社会学家将社会互动与社会关系也纳入资本的研究范畴，关注“非经济的社会关系对社会成员获取有价值的效益”的影响和帮助，提出了社会资本的概念。

关于社会资本的理论研究，一般认为，布迪厄、科尔曼、帕特南等人从不同的理论视角进行相关研究，基本奠定了这一研究的理论框架。布迪厄从社会网络的视角研究社会资本，首先提出“场域”和“资本”的概念。他认为场域是人的活动相互作用结成的关系网络，“一个场域可以定义为在各种位置之间存在的客观关系的一个网络，或者一个构架”[②]。在此基础上，布迪厄提出“资本”概念，认为资本有三种类型：经济资本、文化资本和社会资本。其中社会资本是指“实际和潜在资源的集合，这些资源与相互默认或承认的关系所组成的持久网络关系有关”，是群体成员所共享的集体财产。同时，布迪厄认为社会交换产生社会资本，“不间断的社交努力”对产生社会资本具有核心作用。之后，美国社会学家科尔曼从功能论的视角系统阐述“社会资本”概念，认为“社会资本是根据其功能定义的。它不是某种单独的实体，而是具有各种形式的不同实体，其共同特征有两个：它们由构成社会结构的各个要素组成；它们为结构内部的个人行动提供便利。和其他形式的资本一样，社会资本是生产性的，是否拥有资本决定了人们是否可能实现某些既定目标”[③]。而帕特南则在其著作《使民主运转起来：现代意大利的公民传统》中，将社会资本的概念进一

---

① 林南．社会资本——关于社会结构与行动的理论[M]．张磊，译．上海：上海人民出版社，2005：54．

② 皮埃尔·布迪厄，华康德．实践与反思——反思社会学导引[M]．李猛，李康，译．北京：中央编译出版社，1998：134．

③ 郑素侠．网络时代的社会资本：理论分析与经验考察[M]．上海：复旦大学出版社，2011：96-97．

步扩展到对民主治理的研究，他认为“社会资本是指社会组织的特征，如信任、规范和交际网络，它们能够为成员提供协调和合作，以实现互惠互利，提高行动效率”[①]。

结合本书研究论题，从微观角度研究个体在社会网络中获取和使用社会资本的相关理论成果更具有借鉴意义，林南、博特等人在这方面所作相关研究均具有开创性贡献。美籍华裔学者林南认为社会资本是根植于社会网络和社会关注之中，因此林南从社会网络和社会资源的角度考量社会资本，将社会资本定义为“行动者在行动中获取和使用的嵌入在社会网络中的资源”[②]。“林南对社会资本理论的贡献在于其开创性地提出并且令人信服地解释了‘你认识谁’和‘你知道什么’在生活与社会中的重要意义。”[③]而美国社会学家罗纳德·博特则针对社会网络中的结构现象提出了“结构洞”理论。他认为在社会网络结构中，无直接联系或关系中断的(某些)个体之间形成了网络结构中的“洞穴”，如果无直接关联的个体必须通过第三者方能形成联系，则行动的第三者在关系网络中占据了一个结构洞，其具有信息优势和控制优势。此外，日裔美国学者福山(Fukuyama)从文化的角度描述社会资本，“将社会或群体中成员之间的信任视为一种社会资本，并认为社会经济的繁荣在很大程度上取决于该社会的信任程度的高低”[④]。

当然，在林南看来，虽然不同学者针对社会资本的研究视角不同，但也存在着共识，即“社会资本由嵌入在社会关系和社会结构中的资源组成，当行动者希望提高目的性行动成功的可能性时，他们可以动员社会资本”。因此，社会资本“通过社会关系可以使用和借取其他行动者的资源”。[⑤] 而综合认识以上学者对“社会资本”的概念界定，虽不尽相同，但可以看到社会资本这一概念强调了以下几方面：社会网络，社会信任，社会参与，社会规范。也就是说，社会资本强调在社会网络和社会关系中，具有一定信任基础的网络成员，遵守共同利益，通过互惠互利的行动来进行人际互动和共同合作，以获取嵌入在网络关系中的资源。

5.3.1.2 社会资本的维度与类型

社会资本即是嵌入在社会结构和社会关系中的资源。因此，Nahapiet 和

---

① 郑素侠. 网络时代的社会资本：理论分析与经验考察[M]. 上海：复旦大学出版社，2011：136.

② 林南. 社会资本——关于社会结构与行动的理论[M]. 张磊，译. 上海：上海人民出版社，2005：24.

③ 郑素侠. 网络时代的社会资本：理论分析与经验考察[M]. 上海：复旦大学出版社，2011：95.

④ 郑素侠. 网络时代的社会资本：理论分析与经验考察[M]. 上海：复旦大学出版社，2011：99.

⑤ 林南. 社会资本——关于社会结构与行动的理论[M]. 张磊，译. 上海：上海人民出版社，2005：23.

Ghoshal(1998)从结构嵌入和关系嵌入的角度,将社会资本分为三个维度:结构维度、关系维度和认知维度。① 结构资本是指整个网络的关系情况和结构模式,可以通过网络密度和中心性来衡量。有学者认为当社会关系网络的密度越大且成员之间的联系越强时,集体行为越容易发生。而中心性是指个体在关系网络中的地位和影响力,福山的研究表明网络中有较高中心性的成员,会更愿意参与网络合作活动。② 关系资本涉及的是社会成员基于信任和认同通过互动关系建立起来的无形资产,包括信任、规范、责任、忠诚等。从社交交换理论看,当人们相信自己可以从他人那里得到回报时,也会愿意去帮助他人,因此,互惠也是衡量关系资本的因素。认知资本是指社会成员进行沟通时共享和通用的语言、文字等,强调社会成员共同的价值观,而这种共同的价值观会促进成员间的互动合作,达到集体获利的目的。

另一方面,从社会关系的性质来区分,还可以把社会资本划分为两种不同类型:结合型社会资本和桥接型社会资本。结合型社会资本是指同质群体内部的联系与信任程度,在情感、资金等方面可以投入较多支持,群体内部联系较紧密,对外部具有较强排他性,通常表现为强连接关系网络中的资源。桥接型社会资本则多指异质群体之间的联系,可为个人提供平时难以接触到的信息资源,群体内部同质性较低,对外部群体的包容性较好,有助于强化群体间的联系,增加社会凝聚力,通常表现为弱连接关系网络中的资源。

5.3.1.3 微信社交网络有利于培育社会资本

关于媒体对社会资本的影响研究,早期产生较大影响的是帕特南从社会学角度对电视效果所作的研究。1996 年,帕特南经过调查认为,过去 30 年,美国的社会资本和公民参与程度在下降,而下降的原因之一是看电视的增多。这一说法引发诸多质疑。林南(1999)即在《社会资本——关于社会结构与行动的理论》一书中谈到,过去 10 年间美国的社会资本以电子网络空间的形式在不断上升。并且,这种上升已经超越了社区或国家的边界。③ 当然,针对网络媒体对社会资本的影响,不同学者也是观点不一。有学者(Nie,2001)认为,互联网的使用降低了网络使用者的交往兴趣;也有学者(Shah,1999)认为,互

---

① Nahapiet, J., Ghoshal, S. Social capital, intellectual capital, and the organizational advantage[J]. Academy of Management Review, 1998, 23(2):242-266.

② Fukuyama, Francis. Trust: The social virtues and the creation of prosperity[M]. New York: Free Press, 1996:48.

③ 林南. 社会资本——关于社会结构与行动的理论[M]. 张磊, 译. 上海:上海人民出版社, 2005:210.

联网的使用可积累社会资本，但积累与否与人们的网上活动类别有关；还有学者（Wellman，1998）提出“互联网与人们的日常生活融合”的观点，认为互联网对社会资本总体没有影响。[①]

作为移动社交媒体，微信具有维系私人关系的强社交属性，它在社交网络、人际信任、互动参与、社会规范等方面均有利于社会资本的培育。

（1）社交网络

社会资本由嵌入社会关系和社会网络中的资源组成，如果社会成员间的关系是建立在平等自由的基础上，成员所拥有的社会资本就易发挥作用。微信依靠超时空的自由选择和低成本的立体交往结构打造了一个线上的人际交往关系空间。在这一线上的社会关系网络中，微信用户通过朋友圈中的圈层社交和微信群中的关系传播维护已有关系和资源，同时，又结合“摇一摇”“附近的人”等功能一定程度上拓展之前不具备的关系和资源，为社会资本的培育提供了良好平台和网络空间。同时，微信中的关系网络打破了现实交往中的差序格局，将传统现实交往中以“血缘”“地缘”为基础建立起来的社会关系扩展为包括“业缘”“趣缘”在内的社会关系网络，网络成员的去中心化特点使信息更多地在同一层面平等传递，为更好地获取社会资本提供条件。

（2）人际信任

“社会网络成员间的信任感，可促使互惠互利的行动产生，为日后合作提供基础。”[②]在匿名的网络媒体环境中，因为传播主体真实身份信息的缺失，大大削弱了网络交流中的人际信任水平。但微信中的关系网络基本复制了现实中的社会关系网络，并形成了自己人的圈子文化，这一先赋属性决定了微信中的关系网络空间在形成之初即具有良好的人际信任基础。而微信的移动便携和低交往成本为用户利用碎片化时间进行频繁的互动和交流提供了便利条件，在此前提下，微信中形成的黏性、“湿”化的人际关系为人际信任程度的提升创造了良好条件。同时，微信用户通过自我表露和自我呈现构建个体身份，增加相互认同，进一步强化了人际信任，为成员间的协调和合作创建了基础。

（3）互动参与

霍曼斯认为，在社会关系网络中，互动、情感和活动之间，存在着互惠关系和正相关关系。即个体互动越多，越可能共享情感，越可能参加集体活动；反之亦然。而同质假设认为“社会互动倾向于在有相似的生活方式和社会经济

---

① 郑素侠．网络时代的社会资本：理论分析与经验考察[M]．上海：复旦大学出版社，2011：119.

② 郑素侠．网络时代的社会资本：理论分析与经验考察[M]．上海：复旦大学出版社，2011：101.

特征的个体之间发生"[①]。微信中的社交关系结构主要是以强关系为主的半封闭式结构,在不同的圈子中同质性和私密性较强,这决定了在具有相似特征的社交圈子中,个体会比较容易进行人际互动,并共享情感,在互惠互利的前提下,通过共同合作和社会参与,实现行动目标。

(4)社会规范

"在一个群体内部,正式或非正式的规范可使成员遵守共同利益,实现更有效的合作。"[②]微信中形成的无数个小圈子,以同质性较高的强关系为主,这更易使人们在进行信息交流和意见表达时,倾向于维护群体的内部联系,遵守共同利益和群体规范,表达趋同性意见,使群体内差异降至最小。如笔者参加的一个微信读书群,群主在发现群内有"噪音"信息出现后,发布了群组规范,获得了大家的一致支持:

"群内各位好友:我们因为喜爱读书聚到了一起,因为分享体会认识了彼此。为了能让大家在此过程中,有更好的体验,避免刷屏行为的发生,特此提出如下建议:1. 禁止群内开展商业性质的推广;2. 禁止开展求点赞、调查问卷等行为;3. 群内不提倡发红包,如果发红包,收到者请心里默默点赞;4. 群内书友的年龄跨度半个多世纪,因此为了保障大家休息,请在晚间 11 点至早 7 点尽量不要发送无关信息;5. 群内欢迎分享图书和读书体会,因此若有相关内容,尽可来投;6. 各位都是我的朋友,因此如果出现上述不妥事例,我会立即采取措施,过后再'登门道歉'。以上草成,若有不周,敬请海涵。"

可见微信用户基于良好的人际信任,可以共享合作规范,共担群体责任,在互惠互利的基础上互相理解,共同合作,通过各种方式从其他社会成员那里获得实际收益,比如信息支持或情感支持。

5.3.2 微信社交中的社会资本获取

微信中形成的社交关系网络为社会资本的培育提供了优良场域,身处其中的个体行动者可以通过直接或间接的社会关系来获取关系网络中的资源。在这一过程中,微信用户对社会资本的获取在社会资本的内容类型方面表现出差异,同时,微信用户对社会资本的获取也受到微信使用强度、关系网络位置以及人际关系强度等因素影响。

---

① 林南. 社会资本——关于社会结构与行动的理论[M]. 张磊,译. 上海:上海人民出版社,2005:37-38.

② 郑素侠. 网络时代的社会资本:理论分析与经验考察[M]. 上海:复旦大学出版社,2011:101.

5.3.2.1 社会资本内容获取的差异表现

微信社交网络中的社会资本从具体内容看包括信息资本、关系资本、信任资本和情感资本四项。针对以上四项社会资本，笔者在调查问卷中设计"微信中的人际关系互动与表达"量表，包含七项表述：微信让我和朋友之间的联系变得频繁；微信加深了我和朋友之间关系；微信让我认识了很多新朋友；微信让我及时了解到朋友动态；微信让我比面对面交流能更好地表达自己意思；微信让我比面对面交流更放松；微信让我释放情绪和压力。这七项表述中，"微信让我及时了解到朋友动态"选项表现为社会资本中的信息资本；"微信加深了我和朋友之间关系；微信让我认识了很多新朋友"选项分别表现为社会资本中的强关系资本和弱关系资本；"微信让我和朋友之间的联系变得频繁；微信让我比面对面交流能更好地表达自己意思"选项通过强调微信用户的自我表露和与朋友的频繁互动，表现为社会资本中的信任资本；"微信让我比面对面交流更放松；微信让我释放情绪和压力"选项满足了微信用户的心理和情感需求，表现为社会资本中的情感资本。

量表采用李克特量表，要求被调查者在"非常不同意、比较不同意、一般、比较同意、非常同意"之间选择，分别记 1～5 分。笔者首先对微信人际关系量表的信度进行检验，结果显示 Cronbach $\alpha=0.864$，表明量表的信度可以接受。接下来，对微信人际关系量表进行描述性统计，各项陈述及其均值、标准差如表 5.1 所示。

从表 5.1 可以看到，除了"微信让我认识了很多新朋友"选项得分在水平分 3.0 分以下，其他选项均高于 3.0 分，表明被调查者均比较认可在微信中获取到了有效的信息资本、关系资本、信任资本和情感资本。其中，得分最高的是"微信让我及时了解到朋友动态"选项，说明微信用户在微信社交网络中比较关注对信息资本的获取且效果显著。此外，值得注意的是，"微信加深了我和朋友之间关系"选项得分高于"微信让我认识了很多新朋友"选项，可见，人们在微信中所获取到的关系资本，更多的是代表强关系类型的结合型社会资本，而对于弱关系类型的桥接型社会资本的获取，效果相对不很显著。至于"微信让我比面对面交流能更好地表达自己意思"和"微信让我比面对面交流更放松"选项得分虽超过 3.0 分，但得分不高，且标准差超过 1.0，部分表明微信用户在信任资本和情感资本的获取上，认可度不高，且态度分歧差别较大。

表 5.1 微信中的人际关系互动与表达量表(N=258)

	均值	标准差
微信让我和朋友之间的联系变得频繁	3.35	0.922
微信加深了我和朋友之间关系	3.28	0.842
微信让我认识了很多新朋友	2.94	0.994
微信让我及时了解到朋友动态	3.62	0.967
微信让我比面对面交流能更好地表达自己意思	3.11	1.009
微信让我比面对面交流更放松	3.24	1.057
微信让我释放情绪和压力	3.16	0.989

来源:本研究调查采集数据(2016 年 12 月)

5.3.2.2 社会资本获取的影响因素

在微信社交关系网络中,微信的使用强度、人际关系中的网络位置以及人际关系的强度等均对微信社交网络中的社会资本获取产生一定影响。通过研究以上影响因素,可以对微信社交中的社会资本命题提供更好解释。

(1)微信使用强度的影响

Nicole 等人(2007)在研究 Facebook 对社会资本的影响时,认为 Facebook 的使用强度与获取两种社会资本(结合型和桥接型)的数量之间存在正相关关系。Nicole 等人认为 Facebook 的使用强度包括三个方面:Facebook 的好友总数、Facebook 的日均使用时长以及 Facebook 的受依赖程度。① 本书借鉴 Nicole 等人的研究思路,从微信的好友总数、微信日均使用时长以及微信的使用频率三个方面来考察微信的使用强度状况。

1)微信好友数。据笔者问卷调查结果显示,在微信好友人数方面,有 62.40%的被调查者好友人数超过 100 人,46.51%的被调查者好友人数超过 150 人,可见,一多半的微信用户已在微信平台建立起较为庞大的社交关系网络(见图 5.3)。

2)微信日均使用时长。在微信日均使用时长方面,73.65%的被调查者日均使用微信超过 1 小时,一半多的被调查者日均使用微信超过 2 小时,可见,绝大多数微信用户在微信平台投入了较多时间成本(见图 5.2)。

3)微信使用频率。在微信的使用频率方面,近 95%的被调查者几乎每天

① Nicole, B., E. Charles, S, Cliff, L. The benefits of Facebook "Friends": social capital and college students' use of online social network sites[J]. Journal of Computer-Mediated Communication, 2007,12(4): 1143-1168.

都会使用微信，而52.33%的被调查者每天会打开微信多次，随时随地使用。可见，绝大多数微信用户已对微信产生深度依赖状况。从微信的使用强度看，大部分微信用户已成为微信的重度使用者(见图5.1)。

表5.2 微信加深了我和朋友之间关系 * 微信好友通信录人数交叉分析

微信加深了我和朋友之间关系	您微信好友通信录人数				合计
	少于50人	50～100人	100～150人	150人以上	
非常不同意	6.7%	4.5%	4.9%	2.5%	3.9%
比较不同意	3.3%	11.9%	7.3%	7.5%	8.1%
一般	56.7%	50.7%	39.1%	50.0%	49.29%
比较同意	30.0%	23.9%	46.3%	35.0%	33.3%
非常同意	3.3%	9.0%	2.4%	5.0%	5.4%
合计	100.0%	100.0%	100.0%	100.0%	100.0%

来源：本研究调查采集数据(2016年12月)

表5.3 微信加深了我和朋友之间关系 * 平均每天使用微信的时长交叉分析

微信加深了我和朋友之间关系	您平均每天使用微信的时长				合计
	2小时以上	1小时至2小时	30分钟至1小时	少于30分钟	
非常不同意	3.7%	1.8%	6.7%	4.4%	3.99%
比较不同意	5.9%	7.3%	15.6%	8.7%	8.1%
一般	45.9%	52.7%	51.1%	56.5%	49.2%
比较同意	39.3%	30.9%	22.2%	26.1%	33.3%
非常同意	5.2%	7.3%	4.4%	4.3%	5.4%
合计	100.0%	100.0%	100.0%	100.0%	100.0%

来源：本研究调查采集数据(2016年12月)

布迪厄认为“人们在不断地投资于社会关系时才会产生社会资本”①。因此，对于两种类型的社会资本，笔者以“微信中的人际关系互动与表达”量表中的两个选项“微信加深了我和朋友之间关系”“微信让我认识了很多新朋友”来代表两种类型的社会资本，与微信使用强度中的三个指标分别做交叉分析。

① Bourdieu, P. The forms of capital, handbook of theory and research for the sociology of education[M]. New York: Greenwood Press, 1986: 241-258.

分析发现两组二级指标之间的相关性不很显著，但六个交叉表中的部分数据还是可以说明一些问题。

表 5.4　微信加深了我和朋友之间关系 * 使用微信的频率交叉分析

微信加深了我和朋友之间关系	您使用微信的频率				合计
	有空随时随地使用	几乎每天都会用	隔几天会用一次	很少打开	
非常不同意	2.2%	5.5%	0	25.0%	3.9%
比较不同意	7.4%	9.1%	11.1%	0	8.1%
一般	45.2%	52.7%	55.6%	75.0%	49.2%
比较同意	40.0%	28.2%	11.1%	0	33.3%
非常同意	5.2%	4.5%	22.2%	0	5.4%
合计	100.0%	100.0%	100.0%	100.0%	100.0%

来源：本研究调查采集数据(2016 年 12 月)

在维持强关系资本方面，可以看到微信好友人数在 100～150 人之间的微信用户对微信维持强关系的认可度最高，当好友人数超过 150 人后，认可度反而有所降低，由此可推测，基于“邓巴数字”的限制，当好友人数到达上限后，用户会因为社交关系过载而影响到对原有强关系的平均投入和管理（见表 5.2）。此外，微信使用时长和使用频率对强关系资本的影响是有条件和限制的。即当微信使用时长超过 30 分钟之后，在微信维护强关系的正向态度方面，随着微信使用时间的增加，对微信维护强关系的认可度也有所增加（见表 5.3）；在微信的使用频率方面，在每天均打开微信的用户中，微信的使用频率对强关系资本的获取具有正向影响（见表 5.4）。可见，只有当微信的使用时长和使用频率达到一定量的积累后，才会引发对结合型社会资本的影响。

拓展弱关系资本方面，可以看到微信好友人数超过 150 人的微信用户比较赞同微信对弱关系资本的拓展作用，可见，桥接型社会资本的获取和关系网络的规模大小是有关系的（见表 5.5）。至于微信使用时长和使用频率对弱关系资本的影响，可以看到微信用户的正向态度表现不很鲜明，即微信在获取桥接型社会资本方面不占有优势（见表 5.6、表 5.7）。

表 5.5 通过微信认识了很多新朋友＊微信好友通信录人数交叉分析

微信让我认识了很多新朋友	您微信好友通信录人数				合计
	少于 50 人	50～100 人	100～150 人	150 人以上	
非常不同意	10.0%	14.9%	14.6%	7.5%	10.9%
比较不同意	26.7%	14.9%	17.1%	12.5%	15.5%
一般	36.7%	52.2%	46.3%	45.8%	46.5%
比较同意	20.0%	14.9%	19.5%	29.2%	22.9%
非常同意	6.6%	3.1%	2.5%	5.0%	4.2%
合计	100.0%	100.0%	100.0%	100.0%	100.0%

来源：本研究调查采集数据(2016 年 12 月)

表 5.6 通过微信认识了很多新朋友＊平均每天使用微信的时长交叉分析

微信让我认识了很多新朋友	您平均每天使用微信的时长				合计
	2 小时以上	1 小时至 2 小时	30 分钟至 1 小时	少于 30 分钟	
非常不同意	8.9%	9.1%	22.2%	4.3%	10.9%
比较不同意	13.3%	12.7%	24.4%	17.4%	15.5%
一般	48.9%	45.5%	33.3%	60.9%	46.5%
比较同意	25.9%	25.5%	15.6%	13.0%	22.9%
非常同意	3.0%	7.2%	4.5%	4.3%	4.2%
合计	100.0%	100.0%	100.0%	100.0%	100.0%

来源：本研究调查采集数据(2016 年 12 月)

表 5.7 通过微信认识了很多新朋友＊使用微信的频率交叉分析

微信让我认识了很多新朋友	您使用微信的频率				合计
	有空随时随地使用	几乎每天都会用	隔几天会用一次	很少打开	
非常不同意	9.6%	12.7%	11.1%	0	10.9%
比较不同意	17.8%	11.8%	33.3%	0	15.5%
一般	44.4%	50.0%	22.2%	75.0%	46.5%
比较同意	23.7%	21.8%	22.2%	25.0%	22.9%
非常同意	4.5%	3.7%	11.2%	0	4.2%
合计	100.0%	100.0%	100.0%	100.0%	100.0%

来源：本研究调查采集数据(2016 年 12 月)

(2)微信网络位置的影响

格兰诺维特(Mark Granovetter, 1973)针对网络位置的功能提出“网络桥梁”的概念,即社会网络中两个群体的行动者之间的连接,网络桥梁控制信息从一个社会圈子流向另一个社会圈子。[1] 而博特(1992)的“结构洞”理论与“网络桥梁”概念有异曲同工之处,他认为在社会网络结构中,无直接联系或关系中断的(某些)个体之间形成了网络结构中的“洞穴”。“网络中的‘结构洞’既向网络成员提供了获得非重复性资源的机会,而且对网络间的资源流动有着控制和把关作用。”[2]因此,“个人在网络中的位置比网络关系的强弱更重要,个人在网络中的位置决定了个人的信息、资源和权力”。在微信朋友圈及微信群中,以微信用户为节点,形成无数个小圈子。每一个小圈子即是由两个及两个以上个体行动者构成的关系丛,不同的关系圈子之间相对封闭,有的关系丛之间会有多个“桥梁”连接,有的则缺乏联系渠道。对于相对绝缘的两个关系丛来说,处于节点位置的微信用户占据了“结构洞”的位置,成为连接不同关系丛之间的“网络桥梁”,信息只能通过这一用户个体桥梁流向另一关系圈子,这为处于桥梁位置的微信用户获取网络中的关系资源和社会资本提供了优良条件。

在社会网络中,“一个人占有的结构洞越多,他就掌握越多的信息,越能得到更多的回报”[3]。林南认为网络桥梁“使一个关系丛中的个体行动者可以获取嵌入在另一个关系丛的节点中的资源”。因此,从个体在社会网络中的位置看,“个体越靠近网络中的桥梁,他们获取的社会资本越好”。[4] 在深度访谈中,受访者 B2 所谈到的情况即体现了网络位置对信息流动和获取关系资源的影响:

“我是(学院研究生)学术部的负责人,……我给每个(研究生)班级的负责人建了一个小群,一共是 7 个人。我接到学院通知后,如果这个通知需要每个班的班长或者支书去跟底下同学沟通协调的话,那么我会在这个小群里发通知,再由他们去进一步通知下面的同学。”

从访谈可以看到,B2 和她组建的小微群中的成员无形中起到了“网络桥梁”的作用,他们在信息控制上有优势,可以通过获取关系网络中的信息资本

---

① 林南.社会资本——关于社会结构与行动的理论[M].张磊,译.上海:上海人民出版社,2005:68.

② Burt, R. S. Structural holes: The social structure of competition[M]. Cambridge, MA: Harvard University Press, 1995:45.

③ Burt, R. S. Structural holes: The social structure of competition[M]. Cambridge, MA: Harvard University Press, 1995: 87.

④ 林南.社会资本——关于社会结构与行动的理论[M].张磊,译.上海:上海人民出版社,2005:69.

进而谋求其他社会资本的获取。

(3)微信关系强度的影响

美国社会学家马克·格兰诺维特提出“强关系”与“弱关系”的概念。他认为强连接主要是存在于亲朋好友之间的关系,对应结合型社会资本,即凝聚群体内部的社会资本。弱连接表现为非亲密性的边缘化的关系,如旅行途中结识的熟人关系等,对应桥接型社会资本,即连接不同群体的社会资本。拥有强关系的个体之间同质性较高,信息被反复重复的可能性较大,个体成员在强关系网络中有利于维持和强化既有资源,而不易获得稀缺资源。在弱关系中,个体间的异质性较强,来自不同人际网络中的信息差异也较大,个体成员更易通过扩大自己的交往规模和社交范围来获取稀缺性资源,因而弱关系有助于个体成员生成带给自己更大帮助的桥接型社会资本。

在微信社交网络中,微信用户侧重于熟人圈子中的交流,人际关系的强度以强关系为主,获取的社会资本多为维持既有资源的结合型社会资本,个体成员更多的时候通过微信社交可以强化已有关系,获得心理上的满足和情感上的支持。据笔者调查问卷结果显示,有65.90%的被调查者认同微信强化了现实中的熟人关系(见图4.5),而针对“微信是否扩大了用户的交际范围”这一问题,被调查者的态度也是出现两级分化状态,一半多的微信用户认为微信基本没有扩大自己的交际范围,另有近一半的用户认为微信一定程度上扩大了自己的交际范围(见图5.7)。可见,微信在强化和维持强关系类型的结合型社会资本方面,具有较大优势,在拓展弱关系类型的桥接型社会资本方面,效果不很显著。

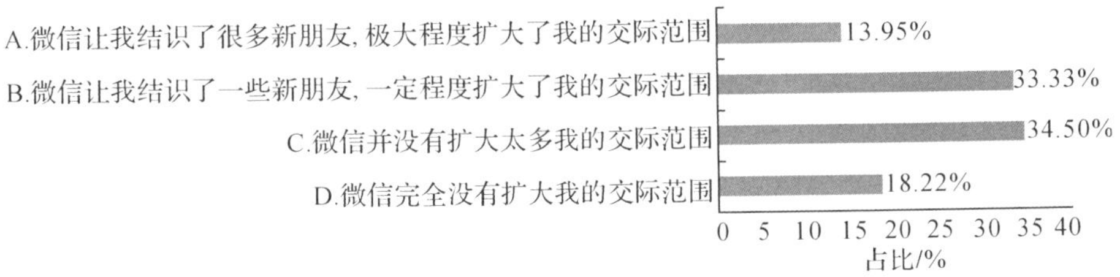

图5.7 微信是否扩大了交际范围

来源:本研究调查采集数据(2016年12月)

在深度访谈中,受访者也谈到微信对强关系与弱关系的影响。针对“你认为微信让你和朋友、家人间的关系更亲密了吗”这一问题,大多数受访者都给予肯定的回答。

A4:“会(更亲密)。家人间互相评论点赞,尤其是自己在外上学工作,家人间可以通过朋友圈互相分享生活状态与琐事。”

A7:“紧密多了,我们时常会建立一个属于自己的小团体,十几、二十几年不见的同学建个群,过年几个同辈的亲属建个群,还是很方便地让彼此更亲密了。”

B3:“是和家人更加亲密了,家人间可相互发有趣的东西,就感觉相互间的代沟会小一些。”

B5:“更亲密了,尤其体现在远方的亲人,过年过节时不能亲自探望,视频解决了这个问题,而且平时也会有很多互动。”

而针对“你认为微信扩大你的现实社交圈了吗”这一问题,受访者的回答则是肯定与否定的态度各占一半,也再次印证了问卷调查的结果。

A6:“没有,因为微信的好友主要都是生活中认识的人,主要的社交群体也是生活中的好友。”

B2:“没有,因为微信是建立在现实联系的平台之上的,如果两个人在现实当中没有什么交集的话,那你在微信里也不会经常联系。”

A4:“有。平时会加入一些生活课程、健身的群,会在群中结识一些志同道合的朋友。”

B8:“在一定程度上扩大了我的现实交际圈。比如有一面之缘的微信好友,经过关注之后有了更深的了解和交流,或者通过微信群认识的新朋友。”

5.3.3 微信社交中的社会资本回报

在资本理论中,资本是被看作能够产生利润的资源投资,这一原则同样适用于社会资本理论,即个体获得和维持有价值的资源是为了增进他们的福利,获取投资回报。根据社会交换理论,回报就是能够提供愉悦及满足感的资源。因此,人们在社会关系网络中,为了获取能“愉悦及满足”自我的资源,会积极地采取行为进行交换。当然,人们在进行资源交易时会基于理性原则,考虑行为收益的最大化及行动成功的可能性。另一方面,人们也会遵循互惠原则与公平原则进行交换,从而维持人际关系的稳定与和谐。

林南认为“社会资本应该给为某个目的而行动的个体提供好处,在这种情况下,互动是实现行动目标的手段”①。因此,林南将个体获取社会资本的社会行动分为两种:工具性行动和表达性行动。工具性行动是指获得不为行动

① 林南.社会资本——关于社会结构与行动的理论[M].张磊,译.上海:上海人民出版社,2005:40.

者所拥有的资源，表达性行动是指维持已被行动者所拥有的资源。① 可见，工具性行动多和异质互动相联系，有利于获取弱关系中的桥接型社会资本，而表达性行动多和同质互动相联系，有利于维持强关系中的结合型社会资本。与此相应，林南针对两种社会行动提出了社会资本的两种回报类型：工具性行动的回报和表达性行动的回报。

5.3.3.1　工具性行动的回报

从关系强度看，“关系越弱，个体在工具性行动中越可能获取好的社会资本”②。具体看，工具性行动的回报包括经济回报、政治回报和社会回报三种类型。在微信社交网络中，个体通过工具性行动获取回报最鲜明的表现是经济回报，即金钱、财富等物质资源的回报。微信出现没多久，在微信朋友圈即出现一种新的商品销售模式——朋友圈代购。这种利用熟人关系网络来销售商品的朋友圈行为是典型的目标取向的工具性行动，个体将自己的关系资源交换出去，以换取经济回报，短期内会带来可观收入和物质回报。但是，这种依靠销售人情和关系而获取的经济回报，其中蕴含着无法维权的高风险，长期来看，给个体的关系资本和信任资本带来的是巨大伤害。在深度访谈中，很多受访者都曾经表达过对朋友圈代购刷屏的反感和无奈。

A1：“我在微信中会针对某个好友设置权限，因为某个好友发布微商信息，对我来说纯属垃圾信息，但又不想取消和对方的好友关系。”

B3：“会（针对某个好友设置权限），因为有些好友是微商之类的，信息太多很烦。”

B2：“有一些代购，他们经常会刷屏，特别讨厌，每天都发好多（代购信息），几十条甚至几百条。我基本上一发现谁代购了或是卖东西，就不看他们朋友圈了。如果需要的话我会自己再点进去看，如果不需要的话基本都屏蔽了。”

此外，在微信社交网络中，个体也会经常通过工具性行动获取政治回报和社会回报。前者表现为社会结构中的等级位置，如权力资源；后者则表现为名声，如社会接受、社会认可、尊敬、声誉等。③ 在微信群中，人们有时会利用电子场域结构中的等级位置和个人资源的交换，来获取政治回报和社会回报。

---

① 林南. 社会资本——关于社会结构与行动的理论[M]. 张磊，译. 上海：上海人民出版社，2005：233.

② 林南. 社会资本——关于社会结构与行动的理论[M]. 张磊，译. 上海：上海人民出版社，2005：65.

③ 林南. 社会资本——关于社会结构与行动的理论[M]. 张磊，译. 上海：上海人民出版社，2005：233-234.

比如微信群的群主，作为群的创建者，占据电子场域结构中的高等级位置，先赋的话语权和权力资本使其可以获取线上资本的政治回报。微信群中的“群红”，因为比较活跃，会写段子，能和大家打成一片，因而可以收获个人魅力、社会认可等社会回报。微信群中的权威人物，往往是现实中具有真实权力地位的领导或行业专家，在线上同样会掌握权力资本，他们可以通过个人的权力资源换取尊敬、声誉、服从等社会回报。所以，在微信群中，这些人的发言往往会引发较多回应，易获取较为丰厚的“社交报酬”和“关系报偿”。

在深度访谈中，针对“如果微信群里发言的人是领导或有威望的人，你是否会回应”这一问题，有多位受访者均表示会回应。

B7：“领导的话一般会回复的，因为需要通过回复表示一种对信息的接收和对领导的尊重。”

A4：“会（回复），工作上的回复是一种响应，应该做的。”

A6：“会（回复），因为很少会有这样交流的机会可以让领导看见自己。”

从受访者的回答中可以看到，掌握权力资本的领导可以通过社会交换在微信群中获取到社会资本的回报，另一方面，对其进行回应的个体也期望在与领导的关系互动中谋求某种社会资本的回报。

虽说微信是熟人社交圈子，但人们也会通过微信中的一些弱连接获取有利于自己的信息资源和社会回报。在深度访谈中，即有受访者谈到通过增加弱连接或进入弱连接圈子来获取有用信息、扩大视野、拓展人脉等。

B2：“我微信里有某一领域有影响力的人。比如说我微信里有一位老师是大连市语文学科的教研员。我加完老师的微信后，可以及时跟他沟通了解未来的就业，语文方面的教学方法、知识之类的，对我挺有影响挺有帮助的。”

B9：“有些微信好友是本学科或者本职业领域具备一定影响力的人物。即使没有过多的私下交流，定期或不定期地查看其更新的朋友圈也会有助于自己了解和掌握相关信息。”

A4：“我加入了一个名为‘行动派’的社群，通过社群聊天，和几个朋友组织了周末读书会，定期组织读书交流活动，彼此交换读书心得，扩展了自己的人脉圈子。”

在朋友圈中，微信用户也会通过一些有目标的工具性行动获取社会回报。比如在深度访谈中，针对“好友经常给你点赞或评论，是否会改变你对他（她）的评价”这一问题，很多受访者给予了肯定回答。

A2：“会改变。好友经常点赞或者评论，不管其出于什么目的，至少说明他对我发布的信息比较关注，一个人如果经常关注自己，难免就会让自己也产生同样的想法，可能会对他的评价也产生一定改变。”

B2：“如果他（她）经常给我点赞评论，当然会改变我对他（她）的印象。比如刚上研究生的时候，我们班有个女孩儿不太会办事儿，我心里开始对这个女生印象不是很好，但是后期，我发朋友圈的时候她经常给我评论点赞，我就觉得可能人家也没有那么讨厌我，对我还挺好的，那我也就没必要那么讨厌人家了，就化干戈为玉帛。”

5.3.3.2 表达性行动的回报

在表达性行动中，“社会资本是加强对资源的控制与防止可能的资源损失的一种手段”[①]。人们在表达性行动中通过同质互动，接触和动员与自己拥有相似资源的他人，通过增进情感和共享资源，来维持和保护现存资源。因此，从关系强度看，“关系越强，获取的社会资本越可能对表达性行动的成功有正向的影响”[②]。表达性行动的回报也可以被具体化为三种类型：身体健康、心理健康和生活满意。身体健康包括维持身体正常机能、抵御疾病与伤害的能力；心理健康反映了承受压力、维持认知和情绪平衡的能力；生活满意指行动者对家庭、婚姻、工作、社区和邻里环境等生活领域的乐观和满足情绪。

根据社会资本理论，强关系与同质互动对个体行动者的心理健康和生活满意有一定的促进和提升作用。因为人们在遇到生活、工作或情感中的问题时，可以通过向亲密好友进行自我表露、倾诉心事以减少痛苦，从而促进心理健康和生活满意。微信中的社交关系因为以强关系为主，且社交成本较低，便于人们进行频繁互动和自我表露，维护原有的关系资源，易获取较高的表达性行动的回报。在“微信中的人际关系互动与表达”量表中可以看到，在“微信让我和朋友之间的联系变得频繁”（3.35）、“微信加深了我和朋友之间关系”（3.28）、“微信让我比面对面交流能更好地表达自己意思”（3.11）、“微信让我比面对面交流更放松”（3.24）、“微信让我释放情绪和压力”（3.16）等问题中，被调查者对相关问题表现为持赞同意见的正向态度，反映了微信用户通过动员和强化同质关系，有效地获得了心理、情感等方面的表达性回报（见表5.1）。

在深度访谈中，也有很多受访者谈到了微信在强化亲密关系、促进情感性回报方面的作用。

---

① 林南.社会资本——关于社会结构与行动的理论[M].张磊，译.上海：上海人民出版社，2005：234.

② 林南.社会资本——关于社会结构与行动的理论[M].张磊，译.上海：上海人民出版社，2005：65.

A6:“(微信亲密了和家人朋友的关系,)因为一个人独在异乡,通过视频和语音通话可以看到他们的脸或者是通过声音想到他们的脸,心里总是一阵暖暖的,给自己更加强大的力量去前进。”

B1:“(微信对亲密家人朋友间关系)有帮助,信息沟通更及时了,如经常可以看到孩子日常照片,增进感情。对于朋友和亲属问候更方便了,增加了相互关心的机会。”

和工具性行动相比,表达性行动是人们更重要的行为动机,因为,“丧失已经拥有的资源比获得额外资源对自我的生存会产生更大的精神和身体威胁”[①]。同时,个体在运用两种不同的行动类型维持资源或获得资源时,两种行动类型中的某些要素无法完全分割。比如一个人有目的的工具性行动也可以包括情感因素,因为有时会由于赢得他人的情感支持而获得额外资源。而同样的一些行为,可以基于它的目标和手段是否分离而决定它是工具性的还是表达性的,正如在微信朋友圈中,人们可以通过点赞、评论等行为来单纯表达自我意见和情感,满足心理需要;也可以利用点赞、评论等行为来密切人际互动,强化弱关系,期待获取他人的资本回报。林南还认为工具性行动的回报和表达性行动的回报是相互增强、相互促进的。正如良好的身心健康和积极的生活态度会有利于个体获取政治、经济和社会回报,反之亦然。

当然,在中国的人际交往中所存在的人情关系的交换是一种比较特殊的关系资源的交换。因为人情的交换往往表现在一些有形和无形资源的交换上,它不完全等同于西方交换理论中所强调的理性原则下的等值交换倾向,而更多地强调“欠人情”和施报不一定等值的人情关系。在中国人情关系的交换中,受惠的人总是想加大分量去报答对方,使施惠的人反欠人情,于是,施惠的人再想法多还人情,如此反复,中国人便在算不清的人情关系当中延续下去长久的人际关系。在微信中,立体化的社交网络虽然已一定程度上淡化了这种脱胎于血缘关系的人情关系,但在微信基于强关系所形成的熟人圈子中,仍不可避免地表现出这种特殊的关系资源交换的特点。在中国式的情理社会中,人情关系的交换所获得的回报既可以表现为有形的实质性的帮助和实惠,也可以表现为无形的面子和关系资源。而且,这种关系资源的回报并不一定强调即时性和完全清算。因此,从社会资本回报的时间线来看,微信中的社交关系网络不仅能满足人们在信息、情感、金钱等方面的即时需要,带来社交关系的即时报偿,更重要的是,它可以通过长期互动和关系培养,延时满足人们在

---

① 林南.社会资本——关于社会结构与行动的理论[M].张磊,译.上海:上海人民出版社,2005:45.

个人魅力、社会接受、社会认可、尊敬/声誉等方面的社会资本需要，换取人们长期的社会关系报偿。

5.4 微信社交中的社会归属

人类在满足生理需要和安全需要的基础上，还要满足归属需要，即通过社会交往来建立与他人之间的联系，在社会关系中获得他人认同和社会归属感。从社会心理学的角度看，人们对关系的资源投入还期待能满足个体的归属需要。“社会关系可以强化个体的身份和认同感，为个体提供情感支持和对某些资源权利的承认。”[①]因此，人们通过交往和建立关系来获得社会归属感是心理学层面上的一种关系报偿需求。

5.4.1 人际交往中的归属需求

人非生而孤独，作为社会性动物，人类有交往的需求，即“寻求与他人结伴的内驱力——某种被称作归属需要的东西”[②]。在与他人建立的社会关系中，人们可以确信和认识自己的个体价值，成为“共享相似利益和资源”的社会群体中的成员，从而获得群体认同感和社会归属感。通过获得社会归属感，人们可以更好地融入社会而降低孤立感，获得因为社会认可和赞扬所带来的自尊，享受他人提供的精神鼓舞和情感支持，从而提高心理上的安全感。

从社会心理学的角度看，认同往往会导致归属感的产生。虽然认同有生物取向、心理取向和社会取向三种类型，但人际关系中的认同研究通常是社会取向的，即认同代表着身份的确认或归属。正如社会心理学家凯尔曼所言，“认同是个人在想要同另一个人或群体建立或维系一种令人满意的关系而接受影响时发生的”。社会心理学者阿伦森也认为，“认同是一种对社会影响的反击，做出这种反应，是由于个人希望自己成为与施加影响者一样的人”，“认同的目的不是为了获得奖赏或免受惩罚(如依从那样)，而只是为了和那个人一样”。[③] 因此，在社会认同中，个体会通过自己在某社群的成员资格给自己

① 林南. 社会资本——关于社会结构与行动的理论[M]. 张磊，译. 上海：上海人民出版社，2005：19.

② 亚当·乔伊森. 网络行为心理学：虚拟世界与真实生活[M]. 任衍具，魏玲，译. 北京：商务印书馆，2010：175.

③ 沙莲香. 社会心理学(第三版)[M]. 北京：中国人民大学出版社，2011：82-83.

的社会身份贴标签，从而将自己与他人区分开来，获得群体内的归属感。

5.4.2　微信社交与获得社会归属感

作为移动便携的熟人社交工具，微信社交平台无疑在帮助个体获取线上关系网络中的归属感方面具有巨大优势。通过加入某个群组，表达某种程度的承诺，或因为某个议题而聚集在一起，或通过从众性质的行为互动，个体可以在微信关系网络中通过相互认同而寻找到群体归属感，满足心理及情感上的需求。

5.4.2.1　圈子化生存中的归属

有学者认为认同是“关涉个人与群体隶属关系的一个概念”，即个体归属于哪个群体的过程。所以，个体通过成为群体中的成员，并表现出对该群体的长期承诺，实现对自我身份的心理肯定及个人对该群体的认同与归属。在微信中，人际交往的一个最鲜明的特征就是无处不在的圈子文化。不论是朋友圈还是微信群，微信通过建立无数个大大小小的圈子，使人们又回到了相对封闭的圈子社交当中。这种圈子文化可以帮助隶属于某个圈子的社会成员确定自己的身份定位，从而形成归属感和认同感。而微信社交中的主体“身体缺席”和超越时空的无边界传播，使人们可以同时进出穿梭于多个不同的社交圈子，人们在不同的圈子中，不停地变换不同的社会身份，通过获得不同的群体认同满足不同层次的归属需要。

当然，正如现实生活中“离群”会被孤立一样，在微信社交网络中如果没有在某个群组中找到自己的身份认同和群体归属，也一样会产生孤独和挫败感。正如深度访谈中，受访者 A6 所谈到的感受：

“不会（在微信群中经常发言），因为群里有不喜欢的人，也没有几个心意相同的在一个群里，最重要的是没有人拉我进一个常聊的群。”

5.4.2.2　议题融合中的归属

如果圈子化生存是人们通过加入某个群体而获得归属感的话，议程融合理论则认为人们可以通过加入某个议题而获取归属感。1999 年，议程设置理论的提出者麦库姆斯和唐纳德・肖在《个人、团体和议题融合：社会分歧论》一文中进一步发展了议程设置理论，提出了议程融合理论。议程融合理论将研究重点转向社会大众对传播媒介的使用，提出了议程融合的六个阶段：寻求群体归属、了解群体议程、寻求引导、媒介接触以及议程设置的初级阶段和高级阶段。议程融合理论认为人们基于群体归属感的需要，会加入某一群体，并主动了解群体议程，以期望获得其他成员认同。而个体对所属群体信息量多少的掌握将决定他如何去使用不同媒介寻求引导，在此过程中，媒介会通过强调议题的显著性和某些属性来影响人们“想什么”以及“怎么想”。

由此可见，议程融合理论关注议题对聚集社会群体所起到的作用，将研究的重点转向“内容”与“人的社会关系形成”之间的关系问题上，揭示了传播的目的不仅是感知和认识社会，还包括结成关系，维系关系共同体。在微信这样的社交媒介中，我们同样可以看到议程融合理论的影响。比如微信朋友圈中所发布的信息打破了现实交往中“先集中再分享”的传播方式，通过议题“先分享再集中”，将关注这一议题的好友成员临时聚集起来，形成了一个超越时空限制的新的“共同体”。在微信群中也有同样的表现，很多微信群的建立往往是基于某一临时话题的发起，可能为了一次旅行、一次会议或一场活动，人们因为共同的议题而聚集在一起，并形成或临时或长久的社会关系，在这一群体中，成员会为了更好地获得认同而使用媒介去了解群体议程，最终获取群体归属。

5.4.2.3 行为互动中的归属

社会心理学认为，个体受到群体精神的感染和暗示，有时会模仿他人行为而产生从众现象。其原因在于人们希望自己能归属于某一群体，被大多数人接受，得到群体保护、帮助和支持，获得社会认同感和安全感。在微信中，个体在交往中的行为互动也会因为归属需要，而出现从众性质的行为表现。比如朋友圈中的转发行为，往往会受到他人影响。有国外公司对网络媒体转发行为的调查显示，阅读文章25%内容的人更愿意转发或分享。也就是说，人们常常不阅读分享的文章，但是他（她）还是会转发，可能往往会出于这样一种心理，即“这么多人都转发，那么我也应该转发一下”。[①] 因此，从网络媒体的转发行为来看，人们会因为担心被排斥在某个热门话题之外，而进行跟风式转发。微信朋友圈中的刷屏或点赞有时即是出于这种从众心理。在深度访谈中，有受访者谈到朋友圈点赞时的做法即反映了这种从众心理。

B3：“没人给他点赞的时候我尽量克制自己不随意点，很多人给他点赞了我再点，除非我真的很喜欢他发的这一条朋友圈我才会直接点赞。”

B9：“有些（点赞）是出于社交目的，很多共同好友进行点赞，碍于社交情面也会进行点赞。”

同样，在微信群中，也经常会出现类似的从众行为，如跟风式回复。如果群内有某位成员发言，在可回复亦可不回复的双重选择中，若多人对此发言有

---

① 彭兰．社会化媒体：理论与实践解析[M]．北京：中国人民大学出版社，2015：83.

所回应，则他人行为仍然会对群内成员产生群体压力，从而导致后来的回复基于被认同的需要，进行从众行为的操作。

5.4.3　微信社交中的社会归属目标

在微信社交网络中，人们通过相互认同和获得群体归属来进行社会学习，认识自我和调整自我；同时在社会比较中确定自我群体属性和社会身份，提高自尊；通过同质群体内的“仪式互动”和情感分享来获取在线的情感支持。

5.4.3.1　进行社会学习

有学者认为，认同是一种社会学习的过程，社会认同是指将个人的行为思想与社会规范或社会期待趋于一致。① 而英国心理学家贝特・汉莱密认为：“认同由三个层次展开，即从群体认同经过社会认同到自我认同。”②也就是说，个体通过加入某一群体获得归属，再通过所在群体参与社会活动得到社会认同，而这一过程对个体来说是社会学习的过程，个体逐渐将个人思想行为贴近社会规范与期待，完成自我认同。

据笔者调查发现，在微信朋友圈中，有 54.65%的被调查者给好友点赞的原因是“对留言有共鸣、认同”，高居第一位（见图 5.8）；有 39.15%的被调查者给好友评论的原因是“比较认同好友的观点”，位居第二（见图 4.7）。也就是说，在微信的社交圈子中，人们通过认同他人和获取他人认同来进行社会学

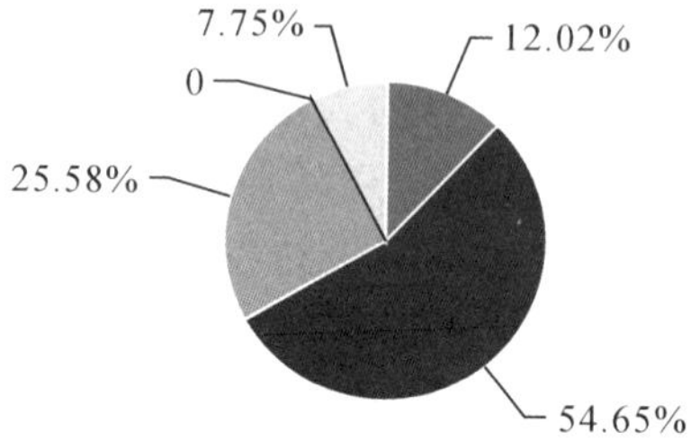

图 5.8　在朋友圈点赞的原因

来源：本研究调查采集数据（2016 年 12 月）

① 沙莲香. 社会心理学（第三版）[M]. 北京：中国人民大学出版社，2011：83.

② David，L. S.（Ed.）. International encyclopedia of the social sciences[M]. New York：Crowell Collier and Macmillan Inc.，1988：250.

习，从而完成自我认识和自我调整。在深度访谈中，受访者在谈到给好友评论的原因时，也都表达了类似的想法。

B1："对我很有帮助、提高认识水平的链接，我会评论。如健康知识、食品知识、养生哲理、修身养性、为人处世等。"

B3："评论只会在深有同感的时候才会评论，一般评论熟悉的人的朋友圈。"

B7："评论的话一般会依据好友关系，对关系比较密切的人才会评论，或者一些我比较认同或者不认同的观点也会评论。"

可见，微信用户在所属的圈子里，通过群体认同和社会认同完成了社会学习过程，进而确认自我属性，在不断的人际互动中调整自我态度和行为。

5.4.3.2 提高自尊

人们的身份从群体层面来说是由其所属的社群建立起来的。社会身份论认为，社会认同是由"类化、认同和比较"三个历程组成。人们建立社会身份，是为了透过所认同的社群，提高自尊。[①] 在这里，社会认同与社会比较关系密切。泰弗尔(H. Tajfel)认为，除个人间的比较外，群体间也有比较。在社会生活中，个体会将自己至少归属于一个群体，并确定自己的社会身份和群体属性。在选择群体的过程中，人们会比较和评价各群体的优劣、声誉和社会地位，争取把自己归属于较为优越的社群，并认同自己具有该群体的普遍特征，从而提高自尊和个体身份地位。

微信中超越时空、覆盖强弱关系的立体交往结构，大大拓展了传统交往中以"血缘""地缘"为标准的交往格局，微信中建立起来的无数个交往圈子，为人们进行群体间的社会比较和群体认同提供了便利条件。通过提高人们的交流频率和交流深度，微信可以给人们带来更为丰富的交往体验和关系报偿。微信中好友关系网络的显性化和标签化，可以让人们更好地经营和管理不同的关系群体，并通过类化自己较优的群体属性和群体认同，而提高自尊和个体自信心。

5.4.3.3 获取情感支持

有研究表明，与某人在社会化媒体上互动越多，越有可能获得这个人的帮助，即社会支持。[②] 而在彼此认同的所属群体中，成员间的互动多为同质互动，即具有相似群体特征和相似资源的成员间的关系互动。林南认为，同质互

① 沙莲香.社会心理学(第三版)[M].北京：中国人民大学出版社，2011：108.

② 洪浚浩.传播学新趋势[M].北京：清华大学出版社，2014：721.

动会把情感、互动和资源的相似性联系在一起，可以增进情感和共享资源。相反，异质互动则不能促进情感分享。此外，美国社会学家兰德尔·柯林斯在著作《互动仪式链》中提出"互动仪式链"理论，认为人们在日常程序化的活动中，于交往之初所形成的共享的情感，会随着仪式互动体验的长期积累，而转化为趋于稳定的情感能量。"这种情感能量反过来作用于群体成员，加强了群体的凝聚力和成员的归属感。"①

微信中的社交圈子多以强关系为主，为群体成员间的同质互动提供了适宜场所。因此，在微信的社交圈子中，人们更愿意在得到认同的群体中分享心情，寄托情感，获得在线情感支持。正如威尔曼和古利尔所说，"人们使用网络不仅为了寻找信息，更为了寻求情感支持和归属感"。② 如深度访谈中受访者A2 所说：

"不太好的事情有时也会（在朋友圈）发布，但只涉及自己遇到的事情，比如遇到困难了、困惑了、麻烦了，在朋友圈发布一下，可能会得到朋友的建议或者帮助，甚至能转危为安、化险为夷。"

同时，作为移动社交媒介，微信的发展表现出媒介演化的"人性化趋势"，其中的社交关系网络为人们再现日常生活中情感交换的"互动仪式"提供了良好场域。微信关系网络中黏性、"湿"化的人际关系便于群体成员间的情感分享和情感能量的积聚，这种情感能量反过来进一步加强了群体凝聚力和成员归属感。

---

① 柳竹．浅析微信互动传播的情感动因[J]．新闻知识，2016(2)：33-35.

② Wellman, B., Gulia, M. Net surfers don't ride alone: Virtual communities as communities [M]. In M. A. Smith. P. Kollock (Eds.), Communities in Cyberspace. London: Routledge, 1999: 167-194.

6 微信社交关系中的异常变化与逃离

微信自2011年创建，短短几年间已吸引11.12亿月活跃用户，成为中国发展最快、普及度最高、影响力最大的一个社交平台。但是随着微信用户群体的不断庞大，使用年限的不断增加，会发现有些微信用户的使用意愿开始降低，发布朋友圈的频率有所下降，且原创内容的发布量有所减少，甚至有用户停用微信朋友圈。这些微信发展中的现象折射出微信人际关系建构中的异常变化和负向问题，值得探究。

6.1 微信社交关系中的异常变化

随着微信体量的日益庞大，微信中原有的功能设计在设想变现后也开始慢慢发生变化。基于微信的社交属性，其在人际交往和人际关系的建构过程中近两年开始表现出一些异常变化。在微信社交中，由于其传播结构的圈层壁垒和"信息茧房"而易导致人群割裂；其中的传播主体也表现出"容器人"与群体性孤独的心理特征；微信用户的"自晒"也会导致他人的幸福感降低，并反映出个体的身份焦虑；而微信社交圈子的不断扩充引发了圈内强弱关系的变化，使原有的好友亲密度逐渐降低；微信用户间的情感交流和情感价值也在陌生观者的消费围观下被消解；微信空间内，关系网络中的权力因素依然存在，造成了微信关系空间中的身份区隔，同时，人们获取信息资本的自由和个人隐私关系资源的被保护发生了冲突，社会资本的边界日益模糊，这一隐忧值得警醒和思考。

6.1.1 微信社交中的圈层壁垒与"信息茧房"

微信这一社交工具从功能设计的本质来看就是一个以"人"为本、构建熟人关系网络的社交通信软件。微信中的好友是基于现实中的手机通信录和QQ好友通信录进行添加的，最常用的文字语音聊天功能是一对一的同步通信，朋友圈和微信群是一对多或多对多的异步社交网络，在朋友圈中，只有同为关注对象的好友才能看到彼此的评论，即使是微信公众号和其订阅者之间的互动也是相对封闭的。因此，微信中的社交环境是相对封闭的双向沟通的社交平台。

同时，微信平台又表现出鲜明的圈子社交文化。微信平台本身就是一个以用户个体为中心的几十人甚至几百人不等的较大范围的社交圈子，在这其中，又按照血缘、地缘、业缘、学缘、趣缘等不同因素，或通过分组，或通过建群，形成难以计数的大小不等的小圈子。微信用户面向熟人好友，在大大小小的亲友圈、老乡圈、同学圈、同事圈、兴趣圈等不同圈子内往来社交。此外，基于微信平台中不同的传播空间以及传播主体在不同圈子内的身份地位，微信中的信息交流与关系传播还表现为在不同的层级上同步进行与展开。因此，微信中的社交环境便表现为在不同层级上的无数个大小不等的社交圈子交叉重叠却又相对封闭，最终构成微信平台中相对私密、相对封闭的圈层传播结构。

在这样的圈层传播结构中，人们选择和自己认同或认同自己的人进行交往，屏蔽掉自己不喜欢或不感兴趣的人或信息，从而使自己处于不同的群体特征相似的社交圈子，圈子内的成员关系以强关系为主，进行有利于联络情感的同质互动，人们在强化固有关系的同时，也被深深地禁锢在社交圈层的壁垒之中。在这样的圈层壁垒中，人们难以和熟人圈子之外的成员进行交往，更无法接触到不同类型的异质化信息。而这样的圈层壁垒越来越厚，使圈层内的信息不断回荡反射，形成永远的正反馈，从而使圈子内成员日益被束缚在自己选择的“信息茧房”中，失去对周围环境的正确认知和完整判断。当圈子内成员越来越多地依赖自己的关系网络来获取信息了解环境时，他们会因为信息源提供的信息出现偏差或缺失而对环境的认知也出现偏差或缺失。而这种偏差或缺失会因为圈层壁垒的增厚增高很难被矫正，导致公共信息的传播和社会意见的整合变得越发困难。

因此，微信中的社交结构可能会使个人营造一个相对封闭的个人世界。正如你可能会在微信上和相距几千里的好友畅聊，却可能不认识自己的邻居是谁一样，微信社交中的圈层壁垒和信息的“回音壁效应”会导致同质化严重和主体性丧失，固化已有群体并难以进行跨群体传播，群体内的差距越来越小，而群体间的差距越来越大，从而导致人群之间的割裂日益加深。

6.1.2 微信社交中的“容器人”与群体性孤独

日本学者中野牧在《现代人的信息行为》一书中提出“容器人”概念，认为在现代传播环境中，人们的内心世界犹如一个孤立封闭的玻璃容器，可以看得到彼此，却无法走入对方内心。人们的接触只是容器外壁的碰撞，而缺少内心世界的交流，所以在媒介化生存中，保持距离成为人际交往的一种选择，也造就了人们的孤立与孤独。在社交媒体出现后，“社交媒介化生存”已然成为当下人们的一种生活状态。据笔者问卷调查结果显示，94.97％的被调查者每天都会使用微信（见图 5.1），52.33％的用户平均每天使用微信的时长达 2 小时以上（见图 5.2），可见，微信用户对微信的依赖性日益加深，微信已然成为人们生活中不可或缺的一部分。

但是，微信中的人际交往因为身体的“缺席”而导致交往对象的社交场景和交往状态无法确定，也便无法保证交流对象在每一次线上交流中都能做到专注交谈。因此，交往双方的心理节奏的不同步会极大影响到交谈双方的谈话氛围及谈话质量，交谈要么中断，要么演变成对方的敷衍应对，从而使双方无法进行深度互动，更难以走入对方的内心世界进行思想及情感上的交流。同时，微信中的碎片式的交流方式仅仅是一种相对涣散的浅交流，“缺乏完整的文本意义”，而微信中的交流主题又常常因为传播符号的限制和交往空间的非同一性，经常转换和漂移。在这种漫不经心的聊天状态中，交流双方无法保证会全身心地投入话题并进行真情实感的交流，因此聊天内容也无法对交谈对象的内心世界真正产生深刻的影响。

所以，微信中的交往常常无法真正打开一个人的心灵世界，从而造就出一些内心孤独无法被消解的“容器人”。正如知乎问答中，针对“人们在社交网络中，为什么越来越少地分享个人动态和想法”这一问题时，有网友如下回答。

网友 A：“分享一段时间就会发现，记下来的生活只是重复，说出来的孤独更是孤独。”

网友 B：“就我个人而言，不愿意分享个人动态和想法主要是以下原因：1. 越来越意识到我的个人动态及想法和99.9％的人都没半毛钱关系；2. 越来越意识到 99.9％的人都不会在乎我的个人动态和想法。”

这样一些回答也代表了微信朋友圈中一些人的心理状态及想法。笔者的一位朋友在微信朋友圈中的状态是：有知心闺蜜，有可爱儿子，有实力老公，呈现出幸福的生活状态。但一次交谈中，对方感慨：“晒的自然是好的！谁还真能活成朋友圈的样子！”一句看似云淡风轻的喟叹背后，描画了多少人内心真实的“群体孤独”。

在深度访谈中，受访者A6也谈到对微信朋友圈类似的看法：

“我不太喜欢使用朋友圈，因为不愿意向别人展示自己的生活，越长大越孤单，有些事情藏在心里就好，发出去会使关心你的人担心，或者说没有人去关心你，朋友圈本来就是一个社交平台，不是抱怨的地方，负能量太多，不愿意让别人看见心烦。”

在微信客户端的封面照片中，站在蔚蓝星球前的那个小人儿，也许正是渴望通过连接摆脱内心孤独的你我，但正如雪莉·特克尔在《群体性孤独》一书中所说：“我们彼此联系得更加紧密，但奇怪的是，也变得更加孤单。在这种亲密关系中，出现了一种新型的孤独感。”[①]

6.1.3 微信社交中的“自晒”与幸福感降低

社会比较理论认为，人们通过社会比较进行自我评价，认识自我，确认自我。在社交网络中，社会比较变得更容易发生了，但这种比较不完全是有益的。2016年末，俄罗斯卡巴斯基实验室在全球18个国家开展的一项问卷调查结果显示，当看到别人在社交网络“晒幸福”“晒快乐”时，有半数以上的人会感到“羡慕嫉妒恨”。其中日本的调查结果表明，有54%的人在社交网络上“得知别人过得比自己好时（包括结婚、生子、旅游、休假）”会感到不愉快。[②]正如国外有网友针对社交媒体的“晒”本质及其带来的“羡慕嫉妒恨”文化感慨：“老朋友的生活一下子暴露在你眼前，出国游、夜生活、激情马拉松什么的，原本你们差不多，但现在你不自觉地拿自己的状态和他们对比。为什么人家过得比你精彩？长此以往，朋友越‘晒’，你越伤。”因此，他减少了使用社交媒体的时间。“我确定，如果我不翻看朋友们的界面，我一定会是个更快乐的家伙。”[③]

在微信朋友圈中，“自晒”也已成为一种普遍现象。虽然有很多人在朋友圈“晒吃”“晒玩”“晒娃”“晒自己”“晒幸福”，是想和好友分享自己的快乐心情，但也有很多人把握不好“晒”的尺度，不但未能使所晒内容得到肯定，反而会导致反效果。在深度访谈中，受访者B2对这种现象会觉得反感：

---

① 雪莉·特克尔.群体性孤独[M].周逵，刘菁荆，译.杭州：浙江人民出版社，2014：20.

② 王晓易.看你晒幸福，半数人会嫉妒[EB/OL].http://news.ifeng.com/a/20170127/50632843_0.shtml,2017-01-27.

③ 张宝钰.“95后”患上社交媒体倦怠症：晒得好疲惫[EB/OL].http://edu.sina.com.cn/a/2015-11-23/doc-ifxkwuwv3547691.shtml,2015-11-23.

“我特别讨厌朋友圈的一种现象，就是每天都发好多张自己的自拍。我觉得自拍这个东西吧，几天发一张或一段时间发一次，让大家知道你最近长什么样就可以了，没必要一天发四五条、五六条都是自己照片，这样特别让人讨厌。”

实际上，即使是好友在朋友圈内发布自己真实的成就或幸福状态，经常刷朋友圈的人通过这种向上比较，会产生“别人比自己更有成就或更幸福”的错觉，这不可避免地会对使用者的心理产生消极影响。在豆瓣中，针对“大家会嫉妒晒在朋友圈里的信息（是指朋友真实的成就）吗”这样的问题，有网友回答：“不会，但是会很心塞，相当地心塞。”“有点吧，在别人的成就面前会有点小自卑。”“不嫉妒别人，但是觉得自己没本事，特别讨厌自己。”在深度访谈中，受访者 A6 面对朋友圈的“晒”文化，也唯有羡慕和落寞：

“我的朋友圈有一部分女生特别喜欢发出去吃饭的照片，会羡慕，因为我想和别人吃饭的时候都不知道叫谁。”

微信朋友圈中的“自晒”一方面源于传播心理中的“聚光灯效应”，即人们往往高估了他人对自己的关注；另一方面从根本上反映出一些人的身份焦虑，即人们无法准确定位自己的社会身份。因此，“表演者”通过社交网络中的自我伪装所进行的虚假自我呈现，不仅伤害了观者，也使自己距离现实中的真实越来越远。

6.1.4　微信社交中的圈子扩充与亲密度降低

早期的微信是以熟人为主的半开放式的社交平台，其相对封闭的圈层式结构和朋友圈内保护隐私的功能设置，给微信用户提供了一个相对私密的社交场域。同时，微信好友基本是现实生活中有过直接或间接接触的人，使微信中的人际交往有较高的信任度作基础，圈子内的人际关系亲密度较高。但是，随着微信用户数量的不断增加，微信用户的好友通信录也在不断扩容。一方面，微信好友通信录中的关系类型日益多样化和复杂化，从最初的亲密挚友逐渐扩展到同学、同事、领导、家人甚至是见过一两面的陌生人，将不同场景下具有不同社交属性的人聚集在一起，不仅稀释了微信熟人圈子中的私密性和亲密感，也使个体在交往中因为无法确定交往对象而变得无所适从。

另一方面，微信好友人数的不断增加，也日益超出了微信用户的管理精力范围。据笔者问卷调查结果显示，有 46.51％的被调查者的微信好友人数已超出 150 人（见图 5.3），2017 年，企鹅智酷发布的《微信影响力数据报告》显示，2016 年拥有 200 位以上好友的微信用户占比近 45％，比上一年增长近一倍。而如前所述,人们的精力及认知能力只能管理不超过150人的稳定人际关系,不超过15人的亲密朋友关系。庞大的微信好友数量大大降低了个体管理和维系人际关系的平均投入时间,让人们淹没在人际关系不能承受之重的负累当中。

微信好友数量的不断增加和微信社交圈子的不断扩容,使微信距离发展早期的那个"分享私人生活点滴的温暖场所"日益遥远。随着各色人等的不断加入,微信中以强关系为主的社交生态环境已发生改变,微信"朋友"圈子的泛滥和其中呈现出的泛交往方式使微信中带有情感意义的交往价值发生巨大变化,微信中的社交圈子变成了各种关系的大杂烩,原有的私密性难以得到有效保护,好友的亲密度也越来越低。

徐志斌在《社交红利》一书中曾提到,人们生活在小群当中,即使人们进入大社群中获取安全感,但人们依然会将其构建成一个个10~20人的小群,因为在小群中,人人认识人人,人人信任人人,人人之间互动频繁。① 因此,人们在小群中会保持活跃度,从而避免了关系链膨胀所带来的关系冷却效应。而如今的微信,随着原有社交圈子的无限扩张,朋友圈变成了"是非圈",微信群变成了"大象体",微信社交圈子中强弱关系的边界变得日益模糊,这迫使人们的发言意愿和互动频率日益降低,微信好友间原有的私密空间也慢慢被侵蚀殆尽。

6.1.5 微信社交中的消费围观与情感消解

早期的微信用户建立朋友圈是为了加强与朋友之间的联系与情感沟通。在小型的朋友圈中,人们可以毫无压力地和亲密好友进行情感交流,人们愿意"矫情"地分享点滴心情,因为有人在乎并愿意真诚回应,这种圈子成员的内群认同也不断地激励着个体去进行情感互动。而从社会资本的角度来看,拥有强连接的同质群体成员间的互动有利于增进情感,获得情感支持。

但是随着朋友圈子的不断扩张,不同类型的关系不断进入圈子,个体"表演"的环境发生了极大改变。面对越来越多的陌生"观众",人们很难像以前一样可以毫无防备地在圈内讨论私密话题,表达情感。原有的信任感和认知度被破坏,圈内的"朋友"变成了围观和消费他人私密话题的"窥视者",自我归属的身份探寻变成他人消磨时间的肆意评判。因此,厌烦被评价和情感的被消

① 36氪产品社区.如何理解社交效应"蒸发式降温"[EB/OL]. http://36kr.com/p/5045780.html,2016-04-12.

费使个体在社交圈子中产生了自我身份丢失的失落感，而“如果个体知觉到自己失去了定义‘我是谁’的能力，将从这种积极情感交换和依恋的循环中退回。当人们感受到‘我是谁’的身份感丧失时，将体验到消极情感。这些消极情感会促使人们与网络分离，因此降低整个网络的统一性和团结感”①。正如深度访谈中受访者如下所说。

A6：“发朋友圈越来越少，原来大概两天发一条，现在大概两周发一条，随着年龄的变化越来越明白哪有那么多人关心你，哪有那么多人关注你，经常发朋友圈不仅没有互动，还惹得一阵嘲笑和别人的厌烦。”

B5：“现在朋友圈实际已经不‘朋友’了，所以在这个所谓的圈里去联络感情的话觉得已经意义不大了。”

B3：“我越来越不喜欢在朋友圈晒自己的心情、生活，因为不喜欢别人管住自己的方方面面。现在发朋友圈，就像是完成任务一样分享一下链接就完事了。”

也有网友在知乎问题“人们在社交网络中，为什么越来越少地分享个人动态和想法”中回答：

“因为厌倦被‘评价’。不是每个人会为你的喜怒哀乐而喜怒哀乐，就像你每次把你跑步多少圈的截图发到朋友圈上去，不是所有人都会为你努力锻炼身体而高兴，更有甚者，会对你冷嘲热讽，恶语相向。”

于是，随着微信朋友圈交往功能的异化，人们越来越少在圈内发布个人心情和个人生活，越来越多地转发鸡汤链接和无关痛痒的视频、图片，这从笔者的相关调查结果可知(见表 4.1)。寒暄式的社交成为朋友圈内的常态，人们不断地通过刷屏各种“浅阅读”信息来宣示主体的存在，先前圈子内的自我言说和情感交流在陌生观者的围观消费下，已逐渐演变为泛化社交的点缀。主体身份的丧失和交流情感的被消解使一些微信用户不得不逐渐远离这个既熟悉又陌生的社交场域。

6.1.6 微信社交中的身份区隔与资本获取隐忧

虽然电子网络一定程度上缩小了个体身份、地位、权力之间的差距，但是在以现实社交关系为基础的微信中，权力并没有完全消失。根据社交媒体中的“富者愈富”理论，在线下拥有丰富资源且善于社交的个体，在线上也更易发

---

① 乔纳森·特纳，简·斯戴兹．情感社会学[M]．孙俊才，文军，译．上海：上海人民出版社，2007：189．

展出高质量的人际关系，并获得更多的社会资源。因此，在微信中，虽然主体身份被符号化，但符号身份的背后，依然隐藏着个体真实的性别、年龄、职业、地位等社会身份的象征因素。而主体在微信朋友圈及微信群中所传播的符号信息便不可避免地体现了一个人的趣味、文化、价值、身份等。在布迪厄看来，文化即是产生区隔的首要因素。人们在日常生活中所表现出来的文化及趣味，即"表现和证明了行动者在社会中所处的位置和等级"①。在布迪厄的社会空间概念中，"趣味分割和聚集了人群，是阶层的标识"，而阶层指的是"在社会空间中，一群有着相似位置、被置于相似条件、并受到相似约束的行动者主体的组合"。②

一方面，在微信社交中，人们要获取社会资本，需要通过社会互动来达到目标。而同质原则告诉我们，"社会互动倾向于在有着相似的生活方式和社会经济特征的个体之间发生"③，即布迪厄所说的在社会空间中处于接近位置的个体更容易发生互动，也更容易彼此交换社会资源。因此，在微信的关系空间中，形成了身份和资本的区隔。正如在微信群中，有人发言，无人理睬；有人发言，应者云集，正体现了身份和资本对话语权的影响。而在微信关系网络中，处于不同等级位置的个体因为拥有资源量的不对等，很难发生互动，并形成社会区隔。

另一方面，在微信社交关系网络中，人们为了获取嵌入在关系网络中的社会资本而进行关系投资，并期待着相应的收益和回报。但是在电子网络中，人们在获取资本的过程中，个人资本和社会资本之间的界限已模糊。微信的低社交成本可以为用户获取并展示他人信息打开方便之门，但在此过程中，个人的隐私信息也一定程度上被暴露在公共空间，二者之间的边界又在哪里？在微信中，虽然个体对这一边界有一定的掌控能力，但在关系联结紧密的社交圈子中，他人为获取社会资本而对个体隐私权的侵犯有时已无法为个体所掌控。正如我们在自己的朋友圈晒同学聚会的照片，可能不会征得其他所有人的同意；同样，我们要晒孩子和其他小伙伴的照片，可能也不会征得其他孩子妈妈的同意。而此前俄罗斯卡巴斯基实验室所做的问卷调查还显示，有2％～4％的人认为，在社交网络中为求赞可公开一些让朋友或同事丢人的信息或秘

① 罗钢，王中忱. 消费文化读本[M]. 北京：中国社会科学出版社，2003：72.

② 杨修菊. 文化成就区隔——布迪厄阶层理论述评[J]. 池州师专学报，2007(8)：67-70.

③ 林南. 社会资本——关于社会结构与行动的理论[M]. 张磊，译. 上海：上海人民出版社，2005：38.

密。[1] 在微信社交网络中，对社会资本的获取可能会侵犯到其他个体的个人资本领域，这一隐忧同样值得警醒和思考。

6.2　微信社交中的倦怠与逃离

6.2.1　微信社交中的使用倦怠表现

在 Facebook 中，“原创”内容一向是会带来用户参与度和活跃度的重要内容。但有相关数据显示，到 2015 年中，Facebook 上的信息分享总量同比下降 5.5%，而“原创”内容同比下降 21%。[2] 类似的情况现在在微信中也开始出现。据笔者问卷调查结果显示，在“您现在使用微信朋友圈的次数和以前相比”一题中，虽然有 46.51%的被调查者表示和以前一样，有 26.74%的被调查者表示有所增加，但也有 26.74%的被调查者表示比以前减少了(见图 6.1)。也就是说有 1/4 多的被调查者减少了使用微信朋友圈的频率，而这一点在深度访谈中也得到了相应证实。针对深度访谈中“你现在发布朋友圈的频率和之前相比有变化吗”这一问题，有近 2/3 的受访者表示，现在使用微信朋友圈的频率和以前相比，减少很多。

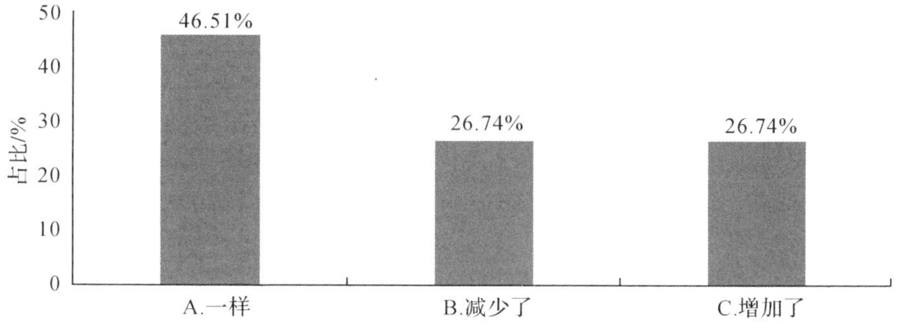

图 6.1　使用微信朋友圈的次数和以前相比的变化

来源：本研究调查采集数据(2016 年 12 月)

---

① 王晓易. 看你晒幸福，半数人会嫉妒[EB/OL]. http://news.ifeng.com/a/20170127/50632843_0.shtml,2017-01-27.

② Misty. Facebook 的挣扎：如何让用户分享更多“原创”信息[EB/OL]. http://mt.sohu.com/20160408/n443704334.shtml,2016-04-08.

B2："我刚玩微信的时候发朋友圈的频率很高。2012 年、2013 年的时候基本上一两天、两三天就会发一条朋友圈……后来随着年纪的慢慢变化，发朋友圈的频率没有原来多了。有时候可能十多天发一条，有时候可能一周发一条，有时候四五天（发一条）。我就是有意义的事发。"

B4："变少了。一是没空，二是发现分组功能不能满足我的要求。"

B8："有变化。2016 年以前发布比较多，之后发布的比较少，感觉自己对微信的依赖感降低了，发现其他朋友的朋友圈内容也减少了。"

A4："比之前少了。会选择一些有意义的精品内容进行发布，不会遇事就发朋友圈。"

A5："有，因为工作变动，发布的频率变低。原来每天或者两三天一发，现在一周或两周，重大日子发。工作关系复杂，没有闲心。"

社交网络中的这种倦怠和逃离倾向，和用户年龄也有很大关系。之前有关 Facebook 原创内容分享下降的调查数据显示，相比 30 岁以上的用户，30 岁以下用户分享的"原创"内容更少。而在微信中，进一步分析笔者所做调查问卷数据结果，将年龄因素和被调查者使用朋友圈的频率变化及因素做交叉分析，发现二者之间存在显著的相关性（见表 6.1、表 6.2）。即 50 岁及以上的微信用户，随着年龄的增长，使用朋友圈的频率日趋稳定，变化不大。而 20～50 岁之间的微信用户，年龄越小，使用朋友圈的频率前后对比变化的可能性越大。其中，20～29 岁的微信用户和以前相比，减少使用朋友圈频率的比例最大。

表 6.1 使用微信朋友圈的次数变化 * 年龄交叉分析

您现在使用微信朋友圈的次数和以前相比			您的年龄					合计
			19 岁及以下	20～29 岁	30～39 岁	40～49 岁	50 岁及以上	
	一样	计数	11	42	32	31	4	120
		占比	34.4%	40.0%	47.8%	68.9%	44.5%	46.5%
	减少了	计数	6	33	20	9	1	69
		占比	18.8%	31.4%	29.9%	20.0%	11.1%	26.7%
	增加了	计数	15	30	15	5	4	69
		占比	46.9%	28.6%	22.4%	11.1%	44.4%	26.7%
合计		计数	32	105	67	45	9	258
		您的年龄是 %	100.0%	100.0%	100.0%	100.0%	100.0%	100.0%

来源：本研究调查采集数据（2016 年 12 月）

表 6.2　卡方检验

	值	df	渐进 Sig.（双侧）
Pearson 卡方	20.924[a]	8	0.007
似然比	20.911	8	0.007
线性和线性组合	9.799	1	0.002
有效案例中的 N	258		

a. 3 单元格(20.0%) 的期望计数少于 5。最小期望计数为 2.41。

由此可见，在微信社交中已有相当一部分用户表现出倦怠倾向，这其中，年轻的微信用户倦怠倾向最为明显。

6.2.2　微信社交中的逃离原因

对于微信使用的倦怠与逃离原因，笔者在问卷调查中曾针对减少使用朋友圈次数的被调查者进行调查，结果显示，人们现在不愿使用微信朋友圈的主要原因包括：朋友圈中的广告、灌水信息越来越多，不愿看也不愿发；占用过多时间，影响日常工作和生活；大家都在晒，可看的内容越来越少等(见图 6.2)。

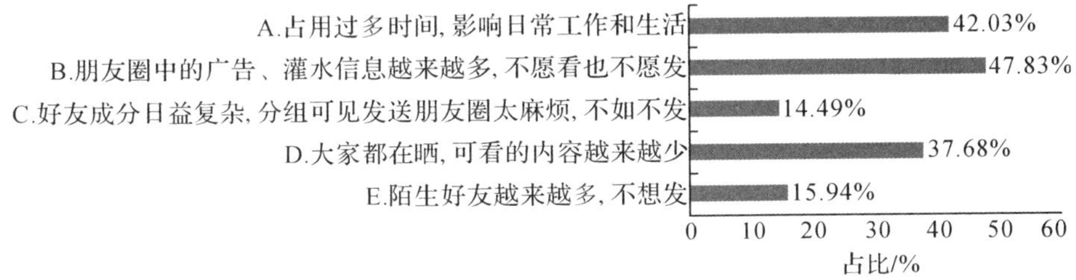

图 6.2　减少使用微信朋友圈次数的主要原因

来源：本研究调查采集数据(2016 年 12 月)

而在深度访谈中，有受访者谈到减少使用微信朋友圈的原因，其中观点和调查结果也有相应和之处。

B7："(现在发布朋友圈频率)有明显下降的趋势，甚至有种逃离朋友圈的心态。因为就像之前提到的，随着微信好友增多，朋友圈现在比较混乱，基本上都是一些生活琐事，各类情绪的抒发，还有代购、广告，刷朋友圈变得很浪费时间，最终无论是在获取信息上还是联络感情上似乎都没什么帮助。发朋友圈好像也越来越变成一种刷存在感的行为，感觉这种行为本身也没什么意义。"

B2："我现在发朋友圈的频率比原来少很多。原因是也没有那么多想说的。你要是把自己的生活赤裸裸地曝光在人们的视线之下，人家也觉得烦，因为谁也不想每天无休止地看你在晒吃喝，这种（晒）很讨厌。因为我现在讨厌这样的人，所以我不想成为这样的人，我就会尽量减少自己发朋友圈的频率。”

按徐志斌在《社交红利》中的说法，社交网络的衰退是源于“蒸发式降温”效应，即因为社交过载等原因，导致劣币驱逐良币，从而使人们放弃并离开。具体来看，在微信社交网络中，人们表现出使用倦怠甚至是逃离的原因包括：信息噪音过多、社交关系过载、关系回报率降低、自我印象管理及自我隐私管理等。

6.2.2.1　信息噪音过多

在2015年针对Facebook用户的调查中，发现用户发布的信息总量与之前比相差不大，但原创内容的发布却下滑明显，这也意味着Facebook用户发布非原创内容的比例越来越大，被称为“语境崩塌”。而据笔者问卷调查结果显示，在微信用户发布朋友圈的各项内容中，“分享相关链接”内容成为用户发布频率较高的内容之一（见表4.1）。人们热衷于发布转发文本和分享链接信息源于它的低成本和安全性，手指一动，即可为朋友制造“信息福利”，何乐而不为？因此，很多人每天不厌其烦地在朋友圈发布此类信息，甚至数十条信息，以彰显自己的存在价值。此类转发文本和链接分享以鸡汤文、养生文、育儿资讯、广告资讯为主，往往具有高度的重复性和快餐性质，这些信息在朋友圈的泛滥使朋友圈变成了鸡汤圈、养生圈、广告圈、营销圈，圈内原有信息内容的思想性和情感传递价值被稀释和消解，人们在营养日益苍白的信息瀑布中“浏览”，找寻能够值得认真“阅读”的内容，却往往一无所获。当每个人都竞相在朋友圈中上演此类“二手资讯”的“贩卖秀”之后，朋友圈便成为垃圾信息的接收站，成为人们避之不及的去处。

另一方面，微信朋友圈中的“自晒”内容专注于关注日常生活中的琐碎内容，偶尔发布可能会带给朋友信息上的新鲜感，但高频率发布则会变成一种变相的灌水信息，而“自晒”内容中分享与炫耀之间、真实与伪装之间的模糊界定，也会引发诸多反感。

在笔者针对“减少使用微信朋友圈次数的主要原因”调查中，“朋友圈中的广告、灌水信息越来越多，不愿看也不愿发”的被选比例最高，达到47.83%；而“大家都在晒，可看的内容越来越少”的被选比例占到37.68%，也成为影响人们减少使用朋友圈频率的重要原因之一（见图6.2）。可见，微信朋友圈中过多的信息噪音已成为影响微信用户使用意愿下降的一个重要因素。在深度访谈中，受访者B5谈到自己减少使用朋友圈频率的主要原因即是基于其中的信息噪音：

“（现在发朋友圈频率）有变化，之前多现在少。因为朋友圈玩时间长了，会感觉到其实真实的生活并没有朋友圈中的内容有趣，大家都会分享美食美景，千篇一律，缺乏新鲜感。所以我自己在发朋友圈时会考虑我发的内容是否真的有价值，三思一下，就不发了。”

当朋友圈成为各种八卦展览、养生保健、产品营销的舞台时，其原有的交往功能便会因为“劣币驱逐良币”的“语境崩塌”，而沦为附属。而当最初吸引人们使用的社交功能在熙熙攘攘的信息噪音中已无法良性运转时，人们的离开只是时间问题。

6.2.2.2　社交关系过载

在知乎关于“人们在社交网络中为什么越来越少地分享个人动态和想法”的问答中，网友熊希灵说，“作为一个已经关闭朋友圈功能的人，一开始微信加的都是挚友，我在朋友圈想说什么便说什么；后来加了不少老师和亲戚，我发朋友圈开始分组可见；再后来，跟陌生人见面聊不到两句的下一件事就是互加微信。于是后来我每次想在朋友圈发表感慨时，得先想想自己最近加了些什么人，然后决定还是什么都不发了。”

这段感受形象地揭示了社交网络中社交关系的不断膨胀对人们使用意愿的负面影响。在微信中，随着通信录中好友人数的不断增加，人们的社交关系网络也不断扩大，且有相当一部分人的社交关系网已超出微信用户的管理能力，超负荷运转。如深度访谈中受访者B7谈到好友数量的增加给自己带来的困扰：

“因为好友人数多了，朋友圈内容就多起来，每天刷朋友圈就会比较头疼，因为大部分都是个人动态，有价值的东西太少。所以为避免占用时间，我对一些不熟的好友选择‘不看他的状态’。”

在笔者的调查中，“陌生好友越来越多，不想发”（15.94%）和“好友成分日益复杂，分组可见发送朋友圈太麻烦，不如不发”（14.49%）也成为微信用户减少使用朋友圈频率的一部分原因（见图6.2）。再进一步针对调查问卷数据进行分析，将微信用户的好友数与朋友圈的前后使用频率做交叉分析（见表6.3），研究发现，随着微信用户好友人数的增加，减少使用朋友圈的人数比例也相应增加。可见，微信用户的好友人数越多，社交关系网络越庞大，一定程度上朋友圈的使用频率会越低。

表 6.3　使用微信朋友圈的次数变化 * 微信好友通信录人数交叉分析

您现在使用微信朋友圈的次数和以前相比		您微信好友通信录人数				合计
		少于50人	50～100人	100～150人	150人以上	
一样	计数	16	34	18	52	120
	占比	53.3%	50.7%	43.9%	43.3%	46.5%
减少了	计数	7	17	11	34	69
	占比	23.3%	25.4%	26.8%	28.3%	26.7%
增加了	计数	7	16	12	34	69
	占比	23.3%	23.9%	29.3%	28.3%	26.7%
合计	计数	30	67	41	120	258
	占比	100.0%	100.0%	100.0%	100.0%	100.0%

来源：本研究调查采集数据(2016 年 12 月)

6.2.2.3　关系回报率降低

从关系资本获取的角度来说，人们为获取关系网络中的社会资本进行相应投资是期待有相应收益和回报。而根据公平交换理论，人们投入越多，自然期待得到的回报也越多。如果人们发现自己处在不公平关系之中时，会感到苦恼，并进而谋求恢复公平关系，消除苦恼。早期的微信小而暖，人们在其中投入一定的时间和情感，便会获得相应的甚至超出付出的情感报偿及社会回报，因此使用者乐在其中，这也是它当初的魅力所在。但现在随着微信通信录的不断壮大，朋友圈和微信群变得壮而杂，噪音信息的干扰和社交关系过载，每天耗费掉人们大量的时间和精力，却没有给人们带来相应的回报。这种关系回报率的不断降低必然会使人们对这一社交工具的使用意愿逐渐降低。据笔者调查显示，人们减少使用朋友圈频率的次重要原因即是因为朋友圈“占用过多时间，影响日常工作和生活”(42.03%)(见图 6.2)。在深度访谈中，也有受访者谈到类似观点。

B5：“(在微信群中)不经常发言。觉得浪费时间，好多人聚在一起利用微信交流，聊着聊着就混乱了，而且聊天内容多是无价值的，浪费时间。”

可见，对于微信用户来说，和获取的少量回报相比，在使用微信过程中所耗费的巨大时间成本已让人们对微信朋友圈和微信群慢慢失去兴趣。

同时，人们为获取回报在关系交换中所付出的努力——人际互动与人际沟通，在微信朋友圈中也渐难觅其踪影。因为微信朋友圈中转发信息的泛滥已“消解了微信的互动沟通价值”，而社会交换理论认为“某人要成为有吸引力的交换伙伴，必须拥有充沛的资源，并且愿意供应这些资源”。[①] 微信用户在社交关系中的低成本投入必然使自己无法成为富有吸引力的“交换伙伴”，从而在关系交换中无法获得有价值的回报。而这一做法如果无法得到及时净化，必然使朋友圈中的社交环境不断恶化，社交意愿面临“蒸发式降温”。

6.2.2.4 自我印象管理

根据戈夫曼的“自我呈现理论”，每个人在日常生活中都在进行着不同程度的“表演”，即自我呈现。而人们希望有选择地呈现自我和管理自我形象来影响自己给他人留下的印象。同理，在微信社交中，人们也在不断地进行印象管理。早期，微信中的使用效能及使用信心的增长，促进了人们进行互动分享的频率，微信社交圈子中的简单关系也尚未需要关注印象管理。但随着好友数量的增加以及圈子内关系类型的不断复杂，人们开始注重印象管理，尤其是在现实中或社交网络中有一定声誉地位的人，因为关注其一言一行、一举一动的人越来越多，“高处不胜寒”，一不小心便会导致“表演崩溃”，因此，其发表动态会越来越谨慎，结果便是微信朋友圈的使用频率显著下降。

在知乎相关问答中，即有网友认为朋友圈中的朋友“越来越多，越来越杂，越来越不熟，顾忌也就越来越多”，因此在“（不得不）加了亲戚以后，不能显露消极负能量的情绪，会被担心，也有一些时候会被误解，哭笑不得”。同样，在笔者的深度访谈中，受访者B7也谈到自己因为对朋友圈的日益混乱和陌生关系有所顾忌而减少使用朋友圈频率：

“朋友圈主要是一个分享互动的空间，原来还蛮喜欢这个功能的，感觉能从中关注到大家的动态，也存在一些有价值的信息，自己参与的也比较多。但最近越来越觉得，朋友圈比较混乱，……随着微信好友增多，虽说尽量避免，但还是存在很多关系较远的‘陌生人’。所以现在发朋友圈变得特别注意，尽量避免消极的东西，对一些内容会建立分组。久而久之就感觉发一条朋友圈好麻烦，觉得微信反不如微博自在，也就减少了使用的频率。”

同时针对“在朋友圈发布个人或家人信息，会选择发布什么类型信息”这一问题，受访者B7也认为：

“一定是良性信息。我觉得无论是我个人还是家人的形象需要被维护，尤其是家人的形象。”

---

① 迈克尔·E.罗洛夫.人际传播——社会交换论[M].王江龙，译.上海：上海译文出版社，1991:81.

由此可见，在日常的自我呈现过程中，人们会尽量采取保护措施以避免已有印象被破坏，但是当朋友圈中的“表演”随着朋友圈的不断臃肿膨胀，已难以保证身处其中的微信用户可以轻松自如地“翻转腾挪”，进行良好的印象管理时，最多的选择之一可能就是离开。

6.2.2.5 自我隐私管理

根据传播隐私管理理论，传播关系中的各方要对公共领域和私人空间的边界进行管理，通过开放或关闭边界来决定建立亲密关系或保护私人领域。早期微信中的社交网络以现实中的人际信任为基础，形成相对封闭的私人领域，有较高的自主性和安全性，人们不会过度担心个人隐私问题。但随着微信中的“陌生”好友越来越多，私密性与非私密性的界线变得日益模糊，虽然人们可以通过选择“设置好友权限”“分组可见”等功能来进行有选择的隐私保护，但这种做法无形中也大大增加了社交成本。因此，对隐私管理的关注开始让人们产生社交倦怠，进而降低了微信朋友圈的使用频率。正如深度访谈中，有受访者谈到减少使用朋友圈频率的原因。

B2：“我刚玩微信的时候发朋友圈儿的频率很高。后来觉得也没有那么多好发的，也不想把自己的生活太多地暴露在人前。”

B6：“（现在发布朋友圈的频率和之前相比）有变化，频率变少。觉得不想让微信绑架太多的时间与生活，也不想让太多朋友注意自己的动态。”

可见，当公共领域与私人领域之间的边界已无法轻易关闭来保护个人隐私时，人们预估到较大的隐私风险，会减少自我表露的行为，相应地，人们使用朋友圈的意愿也就逐渐降低了。

7 微信社交中关系建构的价值思考

微信中构建起的关系网络为个体寻求自我认同和聚集关系资源提供了便利平台，一定程度上重塑了既存的社会关系。但微信中交往关系的异常变化与逃离也引发我们在技术高速发展背景下对于人际交往的人文主义反思。如何正确认识微信关系网络的意义，如何正确看待交往主体的人文价值，如何正确把握微信社交与现实交往的关系，是本章所要思考的主要问题。

7.1 微信社交中关系网络的价值思考

随着全球交往和社会流动的加剧，社会关系及其中的社会资源面临着重新整合与重新分配。而在社会生活中发挥重要影响的移动社交媒介，利用新技术将不同的个体连接在一起，形成了新型的社会关系网络，在影响社会传播、整合关系资源、重塑社会关系方面日益发挥着不可小觑的价值。

7.1.1 微信人际传播对大众传播的影响

传统媒体时代，人们获取信息的方式是读报纸、看电视，是通过大众媒介的一次性传播来完成。进入新媒体时代，传播渠道及传播方式日益多样化，传统媒体的大众传播不再占据统治地位。尤其是在智能手机和社交网络出现后，移动终端开始逐渐培养起用户的信息接收习惯，并成为用户的主要信息接收渠道。我们越来越多地通过朋友圈、微信群这样的关系传播渠道来获知信息，并根据自己的社交关系网络中的强弱程度、亲疏程度来构建自己的信息接收源。“这种信息来源的新型构成方式表明，今天社会信息传播的‘最后一公里'渠道,已经不是传统物理渠道,而是人际关系渠道。"[①]因此,今天的社会传播中有了越来越多的人际传播的属性,而率先抢占了庞大的用户市场、拥有用户流量的社交网络则因为成功锁住了用户最后的信息接收通道,成为多级传播渠道中信息到达用户的最终致胜关卡。所以,麦克卢汉说"媒介即信息",新媒介的出现不仅给人们提供了新的传播渠道和传播平台,也改变了媒介传播的生态环境和生态结构,甚至人们认识世界和感知世界的方式。

今天,信息的传播要影响到身处关系网络中的个体,传播效果往往取决于对社会关系网络的渗透率和转换率。可以看到,对传播效果的把握开始逐渐倚重于对人际传播的把握,这在过去几十年依靠主流大众媒体产生传播效果的大众传播时代是难以想象的。而依赖于网络技术对人际传播的延伸和发展,将无数个体连接在一起的关系网络也激活了个体并焕发出巨大能量。在社会传播中,通过移动社交网络,人际传播逐渐获得了可以与大众传播进行对话的力量,这是曾处于边缘地位的人际传播带给我们的新惊喜。

7.1.2 微信关系资源的整合与效用"变现"

布迪厄认为社会资本主要由熟人与关系网络组成,而林南认为社会资本就是存在于社会关系网络中的社会资源。微信社交网络基于其先赋条件,有利于培育社会资本,具有丰富的关系资源。今天,在关系传播逐渐影响和改变社会生活的时代背景下,对关系资源的整合和效用"变现"就成为具有重要研究意义的新命题。因为在互联互通的网络化社会中,谁能影响和激活关系网络中的个体,整合和利用关系资源,谁就会成为网络连接时代的领导者和权力拥有者。而在整个社会关系网络资源的吸聚和开发过程中,社交网络中的关系资源无疑是其中最为重要的一个组成部分。因此,对微信社交网络中的关系建构研究有助于我们更好地整合利用其中的关系资源和社会资本,这对于社会关系资源在全体社会成员中的重新分配同样具有重大意义。

在通过网络技术连接关系的过程中,全媒体化的连接方式的出现,也会成为关系资源能够被有效聚集和利用的一个重要指标。无疑,微信中多媒而便利的关系勾联的方式成为其有效攫取和聚合关系资源的有力竞争指标。同时,微信中的圈层传播方式使其在以个体为中心的关系网络中形成了无数的关系圈子,通过对这些关系圈子的嵌入,可以以更贴近的方式实现精准传播,

---

① 喻国明,弋利佳,梁霄.破解"渠道失灵"的传媒困局:"关系法则"详解[J].现代传播(中国传媒大学学报),2015(11):1-4.

通过关系“营销”实现关系资源在经济、社会以及文化等方面的效用“变现”。比如通过场景服务、在线支付实现关系资源的经济转化，通过趣缘性质的社群圈子实现关系资源的价值“变现”，通过更多的智慧型技术来打通不同圈子中的关系资源，并进一步整合和利用关系资源来实现不同的社会目的。比如网络公益众筹项目就可以很好地利用社交关系网络中人际信任和群体认同的基础，来实现关系资源的价值变现。总之，微信社交网络中的关系资源的开发与利用，对现今媒介传播中面临的关系资源的争夺与重新分配，具有重要的启示意义。

7.1.3 微信关系网络对社会关系的重建

移动社交网络中的人际传播对大众传播的影响，以及其中关系资源的整合、利用，都在一定程度上推动了社会关系的重建与再生产。微信社交网络中有巨大的用户流量，这种架构在新的“熟人社会”基础之上的传播方式的崛起，不可避免地改变着社会既有的关系结构及社会生活的本来面貌。微信依托真实的现实交往关系，以情感和信任为关系联结的纽带，通过圈层式的交往结构，构建起“新熟人社会”。这不同于中国传统的单纯依靠血缘、地缘和人伦联结而成的“人情社会”，但微信中的关系网络同现实交际网络的紧密交织又使二者有着不可分割的“亲缘”关系。在这一新的交往场域中，微信依托其强大的网络联结能力，一方面纵向深化了既有的强关系，另一方面也横向拓展和维系了弱关系，这促使微信中的社交场域形成对中国传统“熟人社会”的螺旋式回归。微信中形成的“强社交、弱连带”的交往方式打破了传统“熟人社交”单一、平面、局限的交往方式和交往结构，构建了多向度、立体式交往的新型社会关系。

在现实社会已进入“陌生人社会”的交往语境下，微信发挥“新熟人社会”的优势，以较高程度的情感投入、信任沟通以及社群的圈子传播，满足个体的自我表达和社会学习的发展需求，建立个体的自我认同和群体归属。使身处“陌生人社会”中的个体在这一社交平台可以通过合作与共享来扩大社会交往的范畴和关系资源的获取，通过微信社交网络中的“新熟人社会”与外部交往环境的有效对接，实现线上与线下两种交往关系的重新整合，重塑已有的社会关系。

7.2 微信社交关系中的人文主义思考

微信中社交关系的建立及异化反映了信息社会阶段，技术的革新对人际交往的影响及“异化”，这不由引发我们对微信中人际交往与人际关系建构的人文思考。人文主义的传播理论认为，社会生活的高度技术化与工具理性化会带来人际交往与社会问题的加剧。因此，人文主义传统的人际传播呼唤对人际交往中“人本”价值的尊重与实现，反思技术高速发展背景下人际传播中的伦理困惑，在构建合理化的人际关系过程中致力于提升交往中人的主体性。

7.2.1 微信社交对日常生活图景的“重构”

微信社交在日益成为人们日常交往中一种重要的交往方式的同时，也在不断“重构”着人们的日常生活图景。在此过程中，人们由“多任务处理”转向“多向度人生”，人际交往中的“身心分离”与“身心忙碌”使人们不自觉地陷入对技术的盲从与依赖。在与外界不断的联系中，人们忙于呈现自我生活和“卷入”他人生活。在全新的数字化生活场域中，人们需要重新思考生活的真正价值与意义。

7.2.1.1 人际交往中的“身心分离”

移动技术的发展使人们可以随时和外界进行联系，也把现实中面对面交往的个体转变为“心不在焉”的存在者。正如雪莉·特克尔在《群体性孤独》中所说：“移动科技把我们每个人都变成了‘可暂停的人’。”[①]在面对面的谈话中，当谈话突然被电话所打断，其中的一方就好像被放到了“暂停键”一样，只有等待电话结束，才能重新开启运行键接着往下聊。但人际交往中的个体不会像机器中的“暂停键”和“运行键”一样，可以随时中断、随时继续而丝毫不影响交流的情绪和效果，人们希望交谈的对象能够专心致志地面对自己、投入交流，从而使个体能够从这种双方皆会“身心投入”的交流当中获得尊重和满足。可是以微信为代表的移动社交媒介的不断发展使人们越来越多地在现实交往中变成了低头族，正如网络段子所说，“世界上最远的距离是我在你面前，你却在低头看手机”。

微信的普及使人们在现实交往中常常处于“身心分离”的状态，身在现场，

① 雪莉·特克尔.群体性孤独[M].周逵，刘菁荆，译.杭州：浙江人民出版社，2014：173.

心在别处。人们在现实交谈中也会“偷空”回复家人的问候、处理工作上的信息、浏览一下朋友圈甚至顺手抢个红包，移动社交媒体的人机高度一体已经不自觉地抢占了人们在现实交往中的太多的注意力，这使得现实中的人际交往常常因为一方交往主体的间断性“缺失”，而演变为一个人的独角戏。现实交往中的“身心分离”也常使面对面交谈的“对话流”被毫无预警地中断，现实交往中的“谈话场”遭到破坏，交往主体常常被迫从自我设定的社会角色和社会身份中“抽离”，传统的现实交往丧失了应有的交往意义。

7.2.1.2　人际交往中的“身心忙碌”

移动科技使我们随时随地与他人进行联系变得可能，也变得容易。“科技容易实现什么，我们就容易爱上什么，我们的身体和科技‘共谋’。”[①]科技的陪伴使人们开始习惯甚至满足于随时随地与他人保持联系，日常交往中的个体因为移动社交媒介而只隔着一个手机屏幕的距离。人们不断地点开手机，以防止遗漏掉“未查看信息”，不知不觉中，他们已生活在等待联系的状态中。正如笔者所进行的问卷调查显示，有 58.91％的被调查者在朋友圈发布信息后，期待好友对自己的评论和回复（见图 4.6）。于是，“可以不断地与外界保持联系”转变为“需要不断地与外界保持联系”，并成为被社会认可的规范。

移动互联网络连接起你我，也让我们变得疲惫不堪，人们由掌控信息变为被信息所“奴役”，人们在人际交往中变得“随叫随到”，也在不断地“消费”和透支着自己。人们在微信的“鼓励”下不断分享着“大脑中存在的东西”，无论其是否有意义与有价值，仿佛这种分享已变为寻求归属、驱散孤独的下意识行为。但人们在微信社交中花费了越来越多的时间，却在现实交往中投入越来越少的时间，人们在或享受或忙碌着微信社交所带来的不间断的联系的同时，也在慢慢地减少给予现实中的彼此以注意力。人们在利用社交网络同时处理多种交往信息为自己赢得时间的同时，也逐渐“失去了选择交流方式的意识”。微信社交给人们带来的“身心忙碌”在适应快节奏生活、提高人们交往效率的同时，也使人们无法静下心来深入品味一份完整的情感。

7.2.1.3　对他人生活的过度“卷入”

在微信社交中，人们通过朋友圈进行较高程度的自我表露和自我呈现，使“后台行为前台化”，同时，私人领域与公共领域的界限也日益模糊，个人生活被越来越多地暴露于“观众”面前。于是，人们一边不断地向他人展示、“讲述”着个人生活，一边不停地窥看着他人生活，通过微信，人们第一次如此近距离

① 雪莉·特克尔．群体性孤独[M]．周逵，刘菁荆，译．杭州：浙江人民出版社，2014：174．

地深度“卷入”彼此的生活，这改变了现实交往中的人际关系距离。虽然在现实交往中，人们更多地以物理上的空间距离来划分关系的亲密度，但对应于物理距离的变化，现实交往中的心理距离也在相应发生着变化。因为交往场域的改变，微信社交中的物理距离消失，但心理距离仍然存在。随着微信中自我表露和自我呈现意愿的强化，微信中的交往场域也在不断拉近着交往双方之间的心理距离。但是，如果这种交往距离与双方的关系亲密度发生了错位，则会使交往双方因无法把握彼此的关系定位而导致交往中的不适。如梭罗所说：“我们住得太拥挤，彼此碍事，互相绊脚，我认为，这样一来，我们也就失去了对彼此的某种尊重。”①

另一方面，人们如此事无巨细地察看和关注他人生活，仿若将他人生活置于“放大镜”之下无数倍放大，可能会使我们往往只注意到对方生活的某个截面而忽略了全部，也可能会使我们只注意到对方生活华丽的外包装而忽略了真实的内核。而对他人生活的过多关注也会一定程度扰乱个体自身的生活日常，人们会因为他人生活的影响和比较而无法沉静下来打造拥有真实自我的个人生活。终有一天，当人们厌倦了在线交往中的片面和伪装后，寻求真实、美好的交往互动会呼唤人们对传统现实交往的回归。

7.2.1.4　生活位置和价值的改变

在160多年前，当梭罗在《瓦尔登湖》中思考“我们住在哪里和我们为何而生活”这一问题时，他让我们注意到生活地点的改变不仅会影响我们的生活方式，也会影响到我们的生活价值和意义。而移动科技的发展改变了我们的生活环境，我们越来越多地生活在手机屏幕里。这一生活场域的改变，无疑会让我们思考“我们为何而活”。正如梭罗当年在瓦尔登湖畔居住两年之后，写道：“我步入丛林，因为我希望生活得有意义。我希望活得深刻，吸取生命中所有的精华，把非生命的一切都击溃。以免当我生命终结时，发现自己从没有活过。我不想过一种不能称之为生活的生活，活得太甜蜜，我也不想试着顺从，除非那真的有必要。”②今天，当我们越来越多地满足于生活在手机屏幕里时，我们是否已寻找到可以从容不迫的生活，可以为之“顺从”的生活？诚然，今天的微信社交已无法从我们的现实生活中完全分割出去，它已成为我们生活中的一部分，但这仍然不妨碍我们放慢脚步，去认真思考在移动科技为我们营造的在线生活场域中，我们是否应重塑其中的生活价值与生活意义？我们是否

---

① 梭罗.瓦尔登湖[M].王义国，译.北京：北京燕山出版社，2008：106.

② 雪莉·特克尔.群体性孤独[M].周逵，刘菁荆，译.杭州：浙江人民出版社，2014：292.

应在线上交往与线下交往间寻找新的平衡，并为“自我反思腾出空间”?

7.2.2 微信社交中的人文反思

7.2.2.1 微信社交中的“人本”价值

马克思曾说过:“人的本质并不是单个人所固有的抽象物。在其现实性上，它是一切社会关系的总和。”①从人际交往的存在论意义看，人际传播和社会交往成为人类存在的基本标志。也可以说，人与人之间的关系被看作人之所以为人的根本。作为社会群体中的一员，与他人建立交往关系既是人类的本能和内心活动的基本驱动力，也是人类认识自我和实现自我价值的基本需求。因此，“不论人们在网上还是在现实生活中，人们希望与他人沟通并建立起亲密关系的欲望是不变的”②。微信社交虽给人提供了新的交往方式和交往场域，但人们在其中寻找的依然是对人的基本社交需求的满足。人们在微信社交网络中进行自我披露和自我呈现，获得个体存在感和社会认同感，在与他人建立联系的过程中满足主体内在的心理需求和自我实现需求。

人文主义传统的人际传播理论认为，不论交往方式与交往场域如何改变，人际交往中对人性的关照、坚持“以人为本”的人文主义传播关怀应该是始终坚持的传播理想。任何人际关系的建立应以尊重人性为基础，把人的真实情感需求和健康、和谐的关系建构需求放在第一位，而任何违背这一“人本”基本规律的关系建构都不可避免地会面临关系的扭曲和发展阻碍。正如微信社交中的关系异化与人际逃离，当人们发现在这一社交场域中个体健康、和谐的交往需求无法得到充分满足时，自我同一性的丧失导致人们失去了对自我存在的真实意义和价值的把握，人们失去了生存的基本方向，也失掉了人之为人的根本。当这种“缺乏人性”的人际交往已成为关系建构中的阻碍时，人们为了保证自我意识和个体自由的完整统一，从“少人性”的关系场域中抽离也就是意料之中的事了。因此，任何人际交往应“以人为本”，在满足人的基本交往需求的基础上尊重人性，致力于构建有利于人类身心健康与和谐发展的人际关系。

7.2.2.2 微信社交中的伦理反思

循着社会发展的历史进程梳理社会交往的变迁，我们会发现在农业社会中人与人之间的交往更多的是相对封闭的地域式交往，交往关系更多地表现

---

① 马克思，恩格斯．马克思恩格斯选集(第一卷)[M]．北京：人民出版社，1995：60．

② 洪浚浩．传播学新趋势[M]．北京：清华大学出版社，2014：666．

为人与自然的关系。进入工业社会，这种地域式交往的封闭结构被打破，生产力的提高与新技术的扩散加速了社会不同地域间的人员流动与各阶层间的人际传播，人际交往开始表现出现代化进程下的工具理性的交往。今天，我们身处信息社会，网络化生存早已突破传统人际交往的时空限制，网络技术的超链接使我们轻松进入全球化交往的时代。在微信中，我们一方面打理着已有的强连接关系，一方面也添加了很多弱连接关系。我们需要与越来越多的未见过面的、不熟悉的人进行交往，也在不知不觉中“侵入”了他人的私密生活。技术的革新虽然为我们建立交往关系打开了便利之门，却也带来传播伦理中的困扰。网络使用成瘾、信任度降低、人际情感的疏离、隐私权边界管理的模糊等问题带来网络交往中的伦理反思，人际交往中的“工具理性”压倒了交往中的价值理性，使人类处于交往的工具性与目的性相悖的矛盾境地。科技的发展使“工具理性”超出了自己应有的界限，把人的关系降级为物的关系，人际交往中的主体沦为技术统治之下的工具。

要避免物化意识对人际关系的灾难性影响，人文主义传统认为伦理传播的对话双方应该诚实，有激情，公正对待，话语权对等。正如哈贝马斯的“交往理性”所言：“交往行为是以达成理解和一致为目的的行为，它以主体之间通过符号的协调进行沟通，以社会一致性为基础，致力于达成理解，形成共识。”[①]因此，在信息化社会与网络化生存之下的人际交往从传播伦理的角度，应该体现为两个具有主体意识的个人之间的真诚交流关系，而非充满实用需要的工具关系。从人的自身发展来说，平等互信的交往与对话也体现了人本主义色彩和对交往价值的回归，彰显了人类社会进步的方向。

7.2.2.3 微信社交个体的主体性提升

人的主体性概念应该是进入现代社会后，随着人对客观世界改造能力和支配作用的增强而提出的，是指人在与对象的关系中所表现出的主动态势和能动作用。进入工业社会，马克思曾认为因为人对商品与机器的“崇拜”而导致“人的异化”，导致人的主体性丧失。因此，哈贝马斯提出“交往理性”，使“主体—主体”间遵循有效性规范，达到主体间的理解与一致，从而保持社会的一体化、有序化和合作化。但是，进入信息社会后，网络技术的不断发展在部分提升人的主体性的同时，也造成人对科技的依赖，人际交往与人际关系表现出由“对人的依赖”向“对物的依赖”的转化。微信社交成为人们日常交往中不可缺少的一种新的交往方式，微信中的人际交往“重构”了人们的日常生活图景，

---

① 哈贝马斯. 交往与社会进化[M]. 张博树，译. 重庆：重庆出版社，1989：99.

人们在线上交往与线下交往间的不断切换以及在此过程中的“身心分离”与“身心忙碌”，都表征了交往中的主体被创造物异化的过程。人们过度地投入线上交往，导致人的自控能力减退，自主性和创造性被削弱，网络交往中人的主体性部分丧失。

因此，在信息社会下的网络交往中，要唤醒主体的自我意识，使主体由自发状态转向自觉状态，提升交往主体的自身能动性和支配作用，需要通过线上或线下教育培养交往主体的自我认知能力和自我控制能力。在认识关系中，人作为认识的主体，可以主动识别和理性选择所接收信息，通过自觉的信息加工认识客体信息，保证认识关系中的主体性。在价值关系中，作为网络交往中的价值主体，通过自我呈现和形象管理，积极建构个体角色和社会身份，利用微信社交的优势获取关系资源，满足自身交往需求和交往价值的实现。当微信社交中的主体能够真正意识到自己是网络实践活动的主体，可以不屈从或依赖于任何外在对象进行理性交往，能够正确认识网络中的“自我”并自觉调控网络交往中的自身行为和内在心理时，人的主体地位便会在合理化的关系建构中得到提升。

7.3 微信社交与现实交往的关系互补

随着网络新技术和移动媒介的不断发展，以微信社交为代表的在线社交已日益成为人们日常交往中不可分割的一部分，并对现实中的人际关系产生不可小觑的影响。微信中的在线社交虽然促进了现实交往中人际关系的维系与发展，但究其根本，微信社交是以现实交往为依托建立和发展起来的在线社交媒介，其从根本上无法完全取代现实交往，更多的时候是作为现实交往的补充形式而存在。

7.3.1 微信社交对现实交往的依存与延续

作为熟人社交工具，微信以手机通信录和QQ通信录为基础，将现实中的人际关系网络移植于微信，形成微信中的社交关系网络。因此，微信社交中的主要关系是依托于现实中的人际关系而展开的在线人际交往。微信中的关系空间与现实中的关系空间已不能截然分割，线上交流与线下交流的频繁转换与无缝对接，使线下关系在线上得以延续，线上关系在线下可以继续发展。通过微信的文字、语言聊天功能，现实交往中的熟人及好友可以及时沟通，联络感情，人们可以有效地维护及拓展现实中的人际关系；通过微信朋友圈及微信群，人们可以在进行自我展示的同时，了解他人日常动态，线下生活被搬至线上“舞台”，线下的角色关系延伸至线上，通过微信跨时空的连接，拉近了忙碌都市中人际关系的距离。

微信社交以现实交往为基础，主要呈现出熟人间的强关系网络并发挥强化和维护强关系的作用。但微信社交中的强关系互动仍无法完全脱离对现实交往的依赖，如果微信中的熟人互动仅仅停留于线上互动而无现实中的进一步交往，则脱离现实交往的微信社交很难促使关系的进一步发展。如深度访谈中受访者 A5 所说：

“微信沟通是现实社会社交的延续。通过聊天、对讲能够随时随地交流，但微信仅能加深了解，而不能从根本上改变。例如我去相亲，微信聊得没意思，但见了面后才了解很多，进而通过微信加深了解。”

因此，微信社交是根植于现实交往之上的新的线上交往形式，虽然微信社交有诸多传统现实交往中所不具备的优势，但究其根本，如果没有现实交往的土壤和培植，微信社交便如无本之木、无源之水一样失掉其设计之初的初衷，失去熟人移动社交工具的功能意义。在深度访谈中，大部分受访者也都认同微信社交对现实交往的依赖及其对现实交往的延续。

A2：“我认为微信社交完全基于现实交往，完全建立在现实社交的基础之上。微信社交只是现实社交在时间、空间方面某种意义上的延伸，并不会对现实社交产生很大的影响。当然，恰恰由于这种在时间和空间上的延伸，让现实中的交流沟通更方便，对现实社交有巩固和延续的作用。根本是现实社交，微信社交有一定帮助。”

B2：“我认为微信交往是建立在现实交往的平台之上的。如果没有现实交往作为铺垫的话，那么微信交往只能是一个虚拟的聊天工具，它对人没有实质性的帮助。我觉得如果两个人在现实当中没有交集，那么在微信当中可能交集也不会很大，如果两人现实当中没有什么交集，然后微信上一来二去的，觉得就是网友了，那和以前的 QQ 也没什么区别了。但是如果那样的话，大家都会选择 QQ，很少会用微信吧！”

7.3.2　微信社交对现实交往的促进作用

在快节奏生活的都市中，人们难以有更多的时间和精力面对面交流来沟通彼此和联络感情，微信社交的低成本付出给了人们更多维系关系和感情的可能。微信中的沟通及时、高频率互动的功能优势对维护现实交往中的强关系具有较大的促进作用。而微信朋友圈中的点赞、评论以及微信群中的互动交往也有助于发展弱关系，拓展现实中的社交圈子。据笔者的问卷调查结果显示，有47.28%的被调查者认为微信扩大了自己的社交圈子（见图5.7），有65.90%的被调查者认为微信强化了现实中的熟人关系（见图4.5）。可见，微信对于强化现实交往中的强关系与拓展人际交往中的弱关系均具有较为明显的促进作用。同样，在深度访谈中，大部分受访者也谈到了微信在密切家人、朋友间关系以及扩大现实社交圈子方面的作用。

B8："微信一定程度上维护了与家人、朋友间的关系。比如异地的朋友和同学即使不见面，也可以通过微信互相了解状态；家人可以用微信电话视频等，增进感情；工作上的同事和伙伴可以在微信上沟通和交流，促成合作，提高效率。"

B1："微信扩大现实社交圈。原来几十年不联系的同学都联系在一起了。同龄人会有共同语言，不出门即可相互聊天，也是件开心的事儿。"

B5："微信扩大现实社交圈。添加了一些陌生人，通过他们分享的内容，了解到更大的世界。一些半生不熟的人成为了熟人。"

此外，在微信中，因为人们处于"视觉匿名"的交往状态，避免了面对面的交流，在和不很熟悉的交流对象进行交流时，可以保持一定的社交距离，使自己处于比较放松的交流状态。同时，对于一些不善于社交的个体来说，微信中的"身体隐匿"也可以让自己在和他人交流时能更好地表达自己。据笔者的问卷调查结果显示，34.88%的被调查者同意"微信让我比面对面交流能更好地表达自己意思"，43.80%的被调查者认为"微信让我比面对面交流更放松"（见表3.1）。可见，微信社交中的身体"缺席"对人们的交往心理也有一些积极影响。正如深度访谈中的部分受访者所言。

A6："在我看来，微信社交只是现实交往的一个变种，是现代互联网科技发展的产物，它成功弥补了人们渴望社交又害怕社交的矛盾心理，跨过了时间空间使人与人能交流。"

B3："微信有助于维持现实生活中的关系。跨越时空的距离，只要你想就可以和朋友家人多多交流，还能将自己当面不敢说的话说出来。"

B5："陌生人之间利用微信减少了不必要的见面，能缓解尴尬吧。"

因为微信中的交往方式可以避免掉一些不必要的尴尬，让人们更好地放松自己、表达自己，因此，对于一些现实交往中发生过矛盾和冲突的人际关系而言，通过微信，往往可以更好地帮助修复受到损害的人际关系。如受访者B2所说：

“我觉得微信对于维系和修复同学朋友的关系还是有一定帮助的，因为很多时候一些话不方便当面说，选择用微信的形式去说比较适合。比如有一次我和室友闹得挺不愉快的，事后我们两个就在微信沟通，说下我为什么不开心，她为什么不开心。解决一下就好了，当面说可能就挺尴尬的。”

7.3.3 微信社交与现实交往的互补表现

微信中的线上交往虽然依赖它的超越时空的自由传播和立体整合的交往结构给人际交往和人际关系带来了惊喜，但它同时也破坏了原本存在于人际交往中的一些可贵的东西，比如面对面进行人际交流的价值。因此，在当下的网络传播语境下，微信中的线上交往仍无法完全替代现实中面对面的人际交往，两者之间的界限虽已日渐模糊且不断互融，但二者间的关系仍表现为以现实交往为基础的互融互补之关系。在深度访谈中，也有多位受访者谈到微信社交与现实交往间的互补关系与相互影响。

A3：“（微信社交与现实交往）是互补关系。但两者间有差距，两者不能替代，只能互相作用和影响。比如微信中印象很好，但现实中差距很大；也可能相反，现实（交往）很好，微聊一般。”

B3：“微信社交依存于现实交往，现实交往受微信交往的反作用。从虚拟到现实，又从现实到虚拟。现实交往发展的时间较长，微信交往是在现实交往的基础上发展出来的。而现在微信交往正在深入影响着我们的现实交往。”

B8：“我觉得现实社交是微信社交的基石，微信社交是现实社交的辅助。微信社交从一种工具发展为一种社交方式，虽然有许多优势，也在不断完善和强大自己的功能，但毕竟无法代替现实社交，只能作为其辅助方式。但在一定程度上，它也在改变和影响着人们的传统社交模式和思维方式。”

由此可见，微信社交立足于现实交往的基础，其在人际交往中的诸多优势在一定程度上弥补了现实交往中的不足，成为现实交往的一种有力的补充形式。二者之间相互影响，相互作用，互为补充。具体看，微信社交与现实交往间的互补关系表现在以下方面。

7.3.3.1 情感交流的互补

微信社交与现实交往在情感的沟通与交流方面形成了互为补充、互相促进之关系。据笔者问卷调查结果显示，有一半的被调查者（50.39%）认为微信社交中的情感交流和现实交往中的情感交流关系是“两者互补，无法相互取代”（见图7.1）。

在传统的CMC人际传播中，为学者提及最多的人际交往中的不利因素

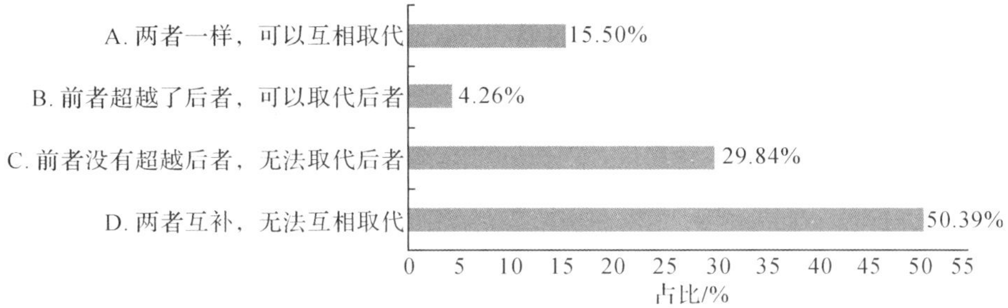

图 7.1 微信与现实交往中的情感交流关系

来源：本研究调查采集数据(2016 年 12 月)

当属其在传播渠道方面的缺失，即以文字为主要传播符号的 CMC 人际传播不利于交往者之间的情感交流。现如今，以微信为代表的移动社交媒介的出现，则在此方面大大弥补了传统 CMC 人际传播中情感交流的不足。在微信社交中，人与人的连接变得更黏性、更“湿”化、更有人情味了。人们在微信中，可以通过语音、图片、表情符号、表情包甚至视频来进行信息沟通和情感沟通，虽然这种方式无法完全替代现实中的面对面交流，但在网络媒体的人际交往中，已是前进了一大步。人们可以在微信中通过较为完善的传播符号和传播渠道来表达情感，沟通情感，拉近人际交往中的心理距离。同时，现实交往与微信社交的互融互助也不断促进了现实中的人际情感对微信中人际交往的投射，从而促进了人际交往中的情感交流在线上与线下的互动中不断发展，促使关系升温。

7.3.3.2 社会资本的互补

格兰诺维特认为，如果个体需要不同的信息和异质性资源，他不会在自己的社会圈子中寻找，而是会在不同的社会圈子中寻找。这时，个体为了接触另一个社会圈子，会尽量寻找连接两个圈子的桥梁，即处于社会圈子边缘的弱关系。因此，弱关系会使个体获得更好的信息资源和异质资源的机会增加，使个体有更多的可能获取好的社会资本。微信中的线上社交虽以强关系为主，但其交往方式和交往结构也在一定程度上打破了现实交往中的地域限制和差序格局，一定程度上扩大了现实中的交往圈子。同时，微信中的一些功能设置如“漂流瓶”“摇一摇”“附近的人”等，虽然使用率不如聊天功能、朋友圈、微信群功能使用率那么高，但也很好地迎合了某些用户在发展弱关系方面的需求，因此，为个体将线上资源转化为现实中的社会资本提供了可能。

据笔者问卷调查结果显示，有 33.34％的被调查者通过微信将陌生人转变为现实中的熟人，有接近19%的被调查者通过微信“结识了些许陌生人，但仅在网上维持关系”（见图7.2）。可见，一多半的微信用户通过微信一定程度上扩大了自己的社交圈子，1/3的微信用户将这种弱关系转化为现实交往中的潜在社会资源。在深度访谈中，也有受访者谈到利用微信结交关系松散的陌生人，或发展弱关系寻求社会支持和社会帮助。

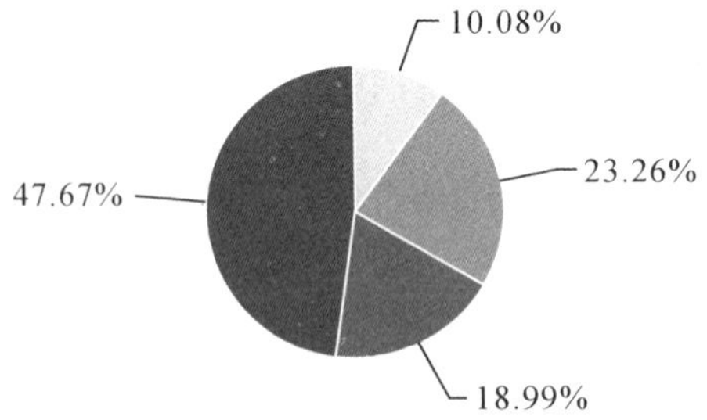

图7.2 是否通过微信将陌生人转变成现实中的熟人关系

来源：本研究调查采集数据（2016年12月）

A5：“我有一个微信好友，就是漂流瓶认识的，我们发现有共同爱好，交流颇多。她在成都，在上大学，喜欢摄影，这些都是我喜欢的，交流起来比较容易。而周围的朋友，可能见过一面两面，但在微信群里，就可以加，然后再聊。”

B6：“微信扩大我的现实社交圈。有时候一些微信群可以联络到一些不是非常熟悉但又有需要的人。比如校友群，如果有困难需要帮助，发布信息之后校友会帮忙。”

同时，现实中的强关系资源通过微信不断地维系与强化，也有利于个体的表达性行动的成功。微信社交与现实交往在双向互动过程中促进了社会资本的投资与回报。

7.3.3.3 交往价值的互补

传统的现实交往主要表现为面对面的人际交流，人们通过语言线索和非语言线索完整传递交流信息，交往双方身心一致，交流对象明确，注意力集中，人际间的信任度相对较高，有利于交往双方进行深度交流和真实性沟通。相较于现实交往，微信中的线上交往沟通及时，互动高效，社交成本低廉，形成超越时空限制的立体交往结构，有利于高效便捷的人际互动与关系维护，打造“理想化自我”。因为当下的人际传播环境中，微信社交与现实交往已不可截然分割，又各有其社交优势，体现着人际交往中不同方面的社交价值，因此，在人际交往中可以根据交往对象的距离远近、关系亲密度的高低、社会身份的不同等，来综合运用两种交往方式，各取所长，使之形成交往价值和交往优势上的互补。如深度访谈中部分受访者所说。

B1："远方的朋友可能几年也见不到面，交往以微信为主。近处的朋友还是以现实交往为主，虽然也有微信联系，但可以经常见面聊天、拍照，更务实。"

B5："微信能拓宽人的视野，面对面能拉近人的距离。微信提供了更多方便，面对面更显真诚。能随时见面的人用微信聊天会和往常一样随意，不经常见面的人有了微信，能更方便联系。"

从印刷媒介到电子媒介再到网络媒介，新的媒介技术的不断发展为信息的快速传递和人际沟通提供了日益便利的外部条件。虽然新技术更迭的速度越来越快，但技术为人所用、围绕人的需求而存在的这一本质特性却始终未变。因此，我们可以看到媒介技术的发展越来越人性化，即增加原有媒介在时空方面的延伸能力和再现真实世界的水平越来越高。反映在网络媒介的发展上，就是以 Web 2.0 技术和智能手机为依托的移动社交媒介的出现，它打破了 20 世纪七八十年代盛行的对媒介发展中"技术决定论"的备加推崇，使人们回归到对人的思考与理解，对人性的基本需求的根本把握。对社交媒介的使用带有了人的温度，沟通人与人之间的情感，构建人与人之间的关系，社交媒介同手机、电话短信一样，变成了人际传播中一种新的沟通方式。

随着网络技术的发展与普及，移动网络传播中的即时反馈、多媒体、多渠道的传播特征使其与人际传播的相似度越来越高，进行社会交往与建立人际关系也日益成为人们使用网络技术的主要动机。作为移动社交媒介的代表，微信的出现迅速成为人们日常交往中的一种重要的沟通方式。微信自带的社交属性构建起使用者的人际关系网络，伴随微信用户在关系网络空间中的超时空链接与身份重塑，微信也满足了忙碌生活中的人们对社交的需求与期待。人们利用微信前所未有地展现自我，保持与外界不间断的联络，建立日益庞大的人际关系网络，获取社交红利和社会资本。技术给了追求"连接"的人们无限可能，于是，在移动网络传播中，虚拟与现实不再是完全地割裂与对立，网络空间与现实生活的界限变得日益模糊。为新媒介技术所包裹的人们，在逐渐习惯于使用新技术连接彼此、构建人际关系的同时，也不断地沉迷其中而无法自拔。如雪莉·特克尔所说："人们对科技的期待越来越多，对彼此的期待却越来越少。"技术一方面让我们离得越来越近，另一方面又让我们变得愈加遥远。

当人们能够从被技术束缚的世界中抽身出来凝神静想时，会发现在技术演化的进程中，人们基于主观能动对技术的理性选择。技术虽然越来越像人，在不断模仿和复制人的感知与认知，但技术的推进是为了满足人的需要、为人类服务而存在这一根本属性不会改变。因此，在技术与人类的关系中，我们才是决定如何利用技术的人，人类可以推动技术的创新与优化，可以让技术服务与满足自身，但不可以被技术奴役与驯化，不应该为技术束缚与禁锢。未来的生活中，网络媒介必将与日常生活进一步融合，技术的色彩会越来越淡，人在传播中的作用会越来越突出。我们所要做的是把科技放回它应有的位置，回头看看现实生活的美好，面对面坐下来，给予彼此应有的温度与关注！

参考文献

中文图书：

[1] 艾济·巴瑞克.心理学视角的网络空间：理论、研究与应用[M].高闯，孙晓军，译.北京：世界图书出版公司，2014.

[2] 安东尼·吉登斯.现代性的后果[M].田禾，译.南京：译林出版社，2000.

[3] 保罗·莱文森.莱文森精粹[M].何道宽，译.北京：中国人民大学出版社，2007.

[4] 查尔斯·霍顿·库利.人类本性与社会秩序[M].包凡一，王湲，译.北京：华夏出版社，1999.

[5] 道格拉斯·肯里克，史蒂文·纽伯格，罗伯特·西奥迪尼.自我·群体·社会：进入西奥迪尼的社会心理学课堂[M].谢晓非，等译.北京：中国人民大学出版社，2011.

[6] 邓建国.强大的弱连接：中国 Web 2.0 网络使用行为与网民社会资本关系研究[M].上海：复旦大学出版社，2011.

[7] 费孝通.乡土中国[M].北京：人民出版社，2008.

[8] 风笑天.现代社会调查方法（第 3 版）[M].武汉：华中科技大学出版社，2005.

[9] 哈贝马斯.交往与社会进化[M].张博树，译.重庆：重庆出版社，1989.

[10] 洪浚浩.传播学新趋势[M].北京：清华大学出版社，2014.

[11] 克莱·舍基.人人时代——无组织的组织力量[M].胡泳，沈满琳，译.北京：中国人民大学出版社，2012.

[12] 莱斯莉·A.巴克斯特，唐·O.布雷思韦特.人际传播：多元视角之下[M].殷晓蓉，等译.上海：上海译文出版社，2010.

[13] 李林英. 自我表露与心理健康[M]. 北京:北京理工大学出版社,2008.
[14] 林南. 社会资本——关于社会结构与行动的理论[M]. 张磊,译. 上海:上海人民出版社,2005.
[15] 刘军. 社会网络分析讲义[M]. 北京:社会科学文献出版社,2004.
[16] 鲁道夫·F. 韦尔德伯尔,凯瑟琳·S. 韦尔德伯尔,迪安娜·D. 塞尔诺. 传播学[M]. 周黎明,译. 北京:中国人民大学出版社,2013.
[17] 罗钢,王中忱. 消费文化读本[M]. 北京:中国社会科学出版社,2003.
[18] 洛雷塔·A. 马兰德罗,拉里·巴克. 非言语交流[M]. 孟小平,等译. 北京:北京语言学院出版社,1991.
[19] 马克思,恩格斯. 马克思恩格斯选集(第一卷)[M]. 北京:人民出版社,1995.
[20] 马歇尔·麦克卢汉. 理解媒介——论人的延伸[M]. 何道宽,译. 北京:商务印书馆,2000.
[21] 迈克尔·E. 罗洛夫. 人际传播——社会交换论[M]. 王江龙,译. 上海:上海译文出版社,1991.
[22] 尼古拉斯·卡尔. 浅薄——互联网如何毒化了我们的大脑[M]. 刘纯毅,译. 北京:中信出版社,2010.
[23] 尼古拉斯·克里斯塔基斯,詹姆斯·富勒. 大连接:社会网络是如何形成的以及对人类现实行为的影响[M]. 简学,译. 北京:中国人民大学出版社,2013.
[24] 欧文·戈夫曼. 日常生活中的自我呈现[M]. 冯钢,译. 北京:北京大学出版社,2008.
[25] 欧文·戈夫曼. 日常生活中的自我呈现[M]. 黄爱华,冯钢,译. 杭州:浙江人民出版社,1989.
[26] 彭兰. 社会化媒体:理论与实践解析[M]. 北京:中国人民大学出版社,2015.
[27] 皮埃尔·布迪厄,[美]华康德. 实践与反思——反思社会学导引[M]. 李猛,李康,译. 北京:中央编译出版社,1998.
[28] 皮埃尔·布迪厄. 实践感[M]. 蒋梓骅,译. 南京:译林出版社,2003.
[29] 皮特·科德. 应用语言学导论[M]. 上海外国语学院外国语言文学研究所,译. 上海:上海外语教育出版社,1983.

[30] 齐奥尔格·西美尔. 时尚的哲学[M]. 费勇，吴蓉，译. 北京：文化艺术出版社，2001.
[31] 乔纳森·特纳，简·斯戴兹. 情感社会学[M]. 孙俊才，文军，译. 上海：上海人民出版社，2007.
[32] 沙莲香. 社会心理学（第三版）[M]. 北京：中国人民大学出版社，2011.
[33] 斯蒂芬·李特约翰，凯伦·福斯. 人类传播理论（第九版）[M]. 史安斌，译. 北京：清华大学出版社，2009.
[34] 梭罗. 瓦尔登湖[M]. 王义国，译. 北京：北京燕山出版社，2008.
[35] 托马斯·德·曾戈提塔. 中介化：媒体如何建构你的世界和生活方式[M]. 王珊珊，译. 上海：上海译文出版社，2009.
[36] 王东. 社会心理学笔记[M]. 北京：商务印书馆，2012.
[37] 雪莉·特克尔. 群体性孤独[M]. 周逵，刘菁荆，译. 杭州：浙江人民出版社，2014.
[38] 亚当·乔伊森. 网络行为心理学：虚拟世界与真实生活[M]. 任衍具，魏玲，译. 北京：商务印书馆，2010.
[39] 殷晓蓉，刘蒙之，赵高辉，等. 社会转型中的演变——当代人际传播理论研究[M]. 上海：复旦大学出版社，2014.
[40] 余霞. 传播心理学笔记[M]. 北京：商务印书馆，2013.
[41] 约瑟夫·A. 德维托. 人际传播教程（第12版）[M]. 余瑞祥，等译. 北京：中国人民大学出版社，2011.
[42] 约书亚·梅罗维茨. 消失的地域：电子媒介对社会行为的影响[M]. 肖志军，译. 北京：清华大学出版社，2002.
[43] 翟学伟. 人情、面子与权力的再生产[M]. 北京：北京大学出版社，2005.
[44] 郑素侠. 网络时代的社会资本：理论分析与经验考察[M]. 上海：复旦大学出版社，2011.

中文期刊：

[1] 卜荣华. 大学生网络交往的心理解析[J]. 安徽工业大学学报（社会科学版），2010(4)：137-140.
[2] 蔡雯，翁之颢. 微信公众平台：新闻传播变革的又一个机遇——以“央视新闻”微信公众号账号为例[J]. 新闻记者，2013(7)：40-44.
[3] 蔡竺言，朱丽丽. 大学生在网络社交平台的虚拟迁移[J]. 南京邮电大

学学报(社会科学版),2014(3):17-23.
[4] 党昊祺.从传播学角度解构微信的信息传播模式[J].东南传播,2012(7):71-72.
[5] 丁卓菁.网络空间对于人际交往方式的拓展[J].理论导报,2010(1):41-42.
[6] 方兴东,等.微信传播机制与治理问题研究[J].现代传播(中国传媒大学学报),2013(6):122-127.
[7] 冯锐,李亚娇.大学生网络社交方式及社交行为特征分析[J].扬州大学学报(高教研究版),2014(6):75-82.
[8] 胡春阳,周劲.经由微信的人际传播研究(一)[J].新闻大学,2015(6):50-60.
[9] 胡冀青.网络交往行为:一项基于不同阶层的比较研究[J].广播电视大学学报(哲学社会科学版),2006(1):25-28.
[10] 黄利会.论大学生网络人际交往的现实性[J].新闻传播,2011(10):112-114.
[11] 蒋建国.微信成瘾:社交幻化与自我迷失[J].南京社会科学,2014(11):96-102.
[12] 金萍华,芮必峰."身体在场":网络交往研究的新视角[J].新闻与传播研究,2011(10):12-16.
[13] 靖鸣,周燕,马丹晨.微信传播方式、特征及其反思[J].新闻与写作,2014(7):41-45.
[14] 匡瑾璘,王丽丽,张舒.网络交往中的异化现象分析[J].大庆社会科学,2008(1):93-95.
[15] 李亚妤.互联网使用、网络社会交往与网络政治参与——以沿海发达城市网民为例[J].新闻大学,2011(1):69-81.
[16] 李阳.微信公众平台的角色定位与功能调适[J].社会科学辑刊,2014(2):57-61.
[17] 李阳.微信传播机制背后的人际交往模式变革解析[J].江汉论坛,2014(5):141-144.
[18] 刘碧珍."再部落化"与微信叙事[J].当代传播,2016(1):74-77.
[19] 刘韵清,苏美玲,黄秋生.交往行为理论视角下的网络交往行为失范探析[J].思想政治教育研究,2015(6):109-112.
[20] 柳竹.浅析微信互动传播的情感动因[J].新闻知识,2016(2):33-35.

[21] 欧健.从关系空间的构建解读微信的人际传播[J].现代视听,2014(2):27-32.

[22] 亓胜辉,余林.网络交往的心理研究综述[J].克拉玛依学刊,2011(5):36-40.

[23] 荣荣,柯慧玲.基于使用与满足理论的微信用户“点赞”行为动机研究[J].新闻界,2015(12):51-55.

[24] 芮必峰.人际传播:表演的艺术——欧文·戈夫曼的传播思想[J].安徽大学学报(哲学社会科学版),2004(7):64-70.

[25] 宋姜,甘利人,吴鹏.网络社交偏好影响因素研究[J].情报杂志,2014(1):140-145.

[26] 谭震.传统媒体如何借助微信扩大影响——微信的媒介功能及影响分析[J].中国记者,2013(5):101-102.

[27] 田丽,安静.网络社交现状及对现实人际交往的影响研究[J].图书情报工作,2013(8):13-19.

[28] 童慧.微信的自我呈现与人际传播[J].重庆社会科学,2014(1):102-110.

[29] 涂海丽,唐晓波.微信功能需求的KANO模型分析[J].情报杂志,2015(5):174-179.

[30] 王欢,祝阳.人际交往视角下微信功能的探讨[J].现代情报,2014(2):82-85.

[31] 王依玲.网络人际交往与网络社区归属感——对沿海发达城市网民的实证研究[J].新闻大学,2011(1):82-92.

[32] 吴荆棘,王朝阳.出版业微信营销研究[J].中国出版,2013(8):15-19.

[33] 吴文汐.网络交往空间形态的演变逻辑及趋势展望[J].现代传播(中国传媒大学学报),2012(5):115-119.

[34] 谢文亮.移动互联网时代学术期刊的微信公众号服务模式创新[J].中国科技期刊研究,2015(1):65-72.

[35] 谢英香,冯锐.在线社交网络中人际信任的影响因素研究[J].中国电化教育,2014(5):11-19.

[36] 熊忠辉,程刚.微信的传播模式及其对舆论生态的影响[J].新闻战线,2015(3):48-50.

[37] 杨修菊.文化成就区隔——布迪厄阶层理论述评[J].池州师专学报,2007(8):67-70.

[38] 杨宜音."自己人":信任建构过程的个案研究[J].社会学研究,1999(3):38-52.

[39] 喻国明,弋利佳,梁霄.破解"渠道失灵"的传媒困局:"关系法则"详解[J].现代传播(中国传媒大学学报),2015(11):1-4.

[40] 翟学伟.关系研究的多重立场与理论重构[J].江苏社会科学,2007(4):118-130.

[41] 翟学伟.中国人际关系的特质:本土的概念及其模式[J].社会学研究,1993(4):74-83.

[42] 赵建国.身体在场与不在场的传播意义[J].现代传播(中国传媒大学学报),2015(8):58-62.

[43] 赵曙光.社交媒体的使用效果:社会资本的视角[J].国际新闻界,2014(7):146-159.

[44] 赵艳,尹江华.SNS 网站的传播特征及影响[J].传媒,2011(9):57-58.

[45] 赵振祥,王洁.微博与微信:基于媒介融合的比较研究[J].编辑之友,2013(12):50-52.

[46] 詹恂,严星.微信使用对人际传播的影响研究[J].现代传播(中国传媒大学学报),2013(12):112-117.

[47] 张莉,毛颖辉.微信:人际传播的再建构与可能性[J].新闻与写作,2016(2):97-99.

[48] 张文婷.都市报微信公众平台的运营与发展探索——基于八家都市报微信平台的研究[J].中国记者,2013(5):99-100.

[49] 张学标,欧健.从关系空间构建解读微信的人际传播[J].新闻与写作,2014(8):35-37.

[50] 张志安,徐晓蕾.政务微信的社会功能及提升对策[J].新闻与写作,2015(9):55-57.

[51] 郑晓华.微信营销:传统媒体受众聚合新路径[J].出版发行研究,2014(1):59-62.

[52] 周蕾.微信广告传播力研究[J].东南传播,2012(1):21-23.

[53] 周懿瑾,魏佳纯."点赞"还是"评论"?社交媒体使用行为对个人社会资本的影响——基于微信朋友圈使用行为的探索性研究[J].新闻大学,2016(1):68-75.

其他中文文献:

[1] 36氪产品社区. 如何理解社交效应"蒸发式降温"[EB/OL]. http://36kr.com/p/5045780.html,2016-04-12.
[2] 陈昌润. 网络与现实社交焦虑水平的比较及其机制研究[D]. 武汉:华中师范大学,2014.
[3] 贾淑芳. 人际信任在大学生网络交往和现实交往中的比较[D]. 济南:山东师范大学,2008.
[4] Misty. Facebook的挣扎:如何让用户分享更多"原创"信息[EB/OL]. http://mt.sohu.com/20160408/n443704334.shtml,2016-04-08.
[5] 澎湃新闻网. 点赞需谨慎! 研究显示300个赞就出卖了你的人格[EB/OL]. http://news.163.com/15/0113/10/AFR4RK5D00014SEH.html,2015-01-13.
[6] 王晓易. 看你晒幸福,半数人会嫉妒[EB/OL]. http://news.ifeng.com/a/20170127/50632843_0.shtml,2017-01-27.
[7] 周小杰. 微信对网络人际传播的整合与分离研究[D]. 北京:中国青年政治学院,2014.
[8] 张宝钰. "95后"患上社交媒体倦怠症:晒得好疲惫[EB/OL]. http://edu.sina.com.cn/a/2015-11-23/doc-ifxkwuwv3547691.shtml,2015-11-23.

外文文献:

[1] Anderson, T. L., Emmers-Sommer, T. M. Predictors of relationship satisfaction in online romantic relationship [J]. Communication Studies, 2006(57): 153-172.
[2] Brain, H. Spitzberg. Preliminary development of a model and measure of CMC competence[J]. Journal of Computer-Mediated Communication, 2006,11(2): 88-90.
[3] Brigette, A. E, et al. The Internet: home to a severe population of individuals with social anxiety disorder[J]. Anxiety Disorders, 2004(18): 27-41.
[4] Brigette, A. E. et al. The Internet: home to a severe population of individuals with social anxiety disorder[J]. Anxiety Disorders,

2004(18).

[5] Bourdieu, P. The forms of capital, handbook of theory and research for the sociology of education[M]. New York: Greenwood Pess, 1986.

[6] David, L. S. (Ed.). International encyclopedia of the social sciences [M]. New York: Crowell Collier and Macmillan Inc. , 1988.

[7] December, J. Units of analysis for internet communication[J]. Journal of Computer-Mediated Communication, 1996(46): 14-38.

[8] Fukuyama, Francis. Trust: The social virtues and the creation of prosperity[M]. New York: Free Press, 1996.

[9] Hassel, B T. G. & Glaser, C. H. W. Use of computer technology to help students with special needs[J]. The Future of Children: Children and Computer Technology, 2000, 10(2): 56-67.

[10] Henderson, S. , Gilding, M. "I've never clicker this much with anyone in my life": trust and hyperpersonal communication in online friendships [J]. New Media & Society, 2004(6): 487-506.

[11] Janis, W. , Kimberly, J. M. , David F. Escaping or connecting! Characteristics of youth who form close online relationships[J]. Journal of Adolescence, 2003(26): 14-28.

[12] Jourard, S. M. , Lasakow, P. Some factors in self-disclosure [J]. Journal of Abnormal and Social Psychology, 1958(56): 91-98.

[13] Jourard, S. M. The transparent self (2nd ed.)[M]. Tokyo: Litton Educational Publishing Inc. , 1971.

[14] Kiesler, S. , Kraut, R. Internet use and ties that bind[J]. American Psychologist, 1999(54): 783-784.

[15] Kraut, R. , Internet paradox: a social technology that reduces social involvement and psychological well-being? [J]. American Psychologist, 1998(9): 1017-1031.

[16] Kraut, R. , et al. Internet paradox revisited[J]. Journal of Social Issues, 2002,58(1): 49-74.

[17] Kraut, R. , et al. Internet paradox: A socialtechnology that reduces social and involvement and psychological well-being[J]. American Psychologist, 1998(9):18-29.

[18] McCown, J. A. , Fischer, D. , Page, R. , Homant, M. Internet relationships: people who meet people[J]. Cyber Psychology & Behavior, 2001, 4(5): 593-596.

[19] Mckenna, K. Y. A. , Bargh, J. A plan from cyberspace: the implication of the Internet for personality and socialpsychology[J]. Personality and Socialpsychology Review, 2004(4): 57-75.

[20] Monika T. The "Privacy Paradox" in the social web: charackeristics, and the perceiver social relevance on different Forms of self-disclosure [J]. Journal of Computer-Mediated Communication, 2014(19): 248-273.

[21] Nahapiet, J. , Ghoshal, S. Social capital, intellectual capital, and the organizational advantage [J]. Academy of Management Review, 1998, 23(2): 242-266.

[22] Nicole, B. E. , Charles, S. , Cliff, L. The benefits of Facebook "Friends": social capital and college students' use of online social network sites [J]. Journal of Computer-Mediated Communication, 2007, 12(4): 1143-1168.

[23] Parks, M. R. , Flord, K. Making friends in cyberspace [J]. Journal of Communication, 1996(46): 80-97.

[24] Peris, R. , et al. Online chatrooms: virtual space of interaction for socially oriented people[J]. Cyber Psychology & Behavior, 2002 (5): 43-51.

[25] Rashotte L. Social influence: The blakwell eneyelopedia of psychology [M]. Malden: Blakwell Publishing, 2007.

[26] Rheingold, Howard. The virtual community: Finding connection in a computerized world[M]. London: Secker and Warburg,1994.

[27] Riva, G. & Galimberti, C. The psychology of cyberspace: a socio-cognitive framework to computer-mediated communication [J]. New Ideas in Psychology, 1997, 15(2): 141-158.

[28] Robin-Marie, S. , Robert, J. E. Reasons for internet use and social anxiety[J]. Personality and Individual Differences, 2005(39): 18-32.

[29] Ronald, B. A. Interplay: The process of interpersonal communi-

cation(9th Edition)[M]. Oxford: Oxford University Press, 2004.
[30] Sproull, L., Kiesler, S. Connections: New ways of working in the net worked organization [M]. Cambridge, MA: MIT Press, 1991.
[31] Stasser, G. Pooling of unshared information during group discussion. In: Worchell, S., Wood, W. & Simpson, J. A. (Eds.) Group processes and productivity[M]. Newbury Park: Sage, 1992: 48-67.
[32] Stoll, C. Silicon snake oil [M]. New York: Double Day, 1995.
[33] Thompson, J. B. The media and modernity: A social theory of the media[M]. Stanford: Stanford University Press, 1995.
[34] Wallace, C, E, P. The psychology of the Internet [M]. Cambridge: Cambridge University Press, 1999.
[35] Walther, J. B. Interpersonal effects in computer-mediated interaction: a relational perspective[J]. Communication Research, 1992 (19): 52-90.
[36] Walther, J. B., Tidwell, L. C. Nonverbal cues in computer-mediated communication, and the effects of chronemics on relational communication[J]. Journal of Organizational Computing, 1995,5(4).
[37] Weidman, A. C., et al. Compensatory internet use among individuals higher in social anxiety and its implications for well-being [J]. Personality and Individual Differences, 2012, 53(3): 191-195.
[38] Weiser, E. B. The functions of Internet use and their social and psychological consequences[J]. Cyber Psychology & Behavior, 2001,4(6): 723-743.
[39] Wellman, B., Gulia, M. Net surfers don't ride alone: virtual communities as communities[M]. In M. A. Smith, P. Kollock (Eds.), Communites in Cyberspace. Lodon: Routledge, 1999: 167-194.

附　　录

附录 1

微信使用情况调查问卷

尊敬的先生/女士：

您好！

我是××大学新闻学专业的老师，我正在进行一项关于微信使用情况的调查。本次调查为匿名填写，所有数据资料仅供学术研究之用，不会对您的个人隐私有任何泄露！非常感谢您能抽出宝贵的时间填写本次问卷，您的每一项如实填写都将对我们的研究产生重要意义！再次感谢您的配合与帮助！

第一部分：基本信息

1. 您的性别是(　　)

A. 男　　　　B. 女

2. 您的年龄是(　　)

A. 19 岁及以下　B. 20～29 岁　C. 30～39 岁　D. 40～49 岁

E. 50 岁及以上

3. 您的职业是(　　)

A. 企业员工　　　　B. 自由职业及个体户

C. 学生　　　　D. 事业单位职工

E. 无业人员　　　　F. 党政机关、军队人员

G. 农民

4. 您所在的省份是(　　)

第二部分:问卷内容(以下题目如无特殊说明,均为单选题)

5. 您成为微信用户的时间(　　)

A. 不超过半年　　B. 半年至2年　　C. 2年以上

6. 您使用微信的频率(　　)

A. 有空随时随地使用　　B. 几乎每天都会用

C. 隔几天会用一次　　D. 很少打开

7. 您平均每天使用微信的时长(　　)

A. 2小时以上　　B. 1小时至2小时

C. 30分钟至59分钟　　D. 少于30分钟

8. 您微信好友通信录人数为(　　)

A. 少于50人　　B. 50～99人　　C. 100～150人　D. 150人及以上

9. 您微信好友通信录的人员构成为(　　)

A. 全是熟人,几乎没有陌生人

B. 熟人占7～8成,陌生人占2～3成

C. 熟人和陌生人各一半

D. 熟人占2～3成,陌生人占7～8成

10. 您的微信个人信息哪些是真实的(　　)[本题为多选题]

A. 昵称或用户名　　B. 头像

C. 所在地区　　D. 不使用真实信息

11. 您在朋友圈里发布以下内容的频率如何:(在每一行选一个方框打√)

	从不	很少	有时	经常	总是
自己、朋友或家人照片					
美食美景照片					
自己兴趣爱好相关信息					
自己心情和情绪					
话题讨论和评论					
分享相关链接					

12. 您在朋友圈中发表内容是否使用"分组可见"功能(　　)

A. 每次都用　　B. 经常使用

C. 偶尔使用　　D. 不了解也从来不用

13. 您使用“分组可见”功能的主要原因是(　　)[本题为多选题]

A. 个人信息不想让陌生人看见

B. 有些个人信息不想让家人看到

C. 有些个人信息不想让领导或老师看见

D. 有些个人私密信息只想给亲密好友看

14. 您会主动添加陌生人吗(　　)[选 A 答 15 题]

A. 会　　B. 不会

15. 您主动添加陌生人的原因是(　　)

A. 出于好奇　　B. 结交新朋友　　C. 无聊

D. 打发时间　　E. 情感宣泄　　F. 其他

16. 您不主动添加陌生人的原因是(　　)

A. 怕隐私信息泄露　　B. 出于安全考虑　　C. 和陌生人聊天很无聊

D. 浪费时间　　E. 其他

17. 您在微信上展示出来的自己(　　)

A. 和日常生活中基本一致

B. 比日常生活中更真实、更袒露自我

C. 展示自己的一个或几个侧面

D. 更注重管理自己的形象

E. 和现实生活中的自己有较大差距

18. 如果朋友圈中多个好友在关注一个话题或采取某一行为,您会(　　)

A. 开始关注该话题或行为

B. 获取更多关于该话题或行为的信息

C. 发表自己对于该话题的看法或自己也采取类似行为

D. 觉得这些与我无关

19. 您在朋友圈中点赞的原因是(　　)

A. 习惯性点赞

B. 对留言有共鸣、认同

C. 维系彼此的感情,证明我在关注你

D. 跟风点赞(看到别人点自己也点)

E. 人情赞(别人给自己点赞后给对方回赞)

20. 给好友评论主要出于何种目的(　　)

A. 比较认同好友的观点

B. 增加互动,维系与好友之间的关系
C. 更好地呈现自我形象
D. 好友发布信息引发情感共鸣

21. 您是否期待朋友圈中好友对自己的评论和回复( )
A. 很期待 B. 比较期待 C. 不期待 D. 无所谓

22. 您会根据朋友圈中好友发表的信息对他进行评价吗( )
A. 会,这些信息影响了我对他的判断和认知
B. 不会,我更相信通过现实接触对朋友的认识
C. 没在意过这些

23. 您在微信群中的发言状态是( )[选 A 答 24 题]
A. 经常发言 B. 偶尔发言 C. 从不发言

24. 您在微信群愿意经常发言的原因是( )[本题为多选题]
A. 活跃群内气氛
B. 可以让大家更好地认识我
C. 看到关系好的人发言,就愿意发言回应
D. 有时为人情面子,会发言回应
E. 喜欢受到大家关注
F. 看到有人发言,就会发言

25. 您在微信群不常发言的原因是( )[本题为多选题]
A. 群内成员不熟,不想发言
B. 群内成员关系复杂,不愿发言
C. 群内灌水信息较多,发言也没人看到
D. 群内成员好久未见,没有共同话题
E. 群内人员较多,不知该说什么,不如不说

26. 您在朋友圈发布信息的原因是( )
A. 想和朋友分享自己的生活或感悟
B. 想获得别人对自己的正面评价
C. 想寻求朋友的帮助
D. 想巩固和维系与朋友间的关系
E. 想获得朋友的关心与安慰

27. 您现在使用微信朋友圈的次数和以前相比( )[选 B 答 28 题]
A. 一样 B. 减少了 C. 增加了

28. 如果您使用微信朋友圈的次数比以前有所减少,您认为主要原因是(　　)[本题为多选题]
A. 占用过多时间,影响日常工作和生活
B. 朋友圈中的广告、灌水信息越来越多,不愿看也不愿发
C. 好友成分日益复杂,分组可见发送朋友圈太麻烦,不如不发
D. 大家都在晒,可看的内容越来越少
E. 陌生好友越来越多,不想发

29. 您是否有通过微信,将陌生人转变成现实中的熟人关系(　　)
A. 许多陌生人都变成了现实的熟人关系
B. 仅有几个陌生人变成了现实的熟人关系
C. 结识了些许陌生人,但仅在网上维持关系
D. 从来不在微信上结识陌生人

30. 通过微信,您的交际范围是否得到扩大(　　)
A. 微信让我结识了很多新朋友,极大程度扩大了我的交际范围
B. 微信让我结识了一些新朋友,一定程度扩大了我的交际范围
C. 微信并没有扩大太多我的交际范围
D. 微信完全没有扩大我的交际范围

31. 通过微信您是否强化了现实中的熟人关系(　　)
A. 得到了较大的加强
B. 得到了一定的加强
C. 没怎么加强
D. 完全没有加强

32. 微信的互动对现实生活中好友见面次数的影响(　　)
A. 增加了与好友在现实生活中的见面次数
B. 现实生活中见面的次数没有变化
C. 通过微信的沟通,减少了现实生活中的见面次数

33. 您认为微信中的情感交流与现实中的情感交流相比有何区别(　　)
A. 两者一样,可以互相取代
B. 前者超越了后者,可以取代后者
C. 前者没有超越后者,无法取代后者
D. 两者互补,无法互相取代

34. 请根据您的实际情况作答:(在每一行选一个方框打√)

	非常不同意	比较不同意	一般	比较同意	非常同意
微信让我和朋友之间的联系变得频繁					
微信加深了我和朋友之间关系					
微信让我认识了很多新朋友					
微信让我及时了解到朋友动态					
微信让我比面对面交流能更好地表达自己意思					
微信让我比面对面交流更放松					
微信让我释放情绪和压力					

附录 2

深度访谈人员名单

A:男性			B:女性		
代号	年龄	职业	代号	年龄	职业
A1	40 岁	企业管理者	B1	64 岁	退休人员
A2	26 岁	电视台记者	B2	25 岁	硕士研究生
A3	65 岁	退休人员	B3	20 岁	本科生
A4	23 岁	本科生	B4	31 岁	博士研究生
A5	26 岁	银行职员	B5	20 岁	本科生
A6	23 岁	新媒体编辑	B6	40 岁	大学老师
A7	37 岁	大学老师	B7	21 岁	本科生
			B8	40 岁	自由职业者
			B9	28 岁	公务员

附录 3

深度访谈提纲

声明：此访谈内容仅做学术研究使用，不会泄露您的个人隐私！谢谢您的配合！

一、微信使用基本情况

1. 你使用微信多久了？多长时间登录一次？如果每天登录的话，一天打开多少次？（不到十次、十几次、几十次、随时随地打开等）每天累计使用多长时间？（半小时、1 小时、2 小时以上等）

2. 你的微信好友主要是哪些人？线上认识的陌生人或现实中见过一两面，方便联系加微信的陌生人多不多？占几成？

3. 你主要使用微信哪些功能？（如语音文字聊天、朋友圈、微信群、摇一摇、漂流瓶、附近的人等）什么时候使用这些功能？为什么喜欢使用这些功能？为什么不喜欢使用其他功能？

4. 你主要使用什么方式和好友联系？（如语音、文字、图片、表情包、视频等）在交流方式上针对不同的人是否有区分？为什么？

二、微信呈现

5. 你经常发微信朋友圈吗？什么样的频率？主要发哪些内容？（自己照片、家人照片、生活动态、个人心情、个人对某话题评论、分享链接、发布工作信息、发布商业信息等）

6. 你喜欢使用微信朋友圈吗？为什么？你的朋友圈中大家都喜欢发什么样的内容？你是否有印象深刻的喜欢发某一类内容的朋友圈好友？具体说说。

7. 个人基本信息你发过朋友圈或微信群吗？（包括姓名、年龄、性别、身高、体重、兴趣爱好、学历、工作、成绩、日程表等）为什么？你是否根据发布对象有选择地发布这类信息？

8. 个人敏感信息你发过朋友圈或微信群吗？（包括健康状况、肖像、通信地址、手机号码、社交账号、证件号码、家庭关系、情感状况、经济状况、信件、日记等）为什么？你是否根据发布对象有选择地发布这类信息？

9. 你在微信中会针对某个好友设置权限吗？（不看他状态或不让他看你状态）为什么？

10. 你在微信发朋友圈会使用分组可见功能吗？是否经常使用？为什么？

11. 你如果使用分组可见功能，是按照什么标准进行分组？在发布信息时，通常会针对什么样的信息进行分组可见？

12. 你在微信朋友圈发布个人照片或家人照片时，是否会修图？为什么？

13. 你如果在微信朋友圈发布个人或家人相关信息，会选择发布什么类型信息？（良性信息、不良信息、以上两者都有）为什么？

三、微信交往

14. 你是否发现有被微信好友屏蔽的情况？或者对方发现被你屏蔽的情况？你或对方的反应是什么？

15. 你在朋友圈什么情况下会给好友点赞？什么情况下会评论？为什么？

16. 针对微信朋友圈好友评论，你是否会一一回复？为什么？

17. 好友经常给你点赞或评论，是否会改变你对他（她）的评价？说一下原因。

18. 微信好友中是否有某一领域有影响力的人物？你认为加他（她）为好友是否对你有所帮助？具体说一下。

19. 你在不同的微信群是否经常发言？为什么？具体说说想法。

20. 如果微信群里发言的人是领导或有威望的人，你是否会回应？为什么？你在群里发言或做出回应的理由一般是什么？

21. 你是否有加入和自己的交往圈子不太一样的微信群？有什么感受？你认为对自己社会交往有何影响？具体说一下。

四、微信影响

22. 你现在发布朋友圈的频率和之前相比有变化吗？具体说一下。

23. 你认为微信对维持现实生活中的关系有帮助吗？能否具体说一下想法？

24. 你认为微信扩大你的现实社交圈了吗？具体说一下。

25. 你认为微信让你和朋友、家人间的关系更亲密了吗？具体说一下。

26. 你认为微信社交和现实交往之间的关系是什么？具体说一下。

后　记

2017 年 6 月，我从中国传媒大学新闻学院博士毕业，本书稿即在我博士毕业论文的基础上完善而成，书中所做问卷调查及深度访谈均完成于 2016 年末，故书中参考有关微信、社交媒体、互联网等公开数据及自行采集数据截至 2016 年 12 月。过去两年，由公开数据可知，微信用户数由 2016 年第三季度的 8.46 亿增至 2019 年第一季度的 11.12 亿，增长 2.66 亿。这进一步表明微信平台中的社会交往及社交网络已完全形成堪比现实交往的规模基础，可见，本书选题随时代发展凸显出更强的研究意义和研究价值。

本书所做研究虽为两年前，但微信交往的进一步社会化，使本书研究观点及结论更具有现实意义。透过两年前对微信交往中关系建构的研究，本书不仅对当时业已形成的微信中的人际交往和人际关系进行了深度思考，也期待着为不断发展的线上交往和人际关系研究提供一个截面式的研究观照，从而为发展进程中的网络人际传播研究贡献一份绵薄之力！

书中内容有疏漏或不妥之处，望不吝批评指正！

最后，感谢在此书稿撰写及出版过程中帮助我、支持我的朋友及家人！

王　杨

2019 年 6 月

图书在版编目（CIP）数据

微信交往中的关系建构研究 / 王杨著. —杭州：浙江大学出版社，2019.9
ISBN 978-7-308-19628-4

Ⅰ. ①微… Ⅱ. ①王… Ⅲ. ①互联网络—心理交往—社会心理学 Ⅳ. ①C912.62

中国版本图书馆 CIP 数据核字（2019）第 220888 号

微信交往中的关系建构研究

王 杨 著

责任编辑 李海燕
责任校对 杨利军 张振华
封面设计 雷建军
出版发行 浙江大学出版社
（杭州市天目山路 148 号 邮政编码 310007）
（网址：http://www.zjupress.com）
排 版 杭州好友排版工作室
印 刷 杭州良诸印刷有限公司
开 本 710mm×1000mm 1/16
印 张 12.75
字 数 229 千
版 印 次 2019 年 9 月第 1 版 2019 年 9 月第 1 次印刷
书 号 ISBN 978-7-308-19628-4
定 价 42.00 元
